丢勒和他的时代
Dürer und Seine Zeit

ART

〔德〕威尔赫姆·韦措尔特 著　朱艳辉 叶桂红 译

图书在版编目（CIP）数据

丢勒和他的时代 /（德）威尔赫姆·韦措尔特著；朱艳辉，叶桂红译.
—北京：北京大学出版社，2009.1
（悦读时光·绘生绘色系列）
ISBN 978-7-301-14564-7

I.丢… II.①韦…②朱…③叶… III.①丢勒，A.(1471~1528)
—生平事迹②丢勒，A.(1471~1528)—绘画—鉴赏
IV.K835.165.72 J205.516

中国版本图书馆 CIP 数据核字（2008）第 175831 号

书　　　　名：	丢勒和他的时代
著作责任者：	〔德〕威尔赫姆·韦措尔特 著　朱艳辉　叶桂红 译
策 划 配 图：	张远航
责 任 编 辑：	谭　燕
封 面 设 计：	奇文云海
内 文 设 计：	河上图文
标 准 书 号：	ISBN 978-7-301-14564-7/J·0222
出 版 发 行：	北京大学出版社
地　　　　址：	北京市海淀区成府路 205 号　100871
网　　　　址：	http://www.pup.cn　电子邮箱：pkuwsz@yahoo.com.cn
电　　　　话：	邮购部 62752015　发行部 62750672　出版部 62754962
	编辑部 62752025
印 　刷 　者：	北京大学印刷厂
经 　销 　者：	新华书店
开　　　　本：	787mm×1092mm　16 开本　19.25 印张　292 千字
版　　　　次：	2009 年 1 月第 1 版　2010 年 7 月第 2 次印刷
定　　　　价：	48.00 元

未经许可，不得以任何方式复制或抄袭本书之部分或全部内容。
版权所有，侵权必究
举报电话：010-62752024　电子邮箱：fd@pup.pku.edu.cn

Dürer und Seine Zeit

丢勒和他的时代

第九章 农民、市民和士兵 /203

第十章 丢勒与马丁·路德 /221

第十一章 自由与服务 /237

第十二章 雕刻 /255

第十三章 赞美的限度 /263

第十四章 用圆规和直尺 /269

第十五章 丢勒留给我们的遗产 /291

目录

第一章 出身和地位 /1

第二章 自我描绘 /21

第三章 《启示录》木刻组画 /45

第四章 1500年前后的欧洲艺术 /69

第五章 幻想 /81

第六章 宗教题材作品 /111

第七章 肖像画 /139

第八章 风景画 /181

丢勒作品《老丢勒》,19岁的丢勒结束他的学徒生涯时,也许为了展示他的绘画才能,用油画描绘了他的父亲。画中的老丢勒穿着一件短皮袄,拿着一串念珠,他的脸色就像他儿子后来说的那样:"无需陪伴而又满心地快乐"。

第一章
出身和地位

丢勒（Dürer）最终长眠的土地并非他家族的繁衍生息之地。五十多岁，时值迟暮之年的丢勒对自己家族的起源进行了研究。带着一种自我启迪的愉悦，根据自己的所知，丢勒对父辈和祖辈的一切进行了记录。但根据我们目前掌握的文献，丢勒家族毫无疑问是源自奥斯特拉西亚的法兰哥尼亚。因此，德国只是丢勒家族的第二故乡。丢勒的出生、生活、工作和死亡都与纽伦堡和法兰哥尼亚密不可分，但是他祖辈的历史却把我们带回了匈牙利。

丢勒家族最初源自一个已经不复存在的村落，叫做艾塔斯，离朱拉小镇很近，距离奥拉迪亚大约四十英里。"丢勒"这个姓氏就源自这个村落的名字艾塔斯（Eytas）——意思是"门（Tür）"。丢勒的父亲把自己的姓氏写作"Türer"；他还在自己身上佩戴的用来表示家世和级别的徽章以及儿子的旅行徽章上雕刻了一扇打开的门。虽然丢勒家族源自匈牙利，但这并不能说明他们具有匈牙利马札尔人的血统。乔治·哈贝奇和费迪南德·拉班等学者认为，既然汉斯·施瓦茨（Hans Schwarz）创作木刻圆形浮雕画时画的丢勒肖像画（现存不伦瑞克）中，丢勒留着长长的头发，那就能够证明丢勒具有马扎尔人血统。但是，人们不禁会问：如果他们最初根本不知道丢勒家族源自匈牙利这个事实，他们还能仅仅根据头发就如此"言之确凿"地找到草原牧民的特征吗？留着仔细梳理的、长长的头发和胡须，这可绝非匈牙利人独有的特征，这种打扮在后哥特时期非常常见。也许这只是因为丢勒对自己的外表过度关注，因此留了这种发式和胡须，而并非由于他具有匈牙利血统。

丢勒家族的祖先是马扎尔农民这种说法显然也说不通，因为按照丢勒给自己的父亲画的画像，丢勒的父亲的面容是典型的德国人。我们很难想象丢勒祖父的面容完全是另外一个种族的样子。我们认为比较可能的情况是，丢勒的祖先是在蒙古人入侵匈牙利（1241年）之后，被国王贝拉四世召集到匈牙利的德国人。他们的后人可能当过矿工或者牧民，我们也不知道就这样过了多少代，直到丢勒的祖父安东尼·丢勒（Antony Dürer）离开村子，到了朱拉小镇，并在这里开了

15世纪德国的铸金坊

一个金银首饰作坊(1410年)。安东尼和妻子伊丽莎白(Elizabeth)生有三个儿子,长子阿尔布莱希特(Albrecht)1427年出生,后来也成了一名金银首饰匠,次子拉兹洛(Laszlo)成了做马鞍的,幼子成了一名牧师。阿尔布莱希特在这座匈牙利小镇结束学徒生涯之后,开始旅行。他先去了荷兰,后来在1455年搬到了德国。拉兹洛的儿子尼克拉斯(Niklas)也来到这里投奔他,并在他的金银首饰作坊里做学徒,和年幼的小阿尔布莱希特·丢勒一起生活。尼克拉斯后来成了一名技艺高超的金银首饰匠,他开始待在纽伦堡,后来去了科隆。丢勒后来去荷兰时还曾到科隆探望过他。

德国西部和南部的帝国城市有着不逊于荷兰的王储城市的重要性。这些城市中聚集了各种杰出的手艺工匠,因为这里的统治阶级极其富有,而且对金银器皿非常喜爱,这使得手艺人有了发挥作用的舞台。意大利人埃尼亚·西尔维奥·皮科洛米尼在德国期间就曾对德国拥有如此丰富的金银器皿感到吃惊。斯特拉斯堡、科隆、纽伦堡和奥格斯堡的金银首饰匠受到极高的尊重,他们的名声传播得非常远,而且随着人数的增加,他们甚至还建立了专门的行会。这样,

反映15世纪末
德国人生活的木刻画

金银首饰作坊显然也可以成为艺术天才的摇篮，尤其是这个作坊还位于纽伦堡这样重要的商业城市。自1420年起，纽伦堡人就已经真正成为自己城市的主人了，甚至它原本的主人弗雷德里克六世在成为勃兰登堡的主人之后，也放弃了这座城市。

老丢勒来到纽伦堡的时候，弗雷德里克家族正在庆祝其中一个家庭成员菲利普·皮尔克海默（Philipp Pirckheimer）的婚礼，而他的侄子威利巴尔德后来成了阿尔布莱希特·丢勒最亲密的朋友。老丢勒1467年搬入的房子就是属于威利巴尔德·皮尔克海默（Willibald Pirckheimer）的父亲的。老丢勒在40岁时娶了自己师傅的女儿，当时只有15岁的芭芭拉·霍尔佩（Barbara Holper）。1471年5月21日，小阿尔布莱希特·丢勒出生，他是这对夫妇18个孩子当中的第三个。这恐怕是德国文化历史上的第一次：一个德国人家庭从国外回到故土，生育了一个为他们的祖国带来无限荣誉的天才。有趣的是在丢勒的父亲回到德国100年后，约翰·塞巴斯蒂安·巴赫的祖先也从匈牙利回到了德国，只是他们落脚的城市是图林根。

1475年，老丢勒花200荷兰盾购买了自己的房子。房子坐落于老纽伦堡的"拉丁区"，距离画家沃格穆特（Wolgemut）、医生和编年史家哈特曼·谢德尔（Hartmann Schedel）、出版商柯贝尔格（Koberger）以及书法家涅德尔费尔（Neudörfer）的房子都非常近。阿尔布莱希特·丢勒留下的话语和画像都说明他的父亲是一个非常聪明的手艺人，一个生活严谨、经历丰富的人，一个沉默寡言、虔诚并且非常理解人的父亲。当他知道自己根本无法把儿子留在自己的作坊里时，他果断地决定允许自己的儿子去学画。

丢勒15岁时（1486年）给父亲画了第一幅画像。画像中，丢勒的父亲穿着一身工作服，显得有些疲惫，嘴唇很薄，有些显老，帽子下露出灰白的头发，眼神非常专注，一看就是干细致活儿的人。年轻的丢勒在处理手臂折叠的时候不太成功，左手甚至都被盖住了，不过颈部和面容的线条非常敏锐而坚定。画中没有题字，因此有些学者甚至认为这幅画可能是老丢勒自己画的，或者是纽伦堡某个不知名的画家画的。但是，把这幅画与1484年的丢勒自画像进行对照，我们就能

第一章 ◎ 出身和地位

够肯定作者就是年轻的丢勒。而且，再看看丢勒1490年为父亲画的画像，我们就能确定画中画的就是丢勒的父亲。正是在这个时间段的中间，丢勒从一名金银首饰作坊的学徒变成了一个年轻的游历画家。1486年丢勒画的父亲画像中的父亲手里拿着一个小装饰品，这显然是在表明父亲的金银首饰艺人的身份。而到了1490年，丢勒已经离开了沃格穆特的画室，开始了自己的游历，并开始应用自己刚刚学到而且掌握得非常好的绘画技艺。这一次，他的父亲手上拿的是象征虔诚的玫瑰花环；身上穿的也不再是工作服，已经换成了做礼拜的打扮；脸上的神情也从紧张变成了严肃。

丢勒作品《老丢勒》，作于1486年

丢勒七年之后又给父亲画了一幅画像（现存伦敦国家画廊）。这幅画并没有明显的特征能够判断画中人物的职业，也没有能够判断画中人物心境的细节。身体占了整个画面的很大部分，眼神也显得非常严肃。据史料记载，这幅画是与丢勒的一幅自画像一起被纽伦堡市政厅送给英国国王查理一世的。这种严肃的表情倒是很适合送给国王，这样也让英国国王通过这两幅画真正了解了典型的德国人。丢勒是在逗留意大利期间学会如何把人物画得如此庄重和高大的。这是幻觉吗？还是丢勒之前给父亲作画时具有的温暖情感已经被他从意大利北部学到的冷静思维所取代？

丢勒1514年为母亲画了一幅炭笔画，总算填补了这方面的空白，不过丢勒的母亲在两个月后就去世了。"她是一个美丽、高尚的女子"——用丢勒自己的话说——她15岁时嫁给丢勒的父亲，一共生育了18个孩子，"经受过瘟疫和其他很多疾病，忍受过贫穷、窘迫、欺辱、嘲笑、恐惧和苦难，却从来没有任何怨恨"。

丢勒为母亲
所作的炭笔画像，
作于1514年

根据丢勒的这些话，我们知道丢勒的父母的一生肯定充满了忧患。身处中世纪一个遭受瘟疫、饥荒和经济危机的城市，他的母亲肯定多次感受过人性的残酷和生命的威胁。同样，丢勒的妻子坐在集市的摊位上卖丈夫的木刻画和铜版画时，肯定也遭受过同样的窘迫和嘲笑。甚至连丢勒最好的朋友威利巴尔德·皮尔克海默在丢勒弥留之际，在丢勒的妻子面前仍然保持着高贵、傲慢的姿态。丢勒的父亲去世两年后——1504年——丢勒把母亲接到了自己的房子里。她很穷，她的金银首饰匠丈夫什么都没有留给她。从那时起，这位母亲就整天坐在屋子里，为自己的孩子祈福。丢勒去看望她的时候，"她总是说：'愿上帝保佑你！'"

在漫长的9年中，丢勒的母亲不断衰老，直到有一天疾病让她再也站不起来。经过一年的苦痛之后，她闭上了眼睛——但是，她的大眼睛在丢勒的画中仍然充满活力。谈到母亲的去世时，丢勒写道："我看到死神夺走了她的生命，我看到她的嘴和眼睛闭上，我看到她在苦痛中离开这个世界"，但是死亡却让她看起来更加年轻、美丽："她死后看起来比活着时更加美丽"。

丢勒的妻子阿格妮丝（Agnes）是汉斯·弗雷（Hans Frey）的女儿，丢勒的母亲去世时,丢勒已经与妻子一起生活了20年,一直没有孩子。虽然上天没有给丢勒孩子,但丢勒的孩子已经在他的画作中出现了——长着翅膀在天上飞舞的小天使。丢勒的婚姻是父亲和汉斯·弗雷安排的,当然,丢勒和阿格妮丝也都非常愿意地接受了。对丢勒家族来说,这场婚姻意味着他们与比自己的社会地位更高的富有家族建立了联系。汉斯·弗雷可以说是一个全才,开始做过铜匠,但对各种手工工艺都极具天赋,后来做过音乐家。他画过很多喷泉设计图,在整个中世纪,甚至直到18世纪初都非常受欢迎。丢勒在婚后三年左右就曾画过一幅带有喷泉的餐桌装饰画。

汉斯·弗雷给了女儿200荷兰盾的嫁妆——相当于现在的500英镑。这样,在丢勒回到纽伦堡之前,这场婚姻就已经由双方父母安排好了。很多人写过丢勒的婚姻生活方面的作品,可能正是因为人们对此了解得少之又少。这场婚姻显然与艺术家的婚姻应有的浪漫情调相距甚远,甚至连皮尔克海默都表达了对他们的婚姻的失望。很多人文主义学者甚至认为丢勒有一定的厌女人症。在丢勒感到悲痛和伤心的日子里,丢勒的朋友谴责他的妻子"唠叨、善妒、刻薄",并且指责

丢勒的银尖笔素描作品《阿格妮丝和科隆女孩在一起》,作于1520年

她贪财。古斯塔夫·波利就曾试图从她的面容中找出不好的性格特征。但丢勒对于自己的婚姻一直没有什么怨言。结婚之后,他称呼自己的妻子为"我的阿格妮丝",但却从来没有他称呼自己的父母时的那种温暖。我们一直对他们的婚姻生活当中缺少感情感到诧异。丢勒去意大利时没有带妻子;他倒是带她一起去了低地国家,但是阿格妮丝并没有在丢勒的光辉灿烂的光环中起到多大作用。丢勒住在安特卫普时,甚至同意自己和房子的主人一起进餐,而阿格妮丝和苏珊妮(从纽伦堡和阿格妮丝一起来的女佣)只能在楼上的厨房里吃饭。丢勒还经常受到赞助人和贵族的邀请,或者直接去其他的旅店吃饭。有时,在专门为丢勒举办的宴会上,安特卫普的艺术家也会邀请阿格妮丝和苏珊妮。待人和善的意大利人邦贝利还曾在自己的房子里会见过她们两个。也许阿格妮丝会觉得和苏珊妮在一起更舒适,她们可以用纽伦堡方言说话,这总比和安特卫普商人的妻子们在一起舒适,她们太端庄、太高傲。

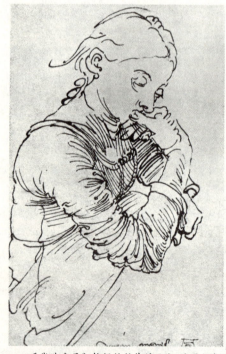

丢勒为妻子阿格妮丝所作的画像,这是他们婚后一年(1495年)所作

丢勒为妻子所作的银尖笔素描画像,作于1521年

第一章 ◎ 出身和地位

丢勒作品《阿格妮丝?》，作于1497年

阿格妮丝的面容简单、端庄，既谈不上美丽，也不算丑陋，随着岁月的逝去变得愈加棱角分明，她在丢勒的作品中出现过几次。在已经得到确认的五幅阿格妮丝像当中，1495年的钢笔素描让人感觉最为愉悦。画中的阿格妮丝一副年轻新娘的打扮，还留着女孩子打扮的辫子。但是到了1504年的银尖笔素描，在经历了生活的不易之后，她嘴唇紧闭，目光坚定，女孩那种特有的无忧无虑已经被女性的坚强所取代。丢勒在去往荷兰期间还给她画过两幅素描，都见证了艰辛的生活在她身上留下的印记。

人们总是倾向于从丢勒的画作中找到更多的阿格妮丝。比如，米德尔、道奇森和古斯塔夫·波利就认为丢勒1497年画的半身肖像画中的人物就是阿格妮丝。波利甚至还认为丢勒1497年画的一个披着头发的女子，以及1503年画的戴着头巾的女子也都是阿格妮丝。人们希望能给丢勒配一个漂亮的妻子，因此他们认为丢勒1506年去威尼斯期间画的一个女子也是阿格妮丝，因为画中的意大利服饰的图案能够显示出"A.D."（Agnes Dürer）这两个字母的图样。

虽然丢勒经常抱怨自己"贫穷"，但我们不能因此认为他每天都要为经济问题担忧。丢勒不是那种放荡不羁的艺术家，也不是一心专注于学术的学者，而是他那个时代他所处的行业的带头人。在钱的问题上，丢勒也像很多艺术家一样，有时大手大脚、毫不在意，有时却又算计精细、小心翼翼。他在花每个弗罗林银币前都要再三算计，却又像个富人一样随便把自己的画作送人。如果他的妻子和女佣不在家，他可以把午饭和晚饭的钱省下来，但他从荷兰回来的时候，却又非常大方地给纽伦堡的夫人们带回十二副手套作为礼物。不过在重要的交易问题上，丢勒是一个非常出色的销售员。与当代意大利画家的收入相比，他的收入并不算高，但也足以让他成为富足的资产阶级，足以满足他的收藏嗜好，而且他还留了一份不薄的遗产给妻子。

阿格妮丝的200荷兰盾嫁妆最初肯定是丢勒经济独立的基础。丢勒在成为艺术大师并成为纽伦堡的市民之后，在1497年建立了自己的画室，有了自己的印刷机和学徒工。之前，他一直为自己的教父——印刷商和出版商安东·柯贝尔格工作。安东·柯贝尔格1470年在纽伦堡建立了印刷厂和书店，并逐渐发展为规模庞大的印刷和出版商。他雇佣了超过100个印刷工、排字工、校对工、装订工、插图画家和木刻画家。柯贝尔格在全盛时期甚至在里昂都有自己的印刷厂，在16个城镇有自己的仓库。他还雇用过纽伦堡画家，比如丢勒的老师沃格穆特和威廉·普雷登沃夫为自己画木刻插图画。因此，当丢勒在1498年把自己的第一部伟大作品《启示录》交给柯贝尔格印刷，而由自己的出版公司出版时，这对他来说是一个非常大的进步。

卖自己的绘画作品时，丢勒把家里人也动用了。丢勒的母亲——甚至连疾病都不能把她留在屋子里——也到纽伦堡、奥格斯堡、法兰克福和英格尔斯塔特的集市上去卖丢勒的画作。纽伦堡商业家族的运货马车把丢勒的画作运到大陆各地。据说强盗昆兹·肖特曾经抢到过一箱丢勒的画作，他对自己的战利品非常失望！很多书贩也贩卖丢勒的画作，当然荷兰很多技术高超的画家仿造他的画作也在某种意义上替他做了广告。丢勒的作品甚至在德国的其他地方也会被人仿造，比如他的《启示录》木刻组画就曾在1502年被仿造印刷。丢勒只能向皇帝要求保护，纽伦堡市政厅也一直尽力保护他的画作，追查仿造行为。丢勒第二次去威尼

第一章　出身和地位

丢勒老师米歇尔·沃格穆特(Michaaeel Wolgemut)在纽伦堡的画室,丢勒还是学徒时在这里曾经工作过三年

斯的计划肯定与此有关。无论如何,阿格妮丝卖出去的木刻画和版画收入为丢勒去荷兰的计划奠定了经济基础。丢勒的画室从1497年到1504年肯定非常繁忙,虽然我们无法确定丢勒的祭坛画和画像在这期间的销售收入到底是多少。

但是,丢勒绘画收取的酬金仍然不够他去意大利的费用,他因此不得不向朋友皮尔克海默借钱。这些钱是要还的,除了丢勒在威尼斯必须为皮尔克海默画一定数量的画之外,丢勒回到德国之后还要把剩下的都还上。丢勒带到意大利的五幅画卖了100荷兰盾,《玫瑰花环节的源起》给丢勒带来了110荷兰盾的酬金。我们无从知晓丢勒在意大利期间给富裕的商人和他们的妻子画画是如何收取酬金的,但是我们知道丢勒从意大利归来之后,生活非常富足。他先是花100荷兰盾买了纽伦堡最好的颜料，1507年又花了116荷兰盾把他父亲的房屋贷款一次性还清，之后在1509年买了一处非常好的房子。丢勒用275荷兰盾现金支付了50%的首付款，其余的办理了贷款。他还在1512年花费90荷兰盾买了一处花园。要知道，当时50荷兰盾就足够普通人家生活一年，而纽伦堡官员能够拿到的最高工资一年也只有600荷兰盾。这样，我们就知道丢勒的收入和开支到底有多少了。

在纽伦堡——甚至整个德国——都没有像意大利文艺复兴画家那样奢侈的生活和工作环境。整个德国都没有像意大利美第奇家族那样具有如此崇高地位的赞助人。的确，马克西米利安一世也雇用了很多画家，但他是个穷皇帝。到该付钱的时候，他甚至会拿纽伦堡市政厅来做挡箭牌。比如，他就曾在1512年给纽伦堡

位于纽伦堡的丢勒故居，丢勒在此从1509年一直居住到他去世（1528年）

第一章 ◎ 出身和地位

丢勒纽伦堡故居中的书房

市政厅下达了这样一个命令,要他们免除画家的一切税费——不过丢勒拒绝了这个办法。甚至连每年要支付给丢勒的100荷兰盾,这位皇帝都要让纽伦堡市政厅先行垫付,然后再从他们要上缴给自己的税收中扣除。1518年,丢勒因为设计凯旋马车应该获得200荷兰盾的报酬,这笔钱同样也要等到1519年从税收中扣除出来才能支付给丢勒。马克西米利安一世1519年初离世,纽伦堡陷入了困境。丢勒开始担心新任皇帝会拒绝承担上任皇帝的债务,不得已还帮新任的德国统治者查理五世逐一确认了马克西米利安一世的遗产。丢勒为此特地去了一趟低地国家。1520年,丢勒终于得到确定的答复,他每年的养老金得到了批准——但再也没有别的了。根据宫廷账簿的记载,丢勒1519年分别领到过300和200荷兰盾,1520年领到过100荷兰盾,但是我们无从知道这些钱分别是什么作品的报酬,或者是不是为了结算马克西米利安一世留下的债务。

丢勒晚年拥有了更多的财富。他从荷兰回到德国之后,肖像画的报酬源源不断地飞到他手中。到1524年,丢勒在纽伦堡已经拥有了两处房子,他还把一笔1000

13

纽伦堡佩格尼茨河上的石桥

荷兰盾的资金以5%的利息借给了纽伦堡市政厅。而且，虽然丢勒把自己的《四使徒》赠送给了纽伦堡市政厅，但后者还是主动给了他114荷兰盾的报酬。纽伦堡市政厅非常清楚丢勒对于这座城市的意义，因此他们也尽可能地向丢勒示好。

丢勒在纽伦堡居住、结婚、工作，已经成了纽伦堡的市民。丢勒的父亲从匈牙利搬迁到这里，而丢勒已经成为坚定的法兰哥尼亚人，一个固执的南部德国人。丢勒的家族原本属于农民阶层，但是在丢勒的父亲搬迁到德国之后，再加上丢勒的婚姻，丢勒已成为纽伦堡城市资产阶级的一员。这时，后哥特的手艺人已经成为一个更加自由、享受更高社会地位的阶层。丢勒的习性和他对人生重大问题的看法都使得他成为了一个非常坚定的、有时甚至是有些保守的，但同时又是勇敢无畏的德国人。丢勒所处的中间阶层的一边是统治着这座城市的贵族阶级，另一边则是学者和艺术家组成的文化贵族阶级。这种紧张的关系也丰富了丢勒的生活。丢勒时期的资产阶级是城市生活的领袖，是整个国家最具活力的人群，是艺术和文化的基础，也是德国宗教、政治和文化未来的重要力量。市民当然不会满足于充当无足轻重的群体，他们有着极高的抱负和远大的野心。虔诚和美德是他们的格言。他们信奉的最高宗旨就是衡量一切成就的标准，也就是丢勒称之为"勤奋"的美德。

丢勒非常享受声名带给自己的外在享受。比如，丢勒在威尼斯时，威尼斯总督和教皇曾亲自到他的画室拜访他，丢勒1506年在博洛尼亚也受到了崇高的尊敬——按照克里斯钦·索伊尔勒的说法——意大利画家非常谦恭，甚至对丢勒说他们能够在有生之年见到他，就是死也没有什么遗憾了。而且，丢勒在去荷兰期间也受到了很高的礼遇。比如安特卫普的艺术家还专门为他安排了晚宴，当时很多市民站在路两侧看着，"好像是一个大人物要过来"，他们甚至向丢勒鞠躬表示尊敬。丹麦国王还请他为自己画像，并请他共进晚餐。这些都让丢勒自豪不已。丹麦国王在布鲁塞尔为西班牙国王和王后举办国宴时，丢勒也参加了，而且他并不觉得自己作为一个画家参加这样的宴会有什么不妥。当丢勒被皇家赐予徽章并享受养老金时，不仅意味着他在经济上取得成功，而且说明丢勒作为一个画家的社会地位也得到了承认。

丢勒具有作为一名市民的美德，当然也有他这个阶层固有的缺点。他通过自己的努力达到了一个如此高的地位，具有自我反省的意识和良好的举止。不论大事小情，他都要讲究规矩，毫不掩藏自己对贵族阶级的敬畏。他认为人分为"高"和"低"是自然的，当然这一点一直都根植在中世纪人的心里。马丁·路德的政治活动也受到过这种思想的影响。

就这样，阿尔布莱希特·丢勒作为一名德国艺术大师站在了我们面前，他拥有一名"大师"应该具备的所有品质。纽伦堡的画家直到1596年才形成自己的行会。丢勒不是一个手艺人，虽然他天生具有手艺人的习性和荣誉感。他选择画板和画布总是非常细致，总是使用最好的颜料，他创作的每一步都力求精细，就像他在一幅祭坛画上的题字所说的："要让它们保存500年之后仍是这个样子"。丢勒的性格和成就使得他在家里、在画室都非常有权威，他觉得自己不仅要对家庭负责，还要对那些"学画的孩子"负责。父亲去世后，丢勒把三个弟弟中最年轻的汉斯带到了自己的画室。"我真想带他一起去威尼斯，"丢勒在1506年写给皮尔克海默的信中说："这样对我和他都非常有好处，他可以学学意大利的语言。"但是丢勒的母亲担心"老天会降祸于他"。为此，丢勒只得让皮尔克海默去劝自己的母亲，在丢勒从意大利回来之前，让汉斯去沃格穆特的画室学画。临行之前，他还专门请皮尔克海默帮自己照看汉斯。

经过四代人的努力，丢勒家族逐渐走上了世界的舞台，吸引了人们的注意力。阿尔布莱希特·丢勒直到去世都没有生育孩子。他的绝大多数兄弟姐妹也都接连离开人世。到1524年，丢勒的17个兄弟姐妹中只有两个还尚在人世：1490年出生、后来成为画家的弟弟汉斯（Hans）和后来成为金银首饰匠的安德烈亚斯（Andreas）。对于汉斯的职业状况，我们无法获得详细的资料。我们只知道有5幅画是汉斯·丢勒所画——不过都非常让人失望。他后来去了波兰，并在克拉科夫担任宫廷画师，直到1534年去世。他的遗产应该是由安德烈亚斯继承了。安德烈亚斯1514年在纽伦堡成为金银首饰匠之后，丢勒还给他画过画。丢勒在1516年画的蚀版画《绝望的人类》中又画了安德烈亚斯，后者在画中显得非产消瘦，鼻子扁平。安德烈亚斯比阿尔布莱希特·丢勒活得长久，因此他也继承了父母留

丢勒钢笔画
《丢勒的哥哥》，
作于1514年

第一章 ◎ 出身和地位

丢勒同时代的德国著名画家小汉斯·荷尔拜因的作品《仁慈的圣母与雅各布·梅耶一家》，作于1526年

下来的房子，但是他在1538年就把房子卖了。他为丢勒家族传下了一代人，生育了一个女儿叫康斯坦莎（Constantia），后来嫁给了金银首饰匠基利恩·普罗格（Kilian Proger）。

这样，丢勒家族的简史就到此为止了。结尾正如开始一样，结束在金银首饰作坊，果然是手艺传承的家族。

丢勒去世之后，这位艺术大师的艺术传承也像他的家族传承一样，很快消失了。到16世纪中期，上帝赐予德国的伟大画家和雕刻家就已经全都过世了。亚当·克拉夫特（Adam Krafft，死于1509年）、巴尔托洛梅乌斯·蔡特布洛姆

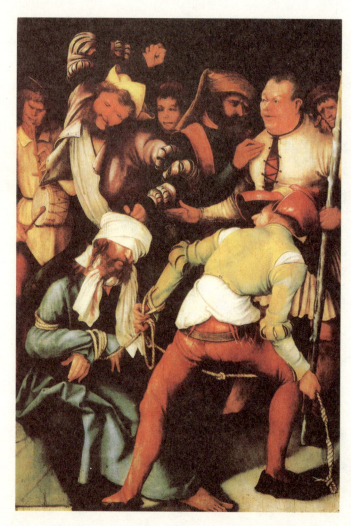

马蒂亚斯·格吕内瓦尔德作品《嘲弄基督》，木板油画，作于1504—1505年

（Bartholomäus Zeitblom，死于1517年后）和汉斯·冯·库尔姆巴赫（Hans von Kulmbach，死于1522年）都先于丢勒离世。丢勒于1528年去世，小彼得·维斯切（Peter Vischer the Younger）和马蒂亚斯·格吕内瓦尔德（Matthias Grünewald）也于同年辞世。老彼得·维斯切（Peter Vischer the Elder）去世于1529年，里门施奈德（Riemenschneider）和布格克迈尔（Burgkmair）去世于1531年，维特·斯托斯（Veit Stoss）去世于1533年，阿尔布莱希特·阿尔特多费尔（Albrecht Altdorfer）去世于1538年。小汉斯·荷尔拜因（Hans Holbein the Younger）和汉斯·巴尔东·格里恩（Hans Baldung Grien）分

别在1543年和1545年去世。汉斯·西博尔德·贝哈姆（Hans Sebald Beham）去世于1550年。沃尔夫·胡贝尔（Wolf Huber）和老卢卡斯·克拉纳赫（Lucas Cranach the Elder）都去世于1553年，汉斯·劳滕扎克（Hans Lautensack）和奥古斯丁·赫希沃格尔（Augustin Hirschvogel）也都在16世纪中期之后去世。直到17世纪初期，德国艺术世界才又出现了一颗明星，而他能够放射光芒的时间却是如此之短——他就是亚当·埃尔舍默（Adam Elsheimer，1578—1610年）。

亚当·埃尔舍默作品

丢勒作品《自画像》,作于1498年

第二章

自我描绘

19世纪的传记作品在内容上毫无约束,与其将其标榜成科学的调研,不如说它纯粹是为了满足个人的猎奇心理。只有对伟大人物心存敬畏,才能真正欣赏和解读他们。我们细致入微地研究他们的生平,不是单纯为了知道他们,而是为了弄清他们是如何成为伟大人物的。走近丢勒时,我们就需要问自己这个问题,需要透过他的绘画和著作来寻找答案。

丢勒的自画像既有油画,也有素描,我们还能从他的一些日记、书信、诗句、自传式的笔记和学术文章中找到他对自身的刻画,这点是我们在其他十五六世纪的德国艺术家身上很难找到的。当然,寻找、发现和了解自己的愿望并不专属于丢勒,也不为艺术家所独有,但终其一生都情愿并且能够进行自我控制,这就与丢勒的个人性格密不可分了。正是基于此,我们必须感谢丢勒取得的那些伟大卓著的成就,因为它们正是我们全面了解丢勒性格必不可少的基石。如果能够探寻

到丢勒精神世界的最深处,我们就会发现他性格中最高贵、最重要的部分是对宗教的信仰主张。如果没有这种信仰主张,他的性格只会充满纯艺术的波澜不惊,而他最终也只能成为一个普通的人。这种对宗教的虔诚冲动是丢勒生命本质中最根本的要素,他的天赋也正是源自于此,就好比一株枝繁叶茂的大树的所有枝杈都源自地底的根。只有认识到这一点,我们才能理解他的烦恼和恐惧、快乐和焦虑。

然而,丢勒对宗教的虔诚冲动的基础不可避免地会受到他所处的时代精神的限制,他所处的时代正是中世纪末期。因此,他的宗教情怀不具有现代特性,而是带有中世纪色彩。

生活在中世纪末期的人把随时对自我进行道德剖析作为人生的重要使命之一。因此精神痛苦就成了他们最基本的情感之一,因为他们时刻会置身于自身不足和追求自身完美的矛盾当中,他们自身能做出的努力与圣训的神圣要求相比,

"家常读本画师"的作品《神圣之家》,作于1480年

相差何止千万里。正是这种情感衍生出了修道生活的各种主要特征。修道士冥想就是为了确保自己能够得到救赎。而对丢勒来说，他的工作间对他具有同样的意义——这里是他冥想的地方，是他的心灵不断奋争、饱受痛苦折磨的战场，同时也是囚禁他的牢房和堡垒。终其整个艺术生涯，丢勒都在担心自己做得不够好，担心自己也许无法通过最后的大审判。他根本无法获得作为一名手艺人理应具有的满足感，无法像其他手艺人一样在完成自己需要和能够做的事情之后，便在心安理得中入睡。现代艺术家虽然也存在精神上的孤寂感，但他们只关心自己的画作，他们受到的困扰不会超出艺术美学这个范围。丢勒则完全不同，他认为自己的艺术创作是上帝赐予他的神职。这些都是中世纪的普遍现象，不过丢勒也有不同之处，他会把这些都说出来、写下来，将自己的喜悦和恐惧都融入其中，并体现在自己的作品当中，这又非常符合文艺复兴和宗教改革时期的精神。

影响深远的文艺复兴让每个人开始注重"自我"，人们不但开始在周围人身上寻找和发现个性，也开始从自己的个性出发进行分析、观察和思考。这就形成了最早的自传，或者应该称为自画像。随着人们对自身的关注越来越多，文艺复兴的宗教、政治、科学和艺术理念逐步步入世界舞台，与此同时，中产阶级家庭也开始注重家族观念。中产阶级对家庭和家族传承的喜爱促使了一种文学表达形式的形成。当然，最初这种形式是非常简单的，而且很有节制。家族日志中不仅有关于生意和金钱的记载，还有关于旅行和生老病死的记录，甚至还会夹杂一些探讨内心世界的只言片语。丢勒家族的日志就是如此。随着家族日志的发展，个人也开始写私人日记。丢勒在去往荷兰途中所写的日记就是最早的自传形式之一。他这么做也没什么特殊的目的，每个称职的父亲在类似情况下都会选择这么做。在纽伦堡，最早的家族传记要数厄尔曼·斯特罗姆尔在1360年到1407年间记述的日志。1468年，在临死前几个星期，尼古拉斯·穆费尔给自己的孩子留下了一本书，讲述自己的一生。很多普通的城里人和商人也留下过类似的记述，比如梅费尔和伯索德·塔奇尔，还有骑士，比如戈茨·冯·伯利辛根，甚至有一些游历的学者也是如此，比如约翰尼斯·冯·巴茨巴赫就写下过一些旅行日记。

归根到底，丢勒的自我展现的本能其实是德国民族精神的一种体现——我们总是倾向于关注自我——当然这是我们的一个弱点，但同时也是我们的力量源泉。我们要感谢丢勒和席勒，是他们让德国人学会了意义深远的自我展现。

丢勒是第一位独立为自己画像的北欧艺术家。在荷兰人卢卡斯·范·莱登（Lukas Van Leyden）开始创作自画像的时候（约1510年左右），丢勒已经为自己创作了一系列的画像，包括油画和素描。在不遗余力地刻画自己方面，没有哪个艺术家能够走在当时年仅13岁的丢勒前面。当拉斐尔（Raphael）才1岁、索多玛（Sodoma）才7岁的时候，我们的纽伦堡神童就已经端坐在镜子前，研究起自己的面容了，虽然他当时不过是一个孩童，却已经开始作画了（现存维也纳，1484年）。当时，他正在父亲的金饰作坊里帮忙。他需要用银尖笔在坚硬的金属上非常仔细地画一些纤细的线，这就要求他的手必须非常稳健。年幼的丢勒已经充分掌握了这一技巧，这对他画自己的长发帮助很大（右边的头发是后来画的，但技艺显然反而没有以前好，最初颊部的线条是向上的）。他面容精致，嘴上露

丢勒13岁时盯着一面镜子，创作了一幅《自画像》，作于1484年

第二章 ◎ 自我描绘

丢勒名作《祈祷之手》，
水彩画，作于 1508 年

出少年的纯真，眼神充满活力和真挚，长发光滑柔顺。虽然同时代的人非常热衷于装点和修饰，但他显然还没有受此影响，而且他在成年之前也没有特别注重自己的外貌。从袖子中露出的手细长、优雅，食指向前伸出来，就像一个勤奋的学生想要引起老师的注意。这是一只天才的手，丢勒大多数时候都是用这只手作画的，而且他好像也非常愿意如此。同时代的约雅新·卡梅拉里乌斯就曾说过："他的那只手是最为精致的。"丢勒后来还在这幅画上题了字："我在 1484 年对着镜子给自己画的，我那时还是个孩子。阿尔布莱希特·丢勒。"丢勒是对着镜子给自己画像的，但是他还没有掌握足够的技艺画出自己的正面像，而且在这幅自画像中他的眼睛也是向一边斜着的。不过他在接下来的两幅自画像当中，眼睛已经能够朝正前方看了。

生动的埃尔兰根自画像大概创作于 1492 年。当时的丢勒已经做了两个非常重大的决定。在第一次给自己画像两年之后，他找到父亲，说自己更感兴趣的是画

丢勒的埃尔兰根自画像,钢笔画,大概作于1492年

画,而不是打造金银首饰。1486年,沃格穆特把他带到了自己的画室。在已经学成出师并拥有了独立的画室的画师手底下干活,年轻的丢勒要经受很多的磨难,因为不论在什么地方,在什么时候,在哪个画室里,学徒都是画师们嘲弄的对象,都要忍受他们的骄傲和捉弄。就像斯瓦比亚人谚语中说的:"魔鬼最不愿意干的事儿就是当学徒。"平庸的人总是喜欢把自己的怨气撒到天赋比自己高的人身上,而年轻的心又是那么容易受伤。学徒期满之后,丢勒离开了画室里的画笔、调色板和颜料盒,按照当时绘画这一行的惯例,开始了自己的"漫游之旅"。当他再次对着镜子给自己作画时,已经是在两年之后,那时他已经游遍了法兰哥尼亚、斯瓦比亚和阿尔萨斯地区。在这幅画当中,他的脑袋靠在手上。这时的丢勒终于不需要再对父亲唯命是从,不需要再对母亲亦步亦趋,也不需要再忍受画室伙伴们的冷嘲热讽,但同时也没有了作为出版商的教父的周到照顾。他已经在沃格穆特的画室学到了很多,已经能够和其他画家一起创作祭坛画,但是更吸引他的是木版画,因为木版画创作起来更加快捷,而且更加自由。在图书和图片奇缺的时代,插图画有很大的市场,纽伦堡、巴塞尔、斯特拉斯堡和奥格斯堡的大

第二章 自我描绘

出版商自然都非常乐于吸引一大批年轻且富于创造力的画家和木版雕刻师从事插图画创作。

进入出版行业至少让出道之初的丢勒能够确保吃穿不愁。丢勒再一次站在了十字路口。结果是他再一次选择了一条不那么稳当的道路,一条他自己仍然不知道终点在何处的道路,但是有一个念头驱使着他向前走。正是这一阶段的焦虑、自我审视和思考让他创作出了埃尔兰根自画像——简直就像年轻时代的歌德书写的一首抒情诗。那个中规中矩的孩童已经成长为一个思想活跃的年轻人,当然相对于世界而言,他更加专注于自身。休伯特·施拉德等历史学家正是从丢勒入手研究中世纪末期人们内心的躁动的;对心理学者和教师而言,这幅素描画简直是研究年轻人精神状态的无价之宝。

年轻的伦勃朗在创作自画像时,也使用了一些类似的方法来处理头发和眼睛等部分,以体现内心的躁动。在体现躁动不安的埃尔兰根自画像和体现内心相对平静的利沃夫自画像(1493年)中,我们看到,丢勒终于画了正面像。我们很容

丢勒的利沃夫自画像,作于1493年

易就能发现画中整个脸形的不对称。丢勒通过观察发现每个人的视线都会稍有不同，并在自己的作品中体现了这一点。也许他这样做是为了体现某种特殊的艺术效果，比如让画中的人物显得目光分散以体现人物在沉思（雨果·马格努斯就是这么认为的），或者他是在使用一种特殊的风格符号，这种符号在2世纪和3世纪的罗马肖像画以及意大利文艺复兴初期的绘画作品当中都能见到（W．赖奇是这么认为的）。只是因为丢勒有时在作品中把人物的目光画得有些倾斜，就断定他有轻微的斜视，显然无法令人信服。因为虽然他画了一些类似目光"斜视"的作品，其中有他母亲的肖像，有卢卡斯·范·莱登的肖像，还有卡斯珀·斯特姆的肖像等等，但同时他也有一些画作是完全没有出现目光"斜视"这种情况的，比如他画的奥斯沃尔特·克雷尔、霍尔茨舒赫，以及穆费尔等等。丢勒在荷兰游历时所写的日记中曾两次提到买"眼镜"，这说明丢勒晚年进行创作时很可能已经需要佩戴眼镜了。

在创作埃尔兰根"学生"自画像一年之后，丢勒完成了自己的第一幅油画自画像（1493年），这幅画历经磨难，最终被收藏在了卢浮宫。正如汉斯·詹特森所说，在这幅画像当中，画家没有把自己看做是社会的一员，而是游离于社会之外的一个个体，一个似乎是在忏悔的个体。歌德曾于1805年在赫尔姆施泰特的艺术展上见过这幅画的复制品（现存莱比锡的格拉），并且非常兴奋地对这幅画做了一番评价。歌德说这幅画"既丰富又简单"——让我们对整个人有了既直观又丰富的印象。他穿戴非常华丽，就像一个贵族，衣服上的纹饰让他显得有一丝柔美。孩童时穿的长袍子和做学徒时穿的工作服早已踪影全无，出现在我们面前的是一位绅士，他非常注重自己的外表。长长的头发一直垂到肩膀，微微卷曲，并不是他后来在纽伦堡留的大卷发。脸颊消瘦，但表情生动，鼻子很尖，嘴周围已经有胡须开始冒出来。右手小拇指稍稍弯曲，甚有美感，手上还拿着一株蓟属植物，叫做"丈夫的忠诚"。这种植物在中世纪被用作催情药物，具有一种象征意义，不过现在我们已经无从知道它的象征意义到底是什么。有人认为丢勒是把自己画成一个新郎，所以手里才会拿着一株象征忠诚的植物，这种猜想显然没有什么意义，而且也与事实相悖，因为在1494年返回家乡之前，其婚姻根本无从谈

第二章 ◎ 自我描绘

22岁时,丢勒为自己所作的第一幅油画自画像

起。同样,在很多绘画作品当中,女人手里都拿着一枝蓳毒花,比如画于莱比锡附近的卢茨舍纳的《勤劳的妇女》(但这幅画并不是丢勒的作品),以及《小命运》(版画,1496—1498年)。这第一幅油画自画像已经揭示了今后将贯穿丢勒所有作品的典型特征:庄重的自我审视和思想准则。

弗莱奇塞西曾对画上的题字进行过语言学研究,并且得出了极具价值的结论。他认为题字不是法兰哥尼亚语,而是阿勒曼尼语,因为题字完全不符合法兰哥尼亚语的语言规则。据此,弗莱奇塞西得出结论,这幅画是丢勒在阿勒曼尼地区游历时创作的,很可能是在巴塞尔或者斯特拉斯堡。

5年之后,丢勒已经结婚,并拥有了自己的画室。这时他已经接到了第一批重要的肖像画创作任务,其中就包括为智者弗雷德里克画肖像画,这让他很快就拥有了很高的名望;他与纽伦堡最富有、最有学识,也是最显赫的贵族皮尔克海默保持着非常友好的关系。这时他已经去过了意大利,感受过了意大利绅士的生活,穿上了华丽的衣服,甚至学会了跳舞,而且他的第一组重大绘画作品——《启示录》木刻组画——已经自己出资出版了。丢勒再一次面临至关重要的岔路口，他的自画像也再一次向我们展示了他的肉体和精神状况。马德里普拉多博物馆里挂着他在1498年创作的自画像，他后来同样在上面加了题字："这是我在26岁时给自己画的画像，阿尔布莱希特·丢勒"。

这一次，丢勒把自己完完整整地展现了出来，比巴黎的自画像更彻底。他的左手手指紧紧贴在右手手背上，这正是人处于关键时刻的自然反应。他的右臂紧紧压在胸墙上。胸墙与背景里的哥特式拱门一起构成了一组独特的建筑结构，正好让画中的人物镶嵌其中，非常符合意大利风格。从窗户向外看去，远处不知名的山川风景也许是迁就当时流行风格的结果，也许是丢勒回忆自己穿过蒂罗尔山脉抵达亚得里亚海的旅程的结果。丢勒再一次戴上了方帽，穿上了长袍。衣服如此干净整洁，恐怕连阿格妮丝夫人都想不出自己的丈夫还能有比这更干净的时候。脸上已经有了浓厚的胡须，眼神非常温和，甚至带着一丝悲伤，目光稍稍有些倾斜。这时他已经有了更为坚定的信念，他坚定的表情充分证实了这一点。这是丢勒第一次在自画像里摆出非常正式的姿势，压制了他在埃尔兰根、利沃夫以及巴黎自画像当中都非常突出的、毫无顾忌的自我展现因素，转而强调与其地位相匹配的庄严。

很多研究丢勒的学者认为慕尼黑自画像的创作时间应该是丢勒第二次去威尼斯的时候，大概是1506年，因为他们认为丢勒这幅画的画风明显受到了意大利古典艺术以及意大利人对古代人物的想象的影响，换言之，丢勒是要画一幅带有"古风"的作品。虽然艺术历史学家的这一推断听起来言之凿凿，但我们至少有一个非常直观的证据，一个弗莱奇塞西也已经注意到了的证据，那就是这幅画不是画在意大利白杨木上，而是画在德国菩提木上（也就是说，创作地点不是在意大利，而是在德国）。而且，丢勒在威尼斯的日记详细记述了发生在自己身边的一切事情，却根本没有提到在意大利创作自画像，何况这又是一幅如此重要的作品。还有最后一点，纯粹从他的面相来看，我们也不能断言这幅画就一定不是1500年丢勒28岁时画的。根据画像来判断人的年龄是非常困难的。一般而言，人们判断的年龄会比他的实际年龄大，因此很多人才会向给自己画像的人抱怨

第二章 ○ 自我描绘

丢勒自画像，作于1500年

说："你把我画得太老了。"丢勒1498年创作的马德里自画像看起来就比他的实际年龄大得多，但因为他在这幅自画像的题字当中提到了自己当时的年龄，因此没有人敢质疑其准确性。慕尼黑自画像和马德里自画像一样，胡子都比较明显，另外如果我们忽略丢勒在两张画像当中穿的衣服和发型的不同，我们会发现这两幅画像中的丢勒的表情同样严肃，眼神同样年轻锐利。因此，我们完全没有必要煞费苦心地发明这幅画创作于意大利，或者人物面部经过特殊设计之类的说法，来解释丢勒为什么要以这样一种气氛、这样一种方式来画这幅自画像。原因很简单：在创作马德里自画像之后，他已经走到了这种画法的顶峰。换言之，他已经找到了画自己头部的最理想的方法。他既不需要采用意大利古典风格，也不需要运用德国哥特式的比例画法原则，他只是修正了一下脸部的不对称，让脸部朝向正面，让视线平行望向前方。对称自然能够创造威严的感觉，这一点所有的画家都了然于心。

慕尼黑自画像中的头部并非严格意义上的"规划"，而只是"平衡"，或者说是遵照一种形式。如果我们从中间用一条垂直线把整个面部分成两部分，然后把左半部分脸通过镜子进行复制，用这两个左半部分脸组成一个新的面容，再用同样的方法将两个右半部分脸组成一个新的面容，这样我们就能得到三个完全不同的面容，因为他的左眼和右眼的构成是完全不同的。现在这副面容显然更加生动，让人印象深刻。但是，如果真的用圆规按照完全对称的原则来"规划"，那么画像将无任何美感可言。所以丢勒才没有那样"规划"自己的面容，相反只是按照自己心中美的概念进行修正。他处理头发的时候也是这样——通过对称的方式来强化效果。丢勒非常注意呵护自己的头发和胡须，他的朋友还因此戏称他为"我们的美髯公"。洛伦茨·贝海姆曾尖刻地问丢勒到底有没有刮过胡子。机智又富有幽默感的丢勒没有理会这样的嘲讽，曾在自己的一首轻松随性的歪诗中管自己叫做"长头发、大胡子画师"。

如果我们非要费力研究丢勒在题字中的日期，那么我们就不可避免地要面对这样一个极其明显的矛盾：丢勒说自己是在1498年自己26岁时创作的马德里自画像，但他出生于1471年，因此1498年他应该是27岁；他还说自己画慕尼黑自画像时是28岁，而不是29岁。那么唯一的解释只能是丢勒没有按照年份来计算自己的岁数，而是按照自己的实际大小，所以他要到1498年5月21日才年满27岁，同样要到1500年5月21日才年满29岁。据此，弗莱奇塞西推断马德里自画像肯定创作于1498年1月1日至5月20日之间，慕尼黑自画像肯定画于1500年1月1日至5月20日之间。

在这三幅素描自画像和三幅油画自画像之后，有另外三幅自画像（现仍保存完好），都是丢勒站在其他一些人中间的画像。这种自画像形式最先是由意大利人发明的，通常是在创作巨大的宗教或者历史画作时，画家把自己的头部或者自己的题字放在比较显眼的地方——这表明画家已经开始意识到自己的重要性，同时也是画家给自己的画作打上商标的一种比较高雅的形式。其中比较著名的例子是贝诺佐·戈佐利（Benozzo Gozzoli）的《三圣贤之旅》（1463年），他的题字题在了帽子上；还有菲利波·利比（Fra Filippo Lippi）于1447年创作的自画像，画中有个天使拿着一个卷轴，上面写着他是这幅作品的创作者。拉斐尔和索多玛后来在自己创作的壁画中,让自己全身都出现在了画作当中——这样他们就亲身见证了自己的艺术成果。丢勒在去意大利的途中一定见过这类自画像作品,比如贞提尔·贝利尼(Gentile Bellini)创作的《圣马可广场上的行列》,或者至少他从意大利同行那里听说过这种形式,而且这种形式与他自己的理念正好不谋而合,也符合他想要把自己的题字和创作时间写得清清楚楚的想法。他因此创作了这样的画作,主要有下列三幅:《玫瑰花环节的源起》、《万名基督徒的殉教》和《三圣一体的朝拜》。从1506年到1508年是丢勒一生中最忙碌、也是最成功的几年,他在这种画作中出现了三次。这种画作的一个缺点就是太小,很难看到微小的细节;但同时也有一个巨大的优点,那就是丢勒三次都是全身出现在我们面前。他个头中等偏高,体态匀称,略微偏瘦;洛伦茨·贝海姆甚至说他显得太纤弱。他头发很长,身上总裹着毛皮大衣,好像总是感觉很冷似的。在这些画作当中,丢勒看起来要比他的实际年龄大。他在这三幅画作中的姿势和题字都非常相像,但细微处还是有些不同。

《玫瑰花环节的源起》是丢勒在威尼斯画室不知疲倦地工作了5个月的成果(1506年)。丢勒在这里要面对众多纷繁复杂的事情,陌生的天气,陌生的语言,陌生的住处,陌生的信息,还要面对他的意大利同行,虽然地处欧洲南部的意大利人天生就懂得优雅得体,但这些同行还是很难对丢勒这个要和他们抢饭碗的德国人表示什么好感。此外,丢勒不能完全推脱皮尔克海默的绘画要求,还要不停地接待访客和好奇的威尼斯人,小心翼翼地跟这块德国殖民地上的官员打交道,有时候顶级的贵族、甚至总督也要来他的画室参观。他既想全神贯注于自己的绘画艺术,又想成为一个绅士,想通过自己华丽的服装和优雅的举止被上流社会所接受,希望自己不被看做是一个德国"野蛮人"。这就是丢勒在创作这幅伟大画作时的地位和心理状态。在这幅画作里,丢勒披着一件法式斗篷,穿着一件棕色外衣,他在给皮尔克海默的信中曾经提到过这件外衣。他靠在一棵树上,手里拿着一块板子,板子上是他的题字——自豪地讲述自己是北欧人,以及自己只用了多么短的时间就完成了这幅作品。虽然这幅画现在已不再保存于最初的威尼斯圣巴尔托洛梅奥教堂(德国殖民官员都埋葬在这里),但它见证

丢勒作品《玫瑰花环节的源起》,作于1506年

了德国艺术的辉煌(现存布拉格博物馆)。

　　从作画的角度讲,《万名基督徒的殉教》(维也纳艺术史博物馆)以波斯沙普尔王下令杀害一万名基督徒作为主题是非常可怕的。这个主题不是丢勒自己选择的,而是他受选帝侯智者弗雷德里克(和同时代的很多人一样,他也是一个狂热的宗教遗物收藏者)的委托,为维滕堡的教堂画的。尼古拉斯·穆费尔就曾对自己的后人说,自己新收集到的宗教遗物的件数至少有一年的天数那么多。这一次,丢勒同样也出现在了画作里,他在看着那可怕的场面,那简直就是一场折磨和杀戮艺术的真实描述。不过丢勒并非独自一人,他是和他的朋友皮尔克海默一起行进在这场血雨腥风的旅途当中的。对于选择这个主题他有没有参与?或者,以他的博学和多识,他是不是觉得要满足智者弗雷德里克这位高贵的主顾的宗教画收藏愿望,选择传说中的波斯王屠杀基督徒这个主题是最好的办法?或者,按照我的想法,这对朋友是不是就像但丁和维吉尔经受地狱的恐怖一样,在感受炼

丢勒作品《万名基督徒的殉教》，作于1508年

狱的磨难？这样一个如此崇高的主题自然能够引起皮尔克海默的人道主义情怀。丢勒手里拿着的卷轴就像是一面休战的旗子，或是一面巨大的安全通行证，上面是他的题字。在《玫瑰花环节的源起》中，丢勒站在边角处，就像是一个负责布景的舞台指导，刚刚下令把幕布拉起来。但在这幅画中，这对朋友穿着黑色的衣服，站在整个画作的中间，非常显眼。

第三幅是丢勒在1511年创作的《三圣一体的朝拜》（维也纳艺术史博物馆）。

这一次，他出现在了比较常见的位置，画作的右下角。他披着一件长斗篷，姿势显得很庄重，手上托着题字的牌子。这幅画是专门为纽伦堡的一座教堂而作，而这座教堂是对纽伦堡的所有圣徒开放的。所以，丢勒没有必要说自己是德国南部人还是北部人，但他还是带着一种无可厚非的自豪说这幅画的作者是这座城市的儿子。

除了上面提到的这些自画像之外，丢勒还有很多计划要创作、并且已经完成的画像。丢勒画过一幅描述自己生病的素描，曾打算要画一幅圆形画像，有三种设计方案（现存伦敦大英博物馆）。

丢勒在去荷兰期间没有留下任何画像，因此我们也就无从知道他在那期间的样貌了——又或者他画过自画像，却没能流传下来。不过有其他画家为他画过画像，这也从一个侧面证明丢勒当时已声名远播了。在他的日记中，丢勒详细记录了自己花费的每一分钱，他曾提到自己在1520年叫人送2荷兰金盾到奥格斯堡给安特卫普的汉斯·施瓦茨，感谢他为自己画像。这是施瓦茨在创作一幅圆形浮雕画时，在黄杨木框架上画的一张丢勒的肖像画（现存不伦瑞克）。施瓦茨既是画家又是图章雕刻家，曾在纽伦堡待过，就住在圣塞巴德教堂的著名主教梅尔基奥尔·芬津家里。但是他在1520年3月被驱逐出纽伦堡，原因不明。因此，他应该是在1520年初给丢勒画的画像。同年7月，丢勒带着妻子和仆人踏上了去往荷兰的旅程，途中，他收到了施瓦茨寄来的画像和账单。这是一张素描，丢勒的头发打着结，胡须很短，鼻子隆起、突出，前额非常显眼。很多学者正是根据这张画推断丢勒的祖先是匈牙利马扎尔人。鹰钩鼻这个非常典型的面貌特征在丢勒的正面自画像当中很少见到，只有巴黎自画像中有，那时他还比较年轻。拉斐尔的波伦亚学生汤马索·文西多1520年画的一幅丢勒画像能够证明施瓦茨画的丢勒画像对丢勒的描绘是准确的。

汉斯·施瓦茨创作的丢勒圆形浮雕画显然激发了其他画家的创作热情，继多奇尔于1522年创作浮雕画之后，又有一位匿名的雕刻家创作了一幅丢勒和一个对手决斗的雕刻画（现存德意志博物馆）。以前一些研究丢勒的资料认为这个决斗的对手是丢勒和皮尔克海默共同的朋友——纽伦堡的拉扎勒斯·斯彭格勒。

第二章 ◎ 自我描绘

Ph. M. 哈尔姆和弗里茨·弗·舒尔茨均对此表示了怀疑。丢勒的确曾经参与过一次有关诗风的争论,但是我们很难想象这么一点争论最后会以兵戎相见的形式解决,况且当时还处在马克西米利安一世的统治之下。

16世纪20年代,丢勒好像又一次改变了自己的发式。至少在马西斯·格贝尔创作的浮雕画(1528年)以及由此衍生的木版画(埃哈德·舍恩创作)中,丢勒都留着光滑整齐的头发,胡须也很短,修剪得很整齐。如果这幅木版画与丢勒的真实生活相符,那就说明在这位伟大的艺术家身上,德国式的率直和严谨又一次战胜了理想化的绅士风格。

那么,我们应该如何确定不来梅素描画(这幅画用水彩进行过润色)的创作年代呢?当时丢勒正在生病,他把这幅画寄给一位医生,并要求医生给他治疗建议。有人认为这可能是中世纪末期的自传作品中,描述自己疾病的一种常见形式。画中的题字是:"我手指所指的黄色圆点就是我感觉疼的地方"。虽然有人曾经认为这幅最奇特、最隐私的画是丢勒晚年所画,但画中丢勒的发型并不是他晚

丢勒的裸体自画像,他作这幅画的目的是为了让一名他不能亲自拜访的内科医生知道他生病的地方。医生从这幅图以及丢勒写在信上的文字描述,得出的结论是他的脾紊乱。

年的发型。弗莱奇塞西甚至带着笔迹专家的热情仔细研究了丢勒在画中的笔迹，并将这份笔迹与丢勒不同时期的笔迹进行了对比。他最终得出了一个令人意外的结论，一个与普遍看法完全不同的结论：这幅素描的创作时间应该是1509年左右。如果我们把丢勒的面貌跟早期的自画像相比，我们会发现它与《三圣一体的朝拜》（1511年）这幅画像比较像，区别仅在于一个没有穿衣服，一个穿着斗篷。看来，我们完全可以确定丢勒的疾病是慢慢地、逐步地严重起来的——应该是脾脏或者其他消化器官感染。但我们也不能排除另外一种可能性，那就是丢勒的病因——消化不良——在他第二次去威尼斯时就已经出现了，因为当时就有人提醒他和意大利画家一起吃饭的危险。丢勒以为危险之处在于与他竞争的意大利画家可能会下毒害他，因为有传言说一个因嫉妒而发狂的意大利学者在罗马毒死了纽伦堡的天文学家雷格蒙塔努斯。但我们认为，在威尼斯的德国人告诉丢勒与意大

《三圣一体的朝拜》
局部，丢勒在右下角

利画家一起吃饭的危险之处，可能只是因为丢勒是一个刚刚来到这里的北欧人，还不习惯这里的气候，他们只是告诫他不要吃得太多。其实早在1507年，丢勒就已经提到有时发烧可能会困扰他好几个星期，令他无法工作。他是一个品酒的行家，也完全不介意和朋友拼酒。在荷兰的时候，他吃的食物就经常"过于丰富"。而且，还经常有人拿最好的酒送给他。旅途的疲劳，寒冷的气候，加上他曾在寒冷的冬天长途跋涉去泽兰观看被海浪卷上岸的鲸鱼，让丢勒的身体受损不小。他是这样形容自己的病症的："感觉身体虚弱，高烧，疲惫，头痛。"丢勒把自己的病症归因于去泽兰的跋涉，因为之前他的身体从来没有出现过这样的情况。

我们对于丢勒最后的病情和他的去世了解得并不多。不过，按照皮尔克海默的说法，丢勒的身体肯定被疾病折磨得够呛，因为他曾在丢勒死后写过这样的文字："他已经被折磨得不成样子，很难再好起来，或者和我们正常交流了。"当内容被耗尽时，躯壳自然无法再存在下去。

看到一位艺术家的自画像是每个杰出学者的愿望，当然所有的博物馆和教堂都愿意满足他们这样的愿望。发现仍不为人所知的大师自画像自然更是让人心生向往，比如在任意一位艺术家的艺术作品中，我们也许就能找到和某位大师比较相像的面容和头型。但是莱昂纳多却告诫我们不要把太多的热情放在这样的寻找当中，他说因为很多画家在创作画像时都会在有意无意之间把自己的画像处理得与大师的面貌相似。弗雷德兰德就在《两名骑士》（慕尼黑国家图画收藏馆）中把一个年轻的骑手认成了丢勒；贝克托尔德在蚀版画《大炮》中把一个土耳其打扮的人认成了丢勒；弗里德里克·哈克在木版画《男浴图》（1497—1498年左右）中把一个年轻人认做了年轻时期的丢勒；库尔特·格斯腾伯格认为木版画《背负十字架》（《大受难》，大概创作于1498年）是丢勒的自画像，里面的重骑兵就是丢勒本人；雨果·凯尔也认为雅巴赫祭坛画中的鼓手是丢勒；罗姆认为《赫拉克勒斯与斯廷法利斯湖怪鸟》中的赫拉克勒斯就是丢勒。按照埃米·沃伊特兰德的说法，裸体画《悲伤的男人》也是丢勒以粉笔画的形式在不来梅创作的，照此推测，一个感伤而且错误的结论就不可避免地出现在我们面前："我们

丢勒自画像《悲伤的男人》，作于1522年

并不知道原来丢勒是把自己作为一个苦难的承受者；这就是丢勒晚年不再给自己画自画像的原因。"

当我们把目光转向另一批未经证实的丢勒自画像时，更大的问题摆在了我们面前。F. 罗姆认为创作于魏玛的一幅男子裸体画（大概创作于1507年）是丢勒的自画像。我们暂且先承认这个设想，为此我们要接受这是一幅完全裸体的自画像这个事实，那么问题在于，这幅画当中有与确定无疑的丢勒自画像相似的元素吗？上身的姿态好像还在向前倾？眼睛还直勾勾地向前注视？如果我们真地相信一个德国艺术家早在16世纪之初就能够把自己脱得光溜溜地画自画像，那么对于丢勒这个一心一意崇尚自然的学生，我们倒也可以相信他会这么做。丢勒生病时画的不来梅自画像跟这幅魏玛画像有些相似之处，不过前者只是大体画出身体的结构，然后指出自己疼痛的地方。斯德丁发现的一幅油画被F. 亨利认定是丢勒还是孩童时的自画像。上面的年代是1484年（只有第二个"4"比较清晰），题字写着："13岁……，我……"这幅画被认为是丢勒13岁时所画，穿的衣服也和阿尔伯蒂娜自画像中的衣服一样。但是粗糙的面部处理方式和拙劣的绘画技术都说明这不过是一幅16世纪的仿制品，绝对不是出自丢勒之手。

第二章 ◎ 自我描绘

在海勒祭坛画1729年毁于大火之后,丢勒的自画像也就少了一幅。这幅画像与《三圣一体的朝拜》比较相似,幸好乔布斯特·哈里奇在法兰克福都市博物馆留有一份副本。

还有一幅画在亚麻布上的水彩自画像(大概作于1492—1497年间?)也已遗失,这幅画是丢勒在收到拉斐尔赠送给自己的一幅粉笔画之后,于1515年回赠给拉斐尔的。瓦萨里对这幅画赞赏有加。朱里奥·罗马诺从拉斐尔手里得到过这幅画,桑德拉特也曾在曼都亚公爵的艺术画廊见过这幅画。之后,这幅画就消失了。丢勒送给布格克迈尔的一幅画也遭受了同样的命运,这幅画大概是1518年在奥格斯堡完成的。

把一个小人物写进生命之书很容易,因为属于他的位置很容易就能够找到。但是,书写伟大的人物却需要很多的篇幅。我们是不是应该把丢勒的一生归结为伟大的艺术生涯?在普通人身上不可调和的东西在他们身上却可以相互结合,形成一个坚固的整体。丢勒接受了这个世界,但他同时把自己与这个世界隔离开;他有着细腻的感情,但同时又非常偏执。喜悦和沮丧在他的灵魂中不断更替。他

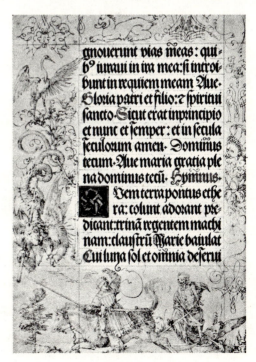

丢勒1515年为马克西米利安
皇帝的祈祷书边缘所作的钢笔插画

有着年轻人的野性，也可以让自己从所有的感伤中得以解脱。当昆兹·冯·德罗森成为马克西米利安一世的弄臣，戴着皇冠的皇帝无法让戴着系铃帽的小丑离开自己的视线时，在这个充满无边的虚假和毫无顾忌的愚弄的世纪里，一张毫无顾忌的嘴就显得尤为可贵，而且丢勒的纽伦堡朋友们对此也已经十分习惯。丢勒在马克西米利安一世的祈祷书的边缘上画的图画体现了他无尽的幽默和智慧，但是只有当我们看了丢勒从威尼斯寄给皮尔克海默的书信后，我们才能更加充分地认识他的智慧。比如，丢勒在问皮尔克海默是否失去了自己心爱的人时，在纸上画了一枝玫瑰，皮尔克海默的那位心爱的人的名字叫罗森塔尔。当然，这样的玩笑在当时的年轻人中非常流行，并不为丢勒所独有。洛伦茨·贝海姆是丢勒和皮尔克海默共同的朋友，他也非常喜欢这样的调调。1507年，他根据丢勒的生日给丢勒算了一卦，还假装刚刚发现丢勒是一个"天生好色"的家伙。这样的卜算结果用在他自己或者皮尔克海默身上可能更准确一些。

在丢勒的灵魂中，永恒的忧伤远远超出了其他变化不定的性格特征。创作过版画《忧郁》的丢勒在同时代的人看来显然是非常忧郁的。梅兰希顿就提到过丢勒的"忧郁"。这倒并不是说丢勒永远都是沮丧忧郁的，也不是说他生来就是抑郁悲伤的，这里说的只是一种精神状态，一种沉醉于艺术创造才会产生的状态。丢勒在《给青年画家的食粮》的前言中，对此说得非常明白："我们需要不断地去理解、感受，这会耗费我们大量的心血，使我们的心灵处于一种忧郁的状态。"忧郁是工作和苦思的结果，这是丢勒根据自身经验得出的结论——思索和抑郁就是这样紧密联系在一起的。抑郁的影响也会通过上天的恩赐得到补偿，丢勒就得到了这样的抚慰。作为回应，丢勒认为艺术来源于上帝的启迪。灵魂的生命就悬挂在这种启迪与毁灭的巨大恐惧之间。同其他很多天才人物一样，丢勒的心境也总是摇摆在躁动和抑郁这两个极端之间。

如果我们要在丢勒之后找出一位与他相似的德国的伟大艺术人物，那么这个人一定非席勒（Schiller）莫属。虽然生活的时代不同，但他们之间却有很多相似之处。他们都拥有感人的仁慈情怀，却又都疾病缠身。他们都拥有伟大的人格，每个与他们接触的人都会被他们所感染。他们都是在世界性的危机即将到来的紧

第二章 ◎ 自我描绘

丢勒版画《忧郁》，作于1514年

张氛围中，创作出了自己最伟大的作品：丢勒的《四使徒》，席勒的《华伦斯坦》。他们都怀有理想主义精神，他们正是用这种精神感染着自己的同胞。法兰哥尼亚人的绘画艺术（也是马丁·路德的时代），斯瓦比亚人的诗歌艺术（同样也是歌德的时代），都闪烁着同样的坦诚、同样的伟大，以及同样的高贵。同样，丢勒和席勒身上都散发着英雄主义精神。

丢勒《启示录》系列木刻画之一，灾难达到了顶点

第三章
《启示录》木刻组画

宗教改革前夕的宗教氛围非常紧张。一位奥格斯堡编年史作家说那是一个"充满变革的、危险的"时代。那时的世界可不像浪漫主义者所想象的那样平静、安全,相反,到处都充满了不安和冲突。德国不仅仅有歌唱生活的朴实的工匠,经常主持弥撒的虔诚的牧师,从城堡出来巡视的高贵的骑士,以及勤勤恳恳耕种土地的农民,还有动荡和混乱以及骚动和动乱。在这种内外混乱的氛围中,激烈的宗教、社会和政治冲突此起彼伏。革命的气息已经在空气中弥散。对宗教的怀疑和恐惧把中世纪末期的人们折磨得苦不堪言。最突出的对比数不胜数:对审判日就要到来的恐惧与欧洲战场上无所畏惧的英雄精神;急不可待要躲进哥特式大教堂求得保护的焦虑与跋山涉水了解异教思想的勇敢情怀;瘟疫带给人们的无尽苦难和"法国疾病"给人们带来的新的不幸与艺术给人们带来的更多、更好的生活乐趣。这是骑士没落、城市商人兴起的时代,是普通大众开始觉醒、教会

1505年的版画，反映了
当时德国的手工作坊的场景

走向衰败的时代，是中世纪的文化和热情开始消失的年代。在城市里，社会最底层怨言不断；在乡村，农民开始出现反抗的迹象。皇帝的权力正在被削弱，各个独立的贵族和城市领主的权力正在增强。

1475年夏天，一场奇怪的宗教运动席卷了德国中部。年轻人就像被感染了宗教瘟疫一般，没有什么能够阻止他们前去参与"圣血"朝圣。成群结队的孩子歌唱着，挥舞着旗子，在村落间游行。农民抛下了耕犁，家庭主妇离开了厨房，工匠离开了作坊，马夫离开了马坊，他们全都加入到了朝圣的大军当中，而实际上他们中的很多人根本不知道自己是在做什么，甚至很少有人知道他们的目的地——位于阿尔特马克地区的维尔斯纳克的三个流血的圣饼——但他们无一例外地都觉得自己应该这么做。一位编年史作家如此描述他们："如果你把他们关起来，不让他们去，他们会发疯，会哭喊，会浑身颤抖，就像得了疟疾，不能说话，一直哭喊，无论如何也要跑出去。他们不会让任何人拦住去路。"

德国宗教改革过程中的农民运动

遥远的山村奥登瓦尔德和斯佩萨特也爆发过一次宗教活动,甚至强盗和极端狂热的宗教徒都能在这里安家。一位牧人兼乡村音乐家汉斯·博海姆在乡村游历,传播他的思想,说皇帝和教皇是压榨劳苦大众的无赖,煽动平民反对拥有土地的贵族和牧师,并号召他们加入到陶伯尔河谷的尼克劳斯豪森朝圣的队伍。博海姆的思想具有很强的启示性,他的布道也充满共产倾向。他提出森林、河水、空气、猎物、河里的鱼和空中的鸟都应该是公共财产,贵族也必须工作才能有饭吃,所有的税费都应该被废除。从内卡河到美因河,甚至遥远的阿尔萨斯,不断有平民加入朝圣的队伍中。这位乡村音乐家烧掉了自己的鼓,转而成了一个心灵的捕手。成千上万的平民唱着狂热的德国歌曲跟随他的脚步,期望能得到"圣子"的祝福。女人把自己的头发、手帕和鞋子,男人把自己的扑克牌交给博海姆烧掉,因为他们认为这些都是世间的垃圾。

对于萨佛纳罗拉的威胁,教会的反应比贵族阶层要迅速得多。博海姆很快就在符兹堡被绑在火刑柱上烧死,临死之前还一直唱着德国赞歌。虽然他的骨灰被洒入了美因河中,但他煽动性的思想的种子却被风带到了每一个角落。某一次运动也许能够被扑灭或者血腥地镇压,但民间的骚乱和不满不会停歇。在当时的德国,只要一出现政治紧张的局势,没有人会老老实实坐在家里,每个人都会跑到街头。每座城市的市政府和贵族都清楚地知道,如果这场运动从乡村传播到城镇,他们的特权就将受到极大的影响。纽伦堡城因此禁止任何市民参加去尼克劳斯豪森朝圣的队伍。但是再坚固的城墙也阻挡不住传言的脚步。

在15世纪的最后几十年,毁灭的使者——饥荒、战乱和瘟疫——已经开始在德国大地上肆意横行。糟糕的收成导致大面积的饥荒,由此在阿尔萨斯产生了第一个由农民组成的动乱组织"鞋会"。1499年,瑞士战争毁掉了斯瓦比亚和蒂罗尔的大片地区。威利巴尔德·皮尔克海默作为一名指挥官参加了这场战役,并在

反映当时瘟疫悲惨情况的画作

第三章 ◎ 《启示录》木刻组画

1505年，欧洲爆发大面积的瘟疫，丢勒作了一幅令人难以忘怀的炭笔素描画

其中充当了编年史作家的角色，一向爱好和平的高傲的纽伦堡人详细描述了这场战争带来的苦难。三年之间，一场致命的瘟疫夺走了莱茵河沿岸城市一半人口的生命。

梅毒据说是从奥弗涅经过西班牙传到意大利的，然后又顺着南北贸易线到达了德国的南部城市，最先出现在奥格斯堡。1497年，纽伦堡出现了第一次针对梅毒的忏悔布道。1505年，皇城诺德林根已经无力向斯瓦比亚联盟交纳税贡，因为伴随梅毒（"法国疾病"）的爆发，这座城市用于治疗患者的花费翻了一倍。这种疾病是上帝降临给世间的惩罚，它不像营养不良导致的疾病，更容易感染上这种疾病的是上流社会，而不是贫苦百姓。

1506年，当时呆在威尼斯的丢勒写信给皮尔克海默说："没有什么比这（梅毒）更让我恐惧的了，几乎每个人都被感染了。甚至有人因此丧命。"德国伟大人物乌尔里克·冯·胡滕（Ulrich von Hutten）也染上了这种疾病。在自己的著作中，胡滕通过残酷的幽默和当代木刻版画的奇异象征，谈到了这种疾病。他告诉奥格斯堡议会说自己的这种疾病是拜教皇的使节、意大利牧师卡耶坦所赐。他说自己要感谢这种疾病，因为正是它让自己知道了一名牧师在生活中的堕落、道德败坏和罪恶。

1496年，丢勒资助弗里斯兰的医生乌尔西纽斯对这种疾病的传播情况进行预测，其实就是一页纸，上面画着一个受到"法国疾病"折磨的男子，他的脑袋上

医生驱赶死神,反映欧洲瘟疫的一幅讽刺画

部是一个天球,上面画着黄道十二宫图,用蝎子图像标示出木星与土星相交的地方,他们根据占星术认为这里就是这种疾病爆发的时间。

上帝通过降临苦难让人类丝毫不敢怀疑报应的存在,用预兆和奇迹警告和吓唬人类。他让流星从天空滑过,又让彗星带着长长的尾巴在苍穹中闪过。他甚至还让十字架神奇般地出现在人们的衣服上。这种宗教神迹是在1501年的复活日从马斯特里赫特附近的一个村庄开始的,之后传播到列日和乌得勒支,再经过纳赫谷和莱茵河,向南传播到蒂罗尔,向东传播到波兰,向北传播到丹麦。1503年,这种宗教现象也出现在了纽伦堡,丢勒还对此做了详细的描述。15世纪末,出现了越来越多关于神迹的传言,诸如圣饼流血,修女身上出现圣痕,出现新的耶稣受难标志等等。平民百姓对这些神迹自然非常欢迎,因为他们对政治和社会发展极为不满,基本的温饱都无法得到满足,而且当时整个时代都动荡不安。这些神迹中影响最大、传播最广的就是离奇地出现在人们衣服上的十字架图案。社会上出现了很多描述这些神迹的宣传册和木刻组画,还有人把出现十字架图案的衣服拿出来展示,朝圣的队伍更加壮大。荷兰的朝圣者甚至组织起来战斗,他们的军旗就是一件有着十字架图案的女衣。

讽刺罗马教廷面对公众批评无能为力的漫画

除了宗教运动之外,城市里的社会和政治动乱也在不断上演。15世纪下半叶,城市里的居民一直处于骚动不安之中,最终导致了长时间的混乱。各个城镇叛乱的起因和目的各不相同。不满的工匠和小商人在议事厅获得了一席之地,并因此得以参与地方事务的管理(比如在有行会的城市)。在另外一些地方,行会与社会最底层的平民不断发生冲突(比如在亚琛和美因兹)。冲突的起因大多是各个"贵族家庭"被指贪污税款,或是教廷不肯把土地给牧民放牧(比如在奥斯纳布鲁克)。除了对地方治理权的争斗之外,贫富差距过大所导致的社会动荡也一直不曾停息。这些因素交织在一起,使得整个社会都处于一种病态的混乱当中。比如,1492年爆发在荷兰北部和弗里斯兰的"面包和奶酪战争"很快就从一场农民叛乱演变成了一场下层阶级的起义。这类动乱的领袖正是抓住了平民百姓的不满情绪。德国动乱起源地的声名甚至远扬到阿尔卑斯山脉的另一边。罗马的教廷认定各地印刷的图书会对教廷构成极大威胁,教皇亚历山大六世博尔吉亚为此专门发布教令,没有教区主教的同意,德国不准印刷任何书籍。两年后,伟大的意大利起义者萨佛纳罗拉在佛罗伦萨市政广场被当作异教徒烧死。不论南北,宗教巨变在不断上演。

对世界末日就要到来的恐惧在波希米亚教众之间弥漫开来,甚至波及德国南部。不论是宗教狂热者，真真假假的先知们，还是奥格斯堡的沃尔夫冈·艾廷格以及像基姆湖的伯索德主教这样的宗教领袖，都开始哀叹人类的罪恶，并预言人类必将毁灭在大审判的洪流当中，永恒和平的完美时代将随之到来。毁灭和救赎的幻想让本已饱受折磨的人们更加疯狂。中世纪末期，人们无与伦比的想象力给了这些幻想非常逼真的可能性。

《启示录》是小亚细亚的犹太圣徒约翰在拔摩海岛上受到天启写成的，当时还处于罗马皇帝尼禄统治的时代。在充满宗教苦难的时代，例如10世纪末人们认为世界末日就在眼前的时候，以及12和13世纪新教派兴起的时候，这本充满神秘和神奇的《启示录》一直吸引着人们，也给了人们不少的慰藉。中世纪的艺术形式局限于描绘特定的宗教场景。丢勒是第一个用系列组画的形式来呈现《启示录》宗旨的画家。当他的第一部伟大作品——《启示录》出版之后，丢勒终于了解到那个时代的人们对于这类画作的需求有多么大。没有人出资委托他创作这部作品，完全是他自己的主意。这一系列组画的尺寸比普通的画作大，这也证明了丢勒下定决心要创作出与众不同的作品。

1498年，丢勒出版了由十五幅木版画组成的《启示录》木刻组画，有德语和拉丁语两个版本。第十六幅木刻画直到1511年才被加进来。丢勒选用的引文出自他的教父柯贝尔格1483年印刷的所谓第九版德国《圣经》。丢勒自己没有印刷机器，也没有搞印刷这一行的经验。虽然他在组画的最后印上了"由阿尔布莱希特·丢勒在纽伦堡印刷"的字样，但这只是在告诉人们这幅组画可以在什么地方、找谁买到。严格来说，丢勒算不上是出版人，也不算是木版雕刻师。按照当时的区分，在木版上画画和在木版上雕刻是不同的。丢勒专门请了一些人做木版雕刻的工作，有知名的，也有不知名的。但是如果没有丢勒，他们的意义在哪里？稳定的线条，有力的影线，变化多端的光线，浓重的阴影，丢勒画作的精髓和力量，为木版雕刻艺术走向前所未有的高度指明了方向。

通过这部《启示录》组画，丢勒为同时代的人们提供了一本图画书——他们既可以欣赏画作，也可以阅读刻在木版背面的《福音书》中的话语。非常不幸的是，我们已经习惯于把木版雕刻文字当成现代绘画艺术的附属品，很少有人会在

第三章 ◎ 《启示录》木刻组画

欣赏画作的同时去读背面的文字。如此一来，我们也就无法享受到这样一种乐趣：把图画与文字做比较。更糟糕的是，我们容易从非常纯粹的绘画形式的角度去欣赏这些画作，这样对丢勒显然是不公平的，而且这样我们也根本无法领略到丢勒画作中的奇幻色彩。

第一幅木版画《圣约翰的殉难》展现给我们的是约翰在尘世的最后一个场景——在油锅中殉难。遮阳篷下，坐着罗马皇帝图密善，背后是漂亮的意大利挂毯。殉难的约翰身无寸缕，头发很长、打着结，虽然坐在沸腾的油锅里，但仍然在祷告。栏杆外围观的人中有社会名流、要人，还有每逢行刑的时候都来围观的人群。从艺术角度来看，这幅画细节生动、清晰，是一个非常好的组画前奏。这幅画展示了人性的残忍和尘世的苦难，第二幅木版画《七盏明灯》则把我们引向了天国的虚幻和缥缈。

丢勒作品《七盏明灯》,《启示录》组画之二

《七盏明灯》展现给我们的是年轻时的约翰。在云雾缭绕之中,他虔诚地跪在七盏明灯中间,脸侧对着我们。耶稣基督的面容就如普照的太阳,嘴里探出一把剑,左手拿着一本书,右手向外伸出,好像施展了神奇的魔力一般,让七个星体脱离了轨道,聚集到了右手的掌控之中。

在《天国的召唤》中,天国的神圣之门向约翰打开,他跪在上帝面前。长着七只角和七只眼睛的耶稣基督(在图中以羊的形象出现)似乎要从上帝的膝上拿

《天国的召唤》,《启示录》组画之三

起那本书。在内圈,是四只分别长着狮头、牛头、人头和鹰头的神兽。在外圈,是24位长老,周围闪烁着光芒。最下面是世间的情境,一座德国城堡矗立在湖畔,远处是森林和一座城镇——那正是约翰离开的俗世。

《四骑士》中的四名骑士如旋风般掠过大地。天使在他们头顶盘旋,伸展着翅膀,像是预示着暴风雨的到来。白马骑士头戴王冠,手拿弓箭。红马骑士手举利剑。黑马骑士为一无须男子,手舞天平。伴随"瘟疫"、"战争"和"饥饿"的

《四骑士》,丢勒最著名的四幅木刻画之一。在画中,骑士从左至右分别代表死亡、饥饿、瘟疫和战争,他们疯狂地肆虐地球。

是"死亡",灰马骑士就像是一副骷髅,他既不需要马镫也不需要缰绳,胯下的马瘦骨嶙峋,手拿三叉戟,不断踩踏着倒地的人们。被践踏的人们或倒地呻吟,或仰天呼喊。

在《世界末日》中,世界末日就在眼前。太阳和月亮的光芒已经被遮挡,透过愤怒的云朵,天堂的星辰坠落世间,就像一阵狂风过后,巨大的无花果树上数不胜数的青涩果子被刮落到地面。皇帝、教皇、主教和教士被吓得四散奔逃,躲到山坳里,后面还跟着数不胜数的平民百姓。在上帝的愤怒面前,教皇和普通教士没什么两样,衣衫褴褛的儿童和皇帝也并无不同。人们仰拜上天;而在上天,殉教的灵魂正聚集在圣坛周围,哭喊着要复仇,天使们正给他们分发衣裳。在他们的脚下,毁灭的脚步已经来临。

在《执掌风力的天使》中,被上帝选中的144000人虔诚地跪伏在地上,一个天使正在封印他们的前额。他们当中没有戴王冠的。同时,四位天使手拿利剑,执掌地上四方的风,保护生命之树。

在《颂歌》中,被上帝选中的众人正飞向天堂,他们身穿白袍,手握棕榈枝,唱着上帝的赞歌;地面上,一艘艘船漂浮在寂静的海湾水面上。

在《手持喇叭的天使》中,太阳的光芒已经黯淡,月亮也不再明亮。船被暴风雨掀翻,落水的人在呼喊。灾难之鸟如猎鹰一般俯冲而下。天堂降下毁灭之雨。七位天使已经拿起了喇叭,还有一名天使手里拿着一个金香炉,缕缕香烟从里面飘散出来。伴随着惊雷、闪电和地震,圣坛喷出的大火罩向即将毁灭的地球。第一位天使吹响了喇叭,到处都是大火,树木和绿草被吞噬。第二位天使吹响了喇叭,海水变成了火海,所有生物都被毁灭。第三位天使吹响了喇叭,一颗星辰从天国掉落到山川河流中,破坏了所有的水源。第四位天使吹响了喇叭,太阳、月亮和星辰失去了光芒,永恒之光已经黯淡。第五位天使吹响了喇叭,无底深渊被打开,无数的蝗虫喷涌而出。

在《天使的战斗》中,在手拿第六支喇叭的天使身边,圣坛传出声音:四天使出动。四天使出动了,他们毁灭了骑士、国王、教皇和1/3的人类。

在《圣约翰食书》中,圣约翰坐在已恢复平静的海边,正在吞一位天使给他

第三章 ◎ 《启示录》木刻组画

丢勒作品《天使的战斗》，《启示录》组画之九

的书，就像一个饿鬼见到了久违的食物。这个天使的腿是两根火柱，身体被云朵覆盖，右脚在海面上，左脚在地面上，头上还顶着一圈彩虹。

在《身披太阳的妇人和长着七个脑袋的龙》之前的作品中，具有非凡想象力的中世纪读者完全跟得上丢勒的思路，而且也未曾超出彗星、流星、日食、月食、大火、洪水、战乱、瘟疫、饥荒、殉难和死亡之类的范畴，但是在《身披太阳的妇人和长着七个脑袋的龙》的作品中，当第七名天使吹响喇叭之后，画面却超出了人们能够想象和描绘的范畴，进入一种介于可理解与不可理解之间的领域。甚至丢勒的想象力和画笔也有些力不从心了。画中怀孕的女人身穿太阳，头顶十二颗星辰，脚踩着月亮；长着七个脑袋（象征罗马的七座大山）的龙随时准备抢走

57

丢勒作品《身披太阳的妇人和长着七个脑袋的龙》,《启示录》组画之十一

即将降生的孩子,他长长的尾巴甚至卷下了天国的星辰。所有这些虽然被丢勒刻画得异常生动,却完全没有《四骑士》、《天使的战斗》和《圣约翰食书》中所展现出的那种力量感。虽然画面很壮观,却缺少奇幻的色彩。

在《似羔羊的长角兽》中,丢勒画了两头怪兽。那头长得很像豹子的怪兽长着熊的脚,也有七个脑袋;另外那头长着两只角的怪兽,像羊,又像龙。而在《巴比伦妓女》中,巴比伦的妓女也是骑着一头多头怪兽在荒野中穿行。她左手拿着鲜红色的礼袍,右手举着装满憎恨和私通的杯子,但是这个杯子是如此漂亮,它没准还是出自丢勒父亲的金银作坊呢。在这两幅画中,即将走向毁灭的人类和无底深渊的使者有着面对面的接触。天空中,神的使者拿着镰刀和利剑,从高空冲

第三章 ◎ 《启示录》木刻组画

《巴比伦妓女》,《启示录》组画之十三

下来。

《圣迈克尔和龙》这幅作品充分展示了丢勒超凡的想象力。他照旧把这幅画分成了两个层次:沐浴在夏日阳光下的平静的山川湖泊和天空中的激烈战斗。如同一个船夫熟练地把船杆插到河里一样,圣迈克尔把长矛插进了龙的咽喉,旁边还有天使拿着利剑和弓箭帮助他。

在《拿着无底深渊钥匙的天使》中,天国和人间都已恢复平静,鸟儿在晴朗的天空中翱翔。一位天使驻守在布满塔楼的城堡入口。在山顶,另一位天使正在向一名福音传教士展示和平的景象。在画作的最前面,一位天使正要把一条龙驱赶到即将封闭一千年的无底深渊中去,他右手拿的就是无底深渊的钥匙。

59

《拿着无底深渊钥匙的天使》，丢勒最著名的四幅木刻画之一，画意为邪恶是可以克服的。

　　同丢勒其他所有版画作品一样，《启示录》木刻组画并不是为了给少数鉴赏家收藏用的，而是供德国的平民百姓、工匠、画家、王公贵族、银行家以及商人欣赏的。他们中很少有人了解创作这组木刻画的27岁的年轻画家丢勒的生活，自然也就更没有人能了解这十五幅画作在艺术史上的地位了。当然，这并不影响今天的我们欣赏这些木版画作的力量和美感。

　　对一个年轻人来说，创作这样一部伟大的作品需要充分调动自己全部的力量和热情，这就不可避免地要把以前作品中的精华一股脑地全用进来。早期的作品一般都存在主题过多的问题，或是形式与内容存在矛盾。成熟的艺术家倾向于使用尽可能简洁、紧密的因素。面对解读《启示录》这样艰巨的任务，丢勒不断挖掘自己的灵魂，不断从自己的创作中寻找灵感。到底是什么样的灵感让他在第二

第三章 ◎ 《启示录》木刻组画

幅木刻画中创作出了七盏明灯？每一盏的装饰还各不相同,每一盏的摆放也非常仔细,就像金银首饰匠把自己的首饰小心翼翼地摆放在橱窗中一样。丢勒同时代的人看到的还不止这些——他们还看到了一种现代性。虽然马丁·施恩告尔(Martin Schongauer)的《圣母之死》中也有一些漂亮的灯,但那些不过是中世纪艺术的产物,而丢勒画的灯却代表了一种新的风格——意大利文艺复兴时期的风格。

丢勒曾经从威尼斯带回过一幅威尼斯年轻女孩的肖像(现存维也纳)。显然他已经不满足于仅从远处凝视欧洲南部的诱人女性。在为《巴比伦妓女》挑选合适的人物时,丢勒用到了这位威尼斯的女性,让她面无表情地骑在那头怪兽身上。丢勒的《启示录》木刻组画中还有其他意大利的痕迹,例如《执掌风力的天使》中,画面最前面执掌四方的风的天使,佩带着利剑,罩着长袍,肩膀和胸部穿着一层盔甲。塑造这两位天国战士的艺术家一定见识过意大利人刻画的人物形象,也一定研究过意大利画家曼泰尼亚画衣服褶皱时采用的画法。很多学者都能

丢勒于1505年创作的
《年轻的威尼斯女子》

通过自己的火眼金睛在丢勒的木版画作中找到威尼斯和意大利北部艺术形式的影子,但这并不能改变丢勒作品的根本风格:它不是意大利的风格,甚至很多地方是与意大利风格相对立的。

既然存在意大利艺术风格的元素,自然也少不了德国的元素。曼泰尼亚和西尼奥雷利表现战争和毁灭时使用的都是想象出来的符号,而丢勒使用的是抽象的线条。如果一定要给丢勒使用的线条和布局方式寻找一个起源的话,那么我们可以看一看德国木雕刻家经常在船头及其两侧雕刻的动物形象。当然这并不意味着丢勒本人看过这类作品,但却能说明通过中世纪艺术这个媒介,古老的北欧艺术风格传承到了丢勒身上。

在丢勒的《启示录》木刻组画中,我们感觉圣迈克尔与齐格弗里德(德国民间史诗《尼伯龙根之歌》中的英雄人物)有些相似,唯一的区别在于圣迈克尔穿着神圣的天国服饰。这不仅仅是一种浪漫的相似,而且是从德国神话概念向宗教艺术的转变。在德国,纪念圣徒的节日与很多传统节日重合,纪念圣迈克尔的教堂就建在原来用来纪念沃坦的山顶上。沃坦手下的骑士就相当于《启示录》中的骑士,年轻时的齐格弗里德变成了穿着铠甲的圣乔治,德国神话里背孩子过河的韦特在组画里变成了护送小耶稣基督过河的圣克里斯托夫。韦特在德国非常有名,尤其是在乡村地区,他保护人们的房子免受雷电和暴风雨的袭击。

丢勒本人也非常喜欢这个巨人,他有一幅好脾气,喜欢孩子,身体强壮,跋山涉水非常稳健。可以说圣克里斯托夫和虔诚、博学的圣哲罗姆是丢勒最喜爱的圣徒。丢勒大概在1500—1505年间创作了自己的第一幅圣克里斯托夫木版画,后来在1511年又画过一幅,不过圣克里斯托夫在之前那幅中显得更年长,更温和。在丢勒于1525年创作的非常德国式的第三幅木版画中,这位巨人已经到了河对岸。

如果我们认为丢勒在《启示录》组画中已经开始想摆脱意大利北部艺术影响的桎梏,那么我们就不能把他对《启示录》的解读视为对罗马教会的攻击。学者和作家们曾多次强调皇帝、教皇、主教和教众在毁灭场景中的角色。的确,有一个主教被地狱之龙吞噬,皇帝和教皇也只能躲避到深山里,但同《死亡之舞》组画或其他一些作品或小册子不同的是,《启示录》组画并未处处以讽刺教会人员为主题。其主题思想是在上帝的愤怒和惩戒面前,所有罪人都是平等的,死亡的镰刀不会区别它面前的人物是伟大的还是渺小的,是贵族还是平民。因此,我们不能认定丢勒的木刻组画是要表达他对罗马教廷的反对,也不能认定丢勒是在表达一种宗教改革的期望,而只能将其当作一种艺术上的变革,一种引起了广泛关注的变革。艺术的敏感神经总是能够预测到政治和宗教领域的风暴,而这些在艺术上极具革命精神的木刻组画也因此成了即将到来的宗教革命的预兆。

天国和人间在形式和内容上的对比,以及天上的景象和地上的面貌之间的对比,始终贯穿于丢勒的《启示录》木刻组画。13年后,丢勒在创作另一部伟大的宗教组画《三圣一体的朝拜》时,再次用到了这种双层艺术创作方法。在《三圣一体的朝拜》中,发生在天上那一层的依然是玄幻的天国景象。而丢勒自己则站

丢勒木刻画《三圣一体》,作于1511年

在下面，这不是因为丢勒觉得自己不能参加天国的圣会，或者不能朝拜三圣一体，而是因为天国发生的一切都是通过他的眼睛传达出来的，就像《启示录》中天国的景象是通过圣约翰传达出来的一样。

像丢勒的《启示录》木刻组画这样伟大的作品也是德国内部危机的产物。的确，丢勒创作这部作品时还处于自己的青年时代，但此时的他已经经历了一些动荡，能够进行自我约束和发展，因此丢勒如此年轻就引起世界的关注也就不难理解了。在德国南部游历期间，作为一个健康的、心中孕育着极大热情的年轻人，丢勒已经品尝了生活的滋味，对生活的阴暗面也有了一些了解。丢勒心中已经有了死亡的画面，对魔鬼的想象和猜测，以及对疾病的了解。和我们这个时代相比，死亡在中世纪社会的街头更为常见。数不胜数的死刑和酷刑使得面对死亡的挣扎随处可见。街道上、教堂前……到处都是残废的乞讨者。瘟疫也随时侵扰着德国，再加上人性的残酷和丑恶，这些都让丢勒无法忘怀。按照埃杜尔德·弗莱奇塞西的说法，正是1494年席卷纽伦堡的瘟疫迫使丢勒第一次踏上了前往意大利的旅程。在中世纪的人们的思想中，魔鬼和巫者不仅仅是存在的，而且是可以看到和经历到的，丢勒在这个问题上自然也不能免俗。而且我们知道丢勒有做梦和记住自己梦境的能力，因此丢勒在《启示录》中展现出如此丰富的想象力也就不奇怪了。通过丢勒的文字、油画、木版画、铜版画和素描，我们能够找到很多证据证明丢勒相信末日审判的说法。阿克塞尔·罗达尔还特别强调了丢勒性格中忧郁的一面。

在《启示录》木刻组画中，死神是出现在马背上的。他就像一副骷髅，也就是四骑士中最右侧的那个。他眼睛圆睁，放射出疯狂的光芒。丢勒在1505年的炭笔素描画（现存伦敦）中对死神的刻画最为生动。画的仍然是一个骑士，头上戴着王冠，一只瘦骨嶙峋的手纠着马的鬃毛，另一只手拿着镰刀，丧钟就挂在马的脖子上。整幅画的线条非常清晰、生动。当黑死病蔓延时，死神就是这样横扫德国城市的街道的。在《骑士、死神与魔鬼》（铜版画，1513年）中，死神的头顶盘着毒蛇，手上托着沙漏，他的马正在嗅地上的一块头骨。

在那个时代的人们灵魂的最深处，他们相信巫者和魔鬼的存在。自古以来，在日耳曼民族中间,在基督教会中间,他们就相信这一点,但是通过绘画艺术的方式把这种思想体现出来则是在中世纪后期,也因此出现了一些针对巫术和巫者的法律措施。

《死亡》(1493—1494年)和《四美妇》(1497年)这两幅版画所刻画的对象处于死神和巫术混合的边缘地带。按照阿林的猜测,在《死亡》中把那个女孩抓在手里的不是死神,而是"阴库巴斯恶鬼"。铜版画《死亡》其实应该归到刻画巫术的画作当中,《四美妇》反而要归到描述死神的画作中。对于《四美妇》这幅版画,至今仍然没有一种令人满意的解读。索菲·多斯特尔做出过这样一个解释:那个年轻的女人正在左边的地狱之门和右边的天堂之门之间(也就是世俗的享乐与神圣的博爱之间)举棋不定,她后面的老妇人是个鸨母。画面上方球体上所刻的"O.G.H."非常难以理解。桑德拉特精通古语,他认为这三个字母代表"O Gott, hüte('上帝不准')"。她们脚下的头骨和骨头代表死亡,意指年轻美丽如她们也终究要面对死亡,死神已经从炼狱中爬出来,把目光对准了这四个丰满的女人。

丢勒在1497—1499年创作的铜版画《医生的梦境》也是一个谜,至今仍然

丢勒作品《死亡》,
作于1493—1494年

没有找到令人满意的解读。一个男子坐在火炉前，一个长着翅膀的魔鬼正对着他的耳朵吹气。他想让男子做什么？还有那个裸体的女子，和她在一起的小天使（爱神）正拄着高跷走路，她是在引诱那个男子从温暖的屋子里出来，尝尝生活和爱的刺激？难道爱神要拄上高跷才能走路？或者爱情女神必须在梦境中才能安抚这个年老的人？有人曾经认为这里的"医生"是指丢勒的朋友皮尔克海默，这幅画就是在讽刺皮尔克海默所患的各种各样的病。更有甚者认为，这幅画是暗指皮尔克海默患的梅毒。为了证实这一说法，奥斯卡·哈根还专门引用了L.贝海姆写给皮尔克海默的一封信中的内容，后者在里面提到了一种非常节省木柴的火炉，还说了这样一句话："如果有人认为他快死了，那就让上帝派一个年轻的女人来诱惑他吧，他一定会立马把所有的抑郁都抛掉。"话虽如此，但画中的这个裸体女子显然有一些特别的意义，因为她正把一只苹果放在火炉上烤。

丢勒作品《医生的梦境》，作于 1497—1499 年

虽然丢勒的内心已逐渐摆脱了圣约翰在拔摩海岛上感受到的梦境的侵扰，但是他相信末日审判的心境却时常出现。1503年，彗星出现在天空，这让人们惊恐万分，丢勒亲眼目睹很多人的衣服上出现了十字架，尤其是出现在孩子们身上，他称之为"难以想象的奇迹"。有一个十字架出现在了皮尔克海默家一个女仆的衣服上，她当时正坐在后院，非常害怕，放声大哭起来，因为她害怕自己可能会因此死掉。丢勒在荷兰游历期间所写的日记中也曾直接说到末日审判，他当时以为马丁·路德死了，因此放声痛哭："基督徒们，向上帝乞求吧，他伟大的审判就要来临了。我们眼睁睁地看着无辜的人流血，他们被教皇、主教和教士迫害。末日审判！他们是倒在圣坛前的无辜的受害者，他们要求复仇。对此，上帝有答案：等遭受无辜迫害的人达到一定数量，我就会开始审判。"这显然符合圣约翰的梦境。

直到晚年，丢勒依然无法摆脱幻想和梦境，这些宗教体验在他灵魂深处打上了坚固的烙印。无论他通过如何想方设法释放自己的情绪，他都依然无法让自己摆脱对世间造物的恐惧。

在谈到绘画的创作时，丢勒曾经这样说过："多少次我在睡梦中见到伟大的艺术作品，但醒来之后却再也回忆不出来。只要一醒，就什么都忘了。"不过，他还是记住了一些，并且通过水彩素描的方式记录了下来（现存维也纳）。1525年，即将爆发洪水的预言在民间广泛流传。这个预言听起来言之凿凿，让人不敢不信，很多人抱着小心驶得万年船的想法，争相住在房子的最顶层，政府甚至开始考虑把办公场所搬到高山上去。丢勒的梦境也受到了这种灾难预测的影响。他曾有过这样的记述："1525年，圣灵降临节期间，我在睡梦中见到了这样的景象，大水从天国倾泻而下。第一股大水就倾泻在距离我四里格的地方，然后向各个方向分散，很快就没过了整个地面。我惊恐万分，还没等第二股大水倾泻下来，我就被吓醒了。水流很快向我淹没过来，各个方向的水流的速度都是一样的。第一股大水倾泻下来之后，狂风大作。我被吓醒了，身体在颤抖，很久都没能回过神儿来。早上起来之后，我把整个场面都画了下来。希望上帝不要让这一切发生。"

凡·艾克兄弟于1426—1432年创作的根特祭坛画（打开状）

第四章

1500 年前后的欧洲艺术

　　1498年是丢勒真正进入欧洲艺术殿堂的一年。凭借《启示录》木刻组画和刚刚开始创作的《大受难》木刻组画，丢勒名声大震，步入了伟大艺术家的行列。

　　我们可以想象，1500年，如果要在一些著名的贸易和旅游中心，比如威尼斯，邀请当时最著名的艺术家光临并展出他们的作品，以庆祝人类从15世纪迈向16世纪，那么这些展品当中应该包括哪些作品呢？在众多德国、意大利和荷兰的著名艺术家中，丢勒这位29岁的纽伦堡画家会发挥什么样的作用呢？

　　首先，我们来考虑一下意大利展馆应该包括哪些作家的作品。分别在1466年和1481年去世的伟大的雕塑家多那泰罗和韦罗基奥对丢勒的影响非常大。丢勒1506年第二次造访意大利期间，帕多瓦的加塔梅拉塔和威尼斯的科莱奥尼肯定让年轻的丢勒大开眼界，并且影响了丢勒画骑士的技法。1498年去世的安东尼奥·里佐的作品《亚当》肯定也影响了丢勒创作的《亚当》（现存马德里普拉多博物

69

丢勒铜版画
《圣母与猴子》，
作于约1497年

馆)。意大利文艺复兴的三位领袖人物莱昂纳多·达·芬奇、米开朗基罗和拉斐尔显然应该进入我们的意大利展馆。1498年初，达·芬奇在米兰完成了自己最著名的大型壁画《最后的晚餐》。丢勒从未见过这幅画，但是他听说过，并且在自己创作《耶稣受难》时也融入了这一主题，而且还在1523年单独以这一主题进行了创作。丢勒的很多作品中都能找到达·芬奇的痕迹。15世纪末，丢勒在创作《圣母与猴子》时，里面的小耶稣手中有一只小鸟，这显然出自达·芬奇在米兰创作的《圣家庭》（现存伦敦皇家艺术院）。当时正是达·芬奇艺术创作的顶峰时期，他创作了很多人物的骑马画像，其中就有弗朗切斯科·斯福尔扎的骑马画像。另外，达·芬奇还画过很多特瑞乌尔佐的骑马像。

如果要在1500年举办展览，那么拉斐尔就只能展出其早期的作品了，其中至少有两部作品能引起丢勒的思想共鸣：《骑士的幻象》（藏于伦敦国家画廊）和

《美惠三女神》(现存尚蒂伊)。康特·克劳斯·冯·鲍迪辛是这样解读《骑士的幻象》的:一手拿书、一手拿剑的女子在催促还处在睡梦中的年轻勇士学习战斗的技巧,而手拿鲜花的女子则在向他传递生活的美好,年轻的骑士要在"英勇"和"爱情"中间做出选择。丢勒也被这种在文艺复兴时期非常流行的题材所吸引。他在1500年左右创作了铜版画《大力神赫拉克勒斯》。而拉斐尔的《美惠三女神》的寓意则比较明显。拉斐尔的这部画作与丢勒有着某种联系,丢勒在大概三年前使用过类似的处理方式:同样的主题,画中的人物都是几个裸体的女子,中间的那个都是背朝着观众。正是由于受到意大利艺术的影响,丢勒在1496年创作了

拉斐尔于1504—1505年创作的木板油画《美惠三女神》

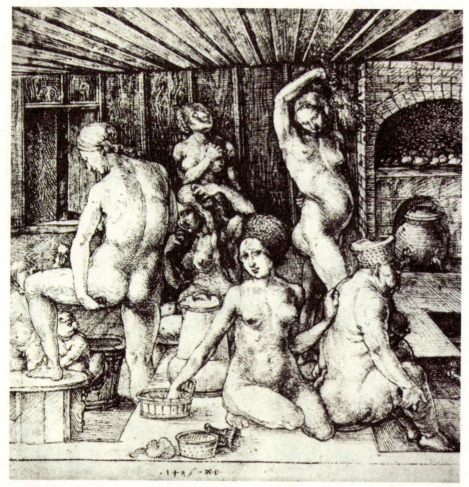

丢勒钢笔画《女浴图》，作于 1496 年

《女浴图》之后，在1497年以四个裸体女子为题材创作了著名的铜版画。拉斐尔画的是三个美丽的女子；而丢勒画的是三个女巫和一个妇人。意大利人描绘的是一幅快乐的青春图画，就像翁布里亚春天里的清晨那样清柔；而德国人画的是一幅死亡的图画，就像闹鬼的屋子里出现的画面那般离奇。

米开朗基罗至少有两件作品要进入我们的展览——那就是分别创作于1497年和1500年的《酒神巴库斯》和《圣殇》。丢勒肯定非常欣赏这两件作品，并深深为之吸引。对酒肆常客的丢勒来讲，他在为马克西米利安一世的祈祷书画插图时就创作过一些关于饮酒题材的画作（比如画在第52页酒桶上的就是跟随酒神的赛利纳斯)。《圣殇》是米开朗基罗受一位法国主教的委托,为梵蒂冈大教堂的圣佩德罗尼拉礼拜堂专门创作的,是一幅充满悲伤的画作。

丢勒一直没有创作过"圣殇"题材的画作。他为什么单单漏掉了这一题材呢?也许是因为他觉得这种题材——圣母膝上抱着基督的尸体——更适合于雕塑,而并非画作。在丢勒出生的1471年,一位不知名的斯瓦比亚画家根据米开朗基罗的《圣殇》创作了一幅作品。直到1521年,50岁的丢勒才来到布鲁日圣母教堂,见到了保存在这里的圣母玛利亚像。

年轻的丢勒认为"现代"艺术的发源地不在德国,因为当时的德国直到宗教改革之前,一直游离于欧洲政治生活之外。丢勒从未去过意大利新古典主义的摇

乔凡尼·贝利尼于1480年创作的木板油画《圣母子》

篮——佛罗伦萨和罗马,他把文艺复兴称作艺术的"再度觉醒"。对丢勒来说,意大利艺术其实就是意大利北部的艺术,尤其是威尼斯的绘画艺术。丢勒一直非常崇敬乔凡尼·贝利尼(Giovanni Bellini),也许是因为乔凡尼画过圣母像,而且还创作过很多意义深远的作品。乔凡尼专门为威尼斯一座教堂创作的《圣母图》于1488年完成。画中的四位圣徒披着晚霞,沐浴在威尼斯和谐的氛围中,并亲切地交谈着。这个画面给丢勒的震撼绝对不小。众所周知,丢勒后来创作了《四使徒》。1490年至1500年期间,乔凡尼主要是创作肖像画,并为公爵府画大型历史图画。

我们的意大利展馆至少要为曼泰尼亚(Mantegna)的作品留出一面展墙。他为帕多瓦的埃雷米塔尼教堂创作的画作,为意大利北部绘画艺术的创作开辟了一条新路径。曼泰尼亚及其画派的雕刻版画风格很早就在欧洲北部产生了巨大影响,他们的雕刻版画作品很早就进入了书商的商店,以及画家的画室。正如前面已提到过的,丢勒的木刻组画《启示录》便体现了一种德国和意大利艺术风格相融合

曼泰尼亚的杰作《帕尔那索斯山》,蛋彩画,作于1495—1497年

的痕迹。1497年至1500年，曼泰尼亚完成了自己最杰出的作品之一《帕尔那索斯山》（现存巴黎卢浮宫）。在这幅画中，阿波罗和缪斯正在庆祝维纳斯对战神的胜利。画中人物的形体非常理想、和谐，这显然不是简简单单或者随随便便就可以画出来的，而是根据造物的比例精心计算出来的。我们完全可以理解丢勒为什么在15世纪末听说曼泰尼亚之后，1506年就一心想从威尼斯启程去曼图亚造访这位伟大的艺术家。不幸的是，就像他没能见到活着的马丁·施恩告尔一样，丢勒也没能见到活着的曼泰尼亚。由于瘟疫爆发，丢勒1506年未能前往曼图亚，而曼泰尼亚正是在1506年去世的，时年75岁。虽然安东尼奥·波拉约洛（Antonio Pollaiuolo）的《抢夺得伊阿尼拉》早在1480年就已创作完成，但是这幅画对丢勒的影响同样不容小视。

现在我们离开意大利展馆，来欣赏一下荷兰展馆收藏的作品。荷兰的绘画艺术在15世纪是按统一路线发展的。佛兰德斯已成为现实主义的家园和油画的发源地。这样的艺术发展路径为游历画家提供了灵感的源泉和思想上的鼓舞，并且由此传到了德国、法国和意大利。丢勒的父亲肯定向丢勒描述过勃艮第人统治荷兰时的繁荣景象。佛兰德斯最伟大的艺术家扬·凡·艾克（Jan van Eyck）在15世纪前期就已去世。在去往欧洲低地国家游历的途中，丢勒在根特的圣巴弗大教堂欣赏到了那幅"精致无比、美妙绝伦"的祭坛画。罗吉尔·凡·德·维登（Rogier van der Weyden）于1464年去世；丢勒在布鲁塞尔和布鲁日看到他的作品之后，说他是"伟大的传统艺术家"。1495年，汉斯·梅姆林（Hans Memling）去世。到15世纪末，传统佛兰德斯艺术这项伟大的遗产传到了杰拉德·戴维和昆廷·马西斯的手上，丢勒曾去安特卫普拜访过他们。

昆廷·马西斯（Quentin Matsys）年轻时的作品《圣克里斯托夫》（安特卫普博物馆）完全可以收入我们的展览之中，这幅画大概创作于1490年。画作展现了一种极为强烈的情绪。激动不安的表情，大张着的嘴，紧皱的眉毛，体现出一种精神和身体上的不安，甚至有种惊恐的感觉。丢勒的父亲是一名金银首饰匠，丢勒幼年时曾学过这一行；昆廷·马西斯的父亲是位铁匠，昆廷·马西斯幼年时同样也在铁匠铺里干过活。马西斯的杰出作品大多创作于1500年以后，尤其是

丢勒和他的时代
Dürer und Seine Zeit

1507 年到 1511 年之间。

杰拉德·戴维（Gerard David）在布鲁日这座艺术之都享有极高的声望。1487 年至 1498 年间，他为市政厅画了一系列画作，其中有两幅保留了下来（布鲁日博物馆）。创作于 1498 年的《卡姆比塞斯的审判》应该能进入我们的展览。意大利观众应该能在这幅画中找到他们非常熟悉的场景，因为他们自己的艺术家也有这类创作。杰拉德·戴维的名字被遗忘得更快，丢勒在去往荷兰所写的日记中没提到过杰拉德·戴维。

现在我们来了解一下德国艺术家们的成就。到 1500 年，很多 15 世纪的德国艺术先驱都已去世。先来说说去世于 1488 年的马丁·施恩告尔，丢勒曾在沃格穆特的画室研究过他的作品。正是被他的声名所吸引，丢勒才来到阿尔萨斯。同样，

米夏埃尔·帕赫尔作品《奥古斯丁与魔鬼》，作于 1471—1475 年

第四章 ◎ 1500年前后的欧洲艺术

沃格穆特作品《夏娃的创造》，作于1490年

丢勒正是根据施恩告尔留在科尔玛的作品学习铜版画的。去世于1498年的米夏埃尔·帕赫尔（Michael Pacher）是德国的曼泰尼亚。米夏埃尔·帕赫尔在蒂罗尔南部的影响非常大，丢勒第一次去意大利时就到过这里。还有斯蒂芬·洛克纳，虽然已经去世近半个世纪，但他的声名丝毫不减，所有经过莱茵河的人都会到科隆大教堂欣赏他的伟大作品《圣牌》。丢勒去往佛兰德斯时也不例外。

1500年前后，沃格穆特的画室在纽伦堡依然非常红火。一幅又一幅的祭坛画被送往附近的法兰哥尼亚、斯瓦比亚和萨克森地区，见证着后哥特艺术的辉煌，以及对宗教的虔诚和责任感。截至1500年，沃格穆特能拿到展览上来的作品包括《汉斯·珀克迈斯特画像》（1496年，纽伦堡日耳曼博物馆），为道明会右派教堂创作的一幅祭坛画（创作于1490年前后），以及为圣马丁教堂画的祭坛画（同样创作于1490年前后）。

截至1500年，比丢勒晚出生一年的卢卡斯·克拉纳赫还拿不出能进入展览的

77

作品，马蒂亚斯·格吕内瓦尔德也一样。卢卡斯·克拉纳赫的第一幅耶稣受难木刻始于1502年，而第一幅以耶稣受难为主题的画作则始于1503年。格吕内瓦尔德的第一幅人物画《嘲弄基督》同样创作于1503年。纽伦堡画派还包括奥格斯堡和乌尔姆的几位绘画大师。汉堡和吕贝克的画家可以代表德国北部的风格，而萨尔茨堡的画家则代表着德国南部的风格。1499年，老汉斯·荷尔拜因在奥格斯堡创作了自己的画作《圣母及天使》（现存于纽伦堡的日耳曼博物馆），这幅画充分体现了佛兰德斯艺术风格的影响。出生在拉策堡的伯恩特·诺基在吕贝克和斯堪的纳维亚非常活跃，1489年他在斯德哥尔摩创作了圣尤尔根系列组画，并于1496年以圣徒约翰在拔摩海岛为主题创作了一幅画作。萨尔茨堡画家卢兰德·弗鲁夫1499年创作了《圣灵降临节神迹》，这幅画的意义不仅仅在于它的创作年代是在15世纪末，更在于它代表了一种风格的转变。卢兰德·弗鲁夫的儿子曾与丢勒一起在沃格穆特的画室当过学徒。

以上就是传统德国绘画大师创作的作品。斯瓦比亚画派的安逸，法兰哥尼亚画派的灵活，北部画派的幻想，以及萨克森画派的灵动，都在画架上找到了栖息之地。但他们都缺少了一种元素——天才的精神。而这种天才的精神恰恰出现在了年轻的法兰哥尼亚画家丢勒的身上，他已经在沃格穆特的画室学到了所有需要学习的技巧，以后的路则完全靠他自己去走。

丢勒也有几幅画作完全可以出现在我们的展览里，比如他的《奥斯沃尔特·克雷尔画像》（1499年，慕尼黑旧绘画陈列馆），宏大的《哀悼基督》（1500年，慕尼黑旧绘画陈列馆），充满浪漫气息的《赫拉克勒斯与斯廷法利斯湖怪鸟》（纽伦堡，日耳曼民族博物馆），以及1498年的自画像（现存马德里普拉多博物馆）。

当然，应该与沃格穆特和普雷登沃夫的木刻画一起陈列在玻璃窗里的还有丢勒的《启示录》木刻组画，《大受难》的前七幅，以及其他一些非常美妙的作品，比如《浪荡子》、《圣母与猴子》、《海怪》以及《大力神赫拉克勒斯》。丢勒早期作品中蕴涵的力量来自哪里？到底是什么让他如此年轻就成为了不起的艺术大师？

要理解丢勒的《启示录》木刻组画和《大受难》等作品，只是泛泛地了解1480—1500年之间的德国绘画艺术毫无意义，我们需要攀登德国祭坛雕塑艺

第四章 ◎ 1500年前后的欧洲艺术

丢勒版画作品《浪荡子》

的高峰。德国后哥特艺术雕塑的时代起源于创作年代大体相同的三件祭坛雕塑——维特·斯托斯（Veit Stoss）的克拉科圣母祭坛画、米夏埃尔·帕赫尔的圣沃尔夫冈祭坛画，以及西蒙·莱茵伯杰的诺德林根祭坛画。这三件作品已经蕴涵了在丢勒的《启示录》木刻组画中体现得非常充分的热情和苦痛的萌芽。

15世纪70和80年代风行一时的德国雕塑艺术风暴在15世纪末已经趋于平静。原本张力十足的外在表现形式变得简单，热情洋溢的内在精神也变得柔和起来。提尔曼·里门施奈德（Tilman Riemenschneider）从哈尔茨山把新的风格和形式带到了德国南部。1498年，汉斯·赛弗（Hans Seyfer）完成了自己的圣基利安祭坛雕塑。

让我们再来仔细看一看丢勒1498年的自画像（现存马德里普拉多博物馆）。他结实、精致的手掌孕育着德国艺术的未来，在他的感性与倔强交织的大脑里，隐藏着主宰欧洲艺术的力量——丢勒的幻象。

丢勒钢笔画《普皮拉·奥古斯塔》(源自威尼斯神话?),大概创作于1496年

第五章

幻　想

　　按照现代标准,有一个对立的矛盾贯穿于丢勒所有的作品中:他的有些作品很容易理解,另外一些却必须借助解释才能理解。这也引起了很多评论家致力于探求丢勒的性格分裂现象,说他具有"双重性格"。

　　按照评论家们的说法,丢勒本人是一个非常"大众化"的画家,但在他那些学识渊博,甚至可以说是过于渊博的朋友们的带动下,丢勒开始创作一些只有那些高雅的学术圈里的人才能理解的作品。换言之,丢勒那种可以创作出《启示录》木刻组画一类深奥难懂、超凡脱俗的作品的幻想能力正在被漫无边际的所谓博学带入歧途。

　　这种看法显然是有问题的。如果我们这样来理解丢勒,就等于是在误解他,误解他的幻想和他的时代的实质。丢勒不知疲倦地学习,他的旅行,他的自我审视,以及他与各行各业杰出人物的交流使得他成为当时学识最渊博的人之一。他

丢勒同时代的德国著名画家老卢卡斯·克拉纳赫的作品《黄金时代》,作于1530年

的学识远较人们想象的宽广,当然他的学识的实质与形成现代文化基础的学问并不完全一致。丢勒掌握了很多我们在学校里根本无法学到的知识。孩童时代(1477—1483年?),丢勒在纽伦堡的公立学校上学。这些学校教授的课程有阅读、写作、算术和拉丁语法,还教学生读一些拉丁文《圣经》的片断。在当时,去教堂(比如做弥撒,唱晚祷曲等等)参加活动也被算作学业的一部分,因此学生都了解一些拉丁语,并且也知道《圣经》中的一些故事。如果丢勒还需要了解更多

第五章 ◎ 幻想

的拉丁知识，他可以求教他的好朋友、一流的拉丁语学家皮尔克海默。比如，我们根据克里斯托夫·舍约尔在1509年写给卢卡斯·克拉纳赫的信可以获知，正是皮尔克海默建议丢勒在画作上题字的时候用拉丁语，并且使用未完成时语态。总的来说，丢勒掌握的拉丁语已经足够他进行绘画创作和学术研究了，虽然他可能确实无法非常顺畅地阅读比较难的拉丁文献。丢勒在1520年写信给斯帕拉丁让后者寄给他"德语"版的马丁·路德的最新作品，并曾在1524年写信问尼克拉斯·克拉策是否仍在继续研究德语版的欧几里得几何学。

在荷兰，丢勒可以用德语与人进行交流。但是到了威尼斯，他必须得学会意大利语，以便他在不知道用德语怎么表达的时候，可以使用意大利语。无论如何，正如伊拉斯谟所感叹的，丢勒非常善于与有学识的朋友交流，而且精通宗教、哲学、数学和占星术知识。皮尔克海默当然不会把自己翻译成拉丁文的著作献给一个对哲学一无所知的朋友。丢勒还对亚里士多德、柏拉图和柏罗丁的思想非常着迷。丢勒能掌握如此之多的丰富知识的诀窍就是拉丁语，因此他一直强调"学习美术的学生应该学习拉丁语，这样他们才能阅读高贵的文献"。

丢勒在威尼斯期间所写的信件以及去往荷兰途中所写的日记都印证了他的观察力是多么敏锐，他与其他人交流的愿望是多么强烈，以及他对各色人物的生活的观察是多么仔细。所有的新事物他都要看一看，不仅包括艺术作品，还有其他所有能够给他灵感的事物。

就个人经历的角度而言，在丢勒那个时代到各国游历的意义比我们这个时代要大得多，那是一种新思想的交流。丢勒无法像其他有学识的人一样平静地生活，也不能像普通的城市居民那样很轻易地获得满足感。威廉·平德（Wilhelm Pinder）在描述北欧人内心的征服欲望时用了"海盗精神"这个词，正是这种自祖辈那里传承下来的欲望驱使着丢勒不断寻找新的知识领域，而这正是他的幻想的源泉。丢勒在沃格穆特的画室学到了传统的绘画技巧，也知道了用之不竭的宗教资料，他成功地抓住了当时最新的思想潮流，使用了意大利的艺术风格，但是他没有满足。第二次去威尼斯时，丢勒批评威尼斯画家缺乏创造力；他曾写信给皮尔克海默说"总是千篇一律的东西"。丢勒要自己创作出新的主题，他是第一

丢勒钢笔画《携带吉卜赛战利品的骑士》，作于1518年

个创作"自由"风格版画的北欧画家。在偏见和无知的眼中被看做矛盾的过程其实是丢勒通过幻想进行创作的过程。

  作为一名伟大的艺术家，丢勒的幻想细胞遍布他灵魂的每一个角落，从最幽暗的深处到最明媚的高点。丢勒不仅仅是一名画家，也不仅仅是一位诗人，而是一个拥有诗人一般的灵感源泉的画家。他不仅仅是一名宫廷画家或者宗教画家，也不仅仅是某一个阶级的艺术大使或者哪个行业的代言人，而是把这些都囊括在内的、无所不包的人。因此，我们不能挑剔地说他的画作中具有某种矛盾，说他的作品有的是"大众化"的图画，有的却过于"高雅"，因为有时他面对的是所有人，而另外一些时候他面对的只是一个非常窄小的圈子。丢勒非常清楚自己的作品是要给谁看的，而且他也需要根据自己的主顾来调整风格和技巧。其中最典型的例子就是《四使徒》，这幅画注重的是图画与说明文字之间的联系，因此不

第五章 ◎ 幻想

单要考虑它要摆放的位置——纽伦堡市政厅,还要考虑欣赏这幅画的人——这座城市的管理者,他们是政治家,而不是美学鉴赏家。

丢勒同时代的人把幻想看做是丢勒最突出的特点。但是真正认可他的想象力,真正认为他的幻想是不可或缺、无法抵挡的创作元素的却不是德国人。约翰尼斯·科克拉乌斯1512年说全欧洲的商人都在购买丢勒的《耶稣受难》木刻组画,因为他们国家的画家们要拿它来做典范。鹿特丹的伊拉斯谟说丢勒能够把用语言无法表达的东西转化到画纸上,甚至能表达语言本身。1515年,纽伦堡的安东·塔奇尔购买了三幅丢勒的《圣哲罗姆》、四幅《忧郁》的拓印本,作为礼物送给罗马的朋友。萨巴·达卡斯蒂利昂在自己的著作中提到,丢勒的很多木刻画已经从德国传到了意大利。丢勒去荷兰游历时特意带上了自己的《启示录》、《圣母的一生》和《耶稣受难》组画,以及一些单幅画作,比如《忧郁》、《大力神赫拉克勒斯》、《复仇女神》、《海怪》和《书斋中的圣哲罗姆》的拓印本。通过这些礼物,在有意无意之间,丢勒为自己的作品做起了广告。收到这些礼物的人又把这些作品带到了欧洲的每个国家。同时,阿格妮丝也坐在德国的露天市场里卖一些"大众化"的木刻画和版画,以及一些更精致的画作。丢勒的作品受到了极大的欢迎。

丢勒总是将整个身心都投入到自己创作的主题当中。面对每一个主题时,丢勒都会表现出与创作《圣母的一生》时一样的细致、认真和热情。丢勒不想画"基调性的作品",因为这样的作品只会让人产生一种普通的、综合的感觉,他想让他的作品有具体的思想,让他自己和受众明白每一个细节。对于丢勒的幻想作品,我们有两种欣赏方式:或者只注重它的总体感觉,因为我们可能很难完全理解整幅画;或者仔细观摩每一个细微之处,努力理解整幅画的真正内涵。要充分理解丢勒作品中的谜团需要长时间的努力,需要了解丢勒创作这幅画的背景知识,也就是说要弄清楚丢勒当时是读了什么哲学、诗学或者占星学著作之后画这幅画的,或者是别的什么著作给了他幻想的灵感。当然,艺术史学家有权利、也有义务根据其所获得的背景知识来解析丢勒的幻想作品。

在去往荷兰期间所写的日记中,丢勒曾提到自己的铜版画《复仇女神》(创作年代在1503年前后)。如果无凭无据,我们显然不能随意更改画家自己对作品的命名,因此自艺术鉴赏家瓦格纳(Wagner)和帕萨文特(Passavant)以来,这幅版画一直保留着这个名称。桑德拉特把这幅画称作《大命运》,以便与1497年创作的《小命运》区分。还有人根据画中的女性人物特征为这幅画做过其他命名。

以纤细、微笑的命运女神为主题创作过众多画作的意大利人是如何看待丢勒这位德国绘画大师创作的《大命运》的呢?他们肯定会对这幅作品大摇其头,线条远谈不上具有哥特画风的细致、优美,也完全没有文艺复兴画风的柔顺。真正让意大利人充满敬意的是这幅画完美地实现了逼真性与自然的结合,充满夸张的幻想。瓦萨里从一个专家的角度审视了这幅画,他非常喜欢那对巨大的翅膀,它像天使的翅膀一样结实,而且它真正把人物衬托起来。看到这样一幅在内容和形式上都是一个谜的画作,非常注重线条流畅的意大利人也感到非常欣喜。人物背后飘摆着羽衣,一缕布匹在风中飘扬,一段缰绳飘散在风中,四周的云朵形状各

丢勒作品《复仇女神》,大约创作于1500—1503年

丢勒作品《亚当与夏娃》,作于1504年

异，脚下的透明球体与地上的山貌形成鲜明的对比，地上有树木、岩石、教堂、房子、曲折的河流，以及成片的森林。面对这样一幅世俗与精神并存、让人赞美却又感到不可思议的画作，人们不禁要问，画家心中到底蕴藏着多少丰富的经历和非凡的幻想能力。把《复仇女神》同丢勒1504年创作的版画《亚当与夏娃》相比较，就能看出丢勒是多么看重幻想。这是最好的对比。一幅体现北欧的精神，另一幅体现南欧的风格；一幅体现了细致入微的观察，另一幅体现了对结构的把握。但是这中间却没有任何冲突，有的只是丢勒创作思维的两个方向。

丢勒生活的时代出现了多次改变世界的伟大发现、发明和革命。在宗教、政治和社会生活方面，在文化研究和自然科学领域，旧学说逐一覆灭，为新的思想所取代。虽然当时的人们无法判断这些大事件的真正意义，但是他们已不可避免地被卷入其中，他们能够感觉到弥散在空气中的紧张氛围，需要找到解除自身恐惧和担忧的方法，那就是幻想。幻想能够解决自然和艺术的奇迹。中世纪末期，自然历史和地理中还充斥着很多神话和传奇。真实世界与虚幻传说之间的界线并不明确。1492年，克里斯托夫·哥伦布（Christopher Columbus）发现了瓜纳哈尼、古巴和海地，1492—1504年之间，他到达了美洲中部和南部大陆。1498年，瓦斯科·达·伽马（Vasco da Gama）发现了通往东印度的海上航线。1519—1521年，科尔特斯征服了墨西哥，而麦哲伦也在南太平洋发现了马里亚纳群岛，并开始在世界各地航行。早期的航海家不仅从新大陆带回了贝壳、海龟、武器、纺织品和鸵鸟蛋，还带回了关于海上怪兽和野人的传说。一些特别的自然事物被蒙上了一层幻想的轻纱。比如，独角鲸的牙齿被认为是独角兽的角，这就与圣母产生了联系；《圣经》里已经提到了鸵鸟；而胃肠结石——在骆驼的胃中被发现——被认为能够防止中毒。这些奇谈怪论不仅走进了王室，还进入了教堂，因为它们都已被当做上帝创造的奇迹来劝说教徒冥想。丢勒在安特卫普时曾在素描本上详细描绘了"安特卫普怪兽"的大腿骨和肩胛骨（化石）。第一个进行大规模收集的人是吉恩·德·贝里，他不仅收集插图漂亮的本子、遗物和器皿，还收集鸵鸟蛋、蛇的下颌骨以及史前动物和海怪的牙齿。

丢勒的信件、日记和绘画说明他对这些东西非常感兴趣。关于乌龟壳、驴的下颌骨、鹿角、金杯、铠甲、独角兽、八腿猪、海象和犀牛的记载都能在他的作品中找到。他非常喜欢人们从墨西哥带回的东西。碰到无法带回自己画室的东西,丢勒就把它们记在脑袋这座名副其实的珍奇事物博物馆里,继而创作出一幅又一幅创造性的作品。

1501年,丢勒开始创作铜版画《海怪》,或者叫《海盗》。无论叫哪个名字,体现的都是一个中心主题:一个女人被海上的某种生物抢走。丢勒自己称这幅画为《海怪》,但是在16世纪,这个词的常见意思是"幻想中的生物"。等到科学的地位远远超出迷信的地位而学者们似乎也已忘了迷信就是最早的科学形式的时候,很多源于神话的解读出现了。最早的一次解读出现在19世纪初,发表这一解

丢勒作品《海怪》,作于1501年

读的研究者有巴奇和O.伦兹等人。按照他们的解读,这幅画画的是特里同(人身鱼尾的海神)抢走了阿密摩涅。但是这个解读并不符合卢西恩的故事原本。因为按照卢西恩所写的故事,阿密摩涅是在找水的过程中被特里同带走,并被交给海神波塞冬的。而在丢勒的这幅画里,掌管海洋的海神波塞冬并没有出现。H.多梅尔搜索了古老的德国传说之后,把注意力转移到一个关于墨洛温王朝的传说上。根据这个传说,墨洛温的母亲,即克洛迪奥国王的妻子西奥德琳达曾经被一只海怪抢走,由此有了墨洛温王朝的建立者。而且,关于马克西米利安一世的起源也能追溯到墨洛温王朝,据说他还被这个离奇的故事所吸引。但是这个说法同样存在一些不容忽视的矛盾之处。汉斯·萨克斯从德累斯顿的《英雄之书》(1472年)中也找到过类似的传说,他还在自己的诗中引用了这个故事,只是主角变成了伦巴族人。如果我们认为丢勒在将自己与马克西米利安一世的祖先联系在一起(创作凯旋门)之前,也就是说他在1500年就已经知道了这个传说,恐怕有些不可信。而汉斯·萨克斯的诗是在丢勒死后多年才面世的。画中的某些人物在文学作品中根本找不到任何出处,比如岸上的突厥人和原本在河里洗澡、现在正在逃跑的人。

  康拉德·朗格对1900年以前关于这幅画的一些解读做了非常重要的整理,他没有把时间浪费在墨洛温王朝或者伦巴族人的传说上,甚至根本没有考虑从神话方面来进行解读。相反,他把注意力集中到了关于有海怪抢走女人的故事上,丢勒生活的时代有很多这样的故事。比如,波焦(Poggio)的《逸闻妙语录》到1500年已经出版印刷了26次,里面有很多类似的故事。其中很多故事都发生在亚得里亚海的海岸,这些故事很可能会传到当时正在威尼斯的丢勒的耳朵里。海怪一直都是非常流行的话题,现在仍是如此。而当时的人们坚信世间有那样一种怪物存在。

  人们对朗格的解读也存在一个疑问:作为一个写实的画家,丢勒应该会把强奸描绘成强奸,这个女人被海怪抢走,在画面上应该体现出剧烈的反抗。但是,丢勒的特点就是对海怪进行幻想般的描绘。比如,我们让一个想象力丰富的人根据"骑士"、"死神"和"魔鬼"这几个词联想一个画面,如果没有看过丢勒的这幅画,他肯定会立刻想象出一幅战斗的画面。但是丢勒却通过死一般的沉寂把这三个概念描绘了出来。他很可能也用了同样的方式重新塑造了女人和海怪的主题。也许，正在河边洗澡的女人与被海怪抢走的这个女人具有内在联系，或者这个被抢走的女人属于岸边那个举着双手的突厥人。所有这些都不过是猜测，无法在画中得到证实。谁能确定趴在斜坡上的那个女人是不是被海怪抢走的这个女人的母亲？其实，整个画面完全可以这么理解：河边城镇上的居民正在用一种东方的手势呼喊见到了这头怪物，向岸边逃跑的女人就更容易解释了——她们见到鲨鱼也同样会马上往岸上跑。远处海面上的两个东西好像来自另外一个世界，它们好像没有受到任何影响，仍然在不紧不慢地向远处移动。而这个被抢走的女人也非常安静。

暂且不论前面的这些解读是不是可信，这些解读者的思维和理解力够不够敏锐，我们先来看一幅与丢勒的《海怪》非常相似的现代艺术作品——勃克林（Böcklin）的《乐土》（柏林国家艺术画廊）。这幅画描绘的也是一只水里的怪物背着一个裸体的女人，水里同样有其他正在洗澡的女人，岸上也有人。吉多·豪克曾经认为这幅画画的是《浮士德》第二部分的"卡戎和海伦正去往极乐世界，没有受到塞壬的诱惑"。据说勃克林听说之后大笑，说他和歌德心里想的就是亚诺河的河岸。如果我们问丢勒同样的问题，他也许会说他和波焦心里想的其实就是亚得里亚海的海岸。

在去往荷兰期间所写的日记中，丢勒提到过一幅叫做《赫拉克勒斯》的画。他指的其实就是1510年左右创作的《大力神赫拉克勒斯》。我们要回答的第一个问题是画中纠缠成一团的四个人物之间的关系。那个挥舞着短棒的女人在攻击谁？是左下角的那一对爱人，还是仅仅是那个裸体的女人，或者仅仅是那个头上长着山羊角、手里拿着动物的下颌骨的裸体男子？前面那个裸体的男人在做什么？他手上拿着一截树枝，站成芭蕾舞的姿势，是要加入到冲突里来吗？或者他是在保护那对爱人不受那个挥舞短棒的女人的攻击？对这幅画的解读多种多样，有从寓言角度出发的，也有从神话角度出发的。比如，有人认为这幅画的主旨是"嫉妒"或者"戴绿帽"。还有人认为画中的三个人物分别是赫拉克勒斯、内萨斯（半人半马怪物）和德贾妮尔，如果是这样的话，那个挥舞短棒的女人就无法解释了。如果我们把这幅画叫做"朱庇特和安提俄佩",那么挥舞短棒的女人就是朱诺,前面那个男子就是墨丘利。1924年,O.伦兹又提出了一种新的解读。按照他的说法,头上长着山羊角的男子是欧律提翁,裸体的女子是希波达弥亚,手里拿着树枝的男子是赫拉克勒斯,挥舞短棒的女人是拉披塔依。对这幅画的解读还不止这些。海因里希·沃尔夫林曾经认为这幅画表现的是贞节与不贞之间的争斗,后来他又提出了一种新看法,认为这幅画正如其名称所表示的那样,描画的是赫拉克勒斯正在帮助道德抵抗欲望。这样,摆在我们面前的就是一幅中世纪末期弘扬"道德"的作品,而且还让人不断想起古时的神话。

在创作版画《大力神赫拉克勒斯》的前几年,丢勒创作了木刻画《斗士》,画面上方的卷轴上写着"赫拉克勒斯"这个词。H.克莱伯认为这幅画描述的是赫拉克勒斯与欧律托斯之间的争斗。欧律托斯一开始答应把女儿伊欧蕾送给赫拉克勒斯,但是后来反悔了。赫拉克勒斯于是杀死了欧律托斯和他的儿子,毁了他的城堡,带走了他的女儿。而潘诺夫斯基则认为这幅画表现的是赫拉克勒斯在惩罚卡科斯。卡科斯偷了赫拉克勒斯的牛,并把它们藏在一个山洞里。卡卡背叛了她的哥哥卡科斯,向赫拉克勒斯告密,赫拉克勒斯因此发现了山洞并打败了卡科斯。欧墨尼得斯认为卡卡同谋害死了自己的哥哥卡科斯,因此找她报仇。按照传说,卡科斯应该有三个头。潘诺夫斯基认为画中地上叠在一起的两个人正好证明了这一点,这也许是因为丢勒把三个头记成了两个,或者是一种艺术转换。

《骑士、死神与魔鬼》、《忧郁》和《书斋中的圣哲罗姆》这三幅版画一直被学者统称为"大师版画"。这三幅画在创作时间上非常接近。《骑士、死神与魔鬼》是1513年开始创作的,而《忧郁》和《书斋中的圣哲罗姆》则是从1514年开始创作的。三幅画的版式也相差无几。《骑士、死神与魔鬼》的长、宽分别为 $9\frac{7}{8}$ 英寸和 $7\frac{1}{2}$ 英寸,《忧郁》的长、宽分别为 $9\frac{7}{16}$ 英寸和 $6\frac{5}{8}$ 英寸,《书斋中的圣哲罗姆》的长、宽分别为 $9\frac{3}{4}$ 英寸和 $7\frac{3}{8}$ 英寸。由于这三幅作品在主题的选择上,在绘画技巧的完美程度上,在艺术美感上,以及在类别上都具有一定的相似性,因此不断有人想要证明这三幅作品其实是一个主题的三个部分。但事实上,我们找不到确切的外部证据。我们在单词"忧郁"后面倒是看到了数字"Ⅰ",但是在

丢勒版画《骑士、死神与魔鬼》

"圣哲罗姆"后面却没有找到"Ⅱ",而且无论如何,"Ⅰ"怎么说也应该是创作时间最靠前的《骑士、死神与魔鬼》。

　　伍斯特曼曾试图从传记的角度把这三幅画归到一起。《骑士、死神与魔鬼》的创作年代是1513年,这一年丢勒的母亲因为生病卧床不起。那么这幅画可能是一种宗教抚慰,丢勒"最初就是因为母亲生病"而创作了这幅画——当然,同时也是为了丢勒自己。然后,伍斯特曼说:丢勒"把徘徊在死亡的边缘、忍受疼痛折磨的、勇敢的母亲比喻成一个朝着正在呼唤自己的目标勇往直前的年老的骑士"不是非常自然的吗?而丢勒创作《忧郁》的1514年正是他母亲去世的那一年,丢勒画这幅画显然是要表达自己的哀悼和悲伤,"夜晚的彩虹表示的就是他母亲的去世"。我们沿着伍斯特曼的思路,《书斋中的圣哲罗姆》把丢勒带回到自己往常的生活中,"因为对母亲去世的悲伤已经逐渐消退"。想象力居然也能让艺术作品诠释者错到这种地步!

弗里德里克·利普曼从格雷戈尔·赖施（Gregor Reisch）1503年出版的《哲学珍宝》一书把最重要的美德概念划分为知识、道德和神学三个方面中受到启发,认为从这三个方面出发恰好可以把丢勒的这三幅画合为一体。乍看起来,这个说法好像还说得通,但可惜的是,我们在丢勒的真实生活中找不到任何证据能证明他自己的确把这三幅画看做一个整体。在出售、交换或者赠送自己的画作的时候,丢勒有时的确会把1514年创作的两幅画放在一起（《忧郁》和《书斋中的圣哲罗姆》）,但从来没把三幅作品都放在一起过。

现在,我们只能认为这三幅画是相互独立的作品。但是,它们又同属于一个大家族——丢勒的表现艺术画家族,就像在《启示录》木刻组画和《四使徒》中一样,在这三幅画中,丢勒的内心思想得到了生动的展现。但是这三幅"大师版画"的确与丢勒的其他作品有不同之处:它们是丢勒的内心独白。丢勒对上帝的虔诚和信仰使得他在《书斋中的圣哲罗姆》中看到了一种相似的精神,在《骑士、死神与魔鬼》中为自己的道德准则找到了方向,而《忧郁》则见证了一个艺术创作者和思想者的悲与喜、成功与失望。

圣哲罗姆这个主题一直不断牵动着中世纪艺术家们幻想的神经,吸引着他们不断用各种绘画技巧和手段来创作这一主题的作品。一位将希伯来《圣经》翻译成拉丁文的学者帮狮子把脚掌上的刺拔掉之后,狮子成了他忠实的伙伴,这位圣人坐在山洞里（同时也是自己的书斋）写作,忏悔时会用石头击打自己的胸口,从孤独中体会力量和平静。所有这些都是绘画和诗歌最好的题材。丢勒本人非常喜欢圣哲罗姆,阿格妮丝肯定也不例外,所以她才会拿着以圣哲罗姆为题材的画到市场上和教堂里去卖。从1492—1521年间,丢勒创作了一系列关于圣哲罗姆的画作。第一幅是1492年的木刻画,它描绘的是圣哲罗姆放下了手头的翻译工作,帮狮子把脚掌上的刺拔了下来。1496—1497年那幅版画中的圣哲罗姆正在做忏悔。1511年和1512年的木刻画中首次明确展现了精神的元素,圣哲罗姆的工作被分成了两个阶段。在1511年的木刻画中，这位老人正在书斋里安静地写作，狮子眯着眼睛，像是快要入睡了，尾巴蜷缩在两只前爪之间。而在1512年的木刻画中，这位隐士和翻译家将目光从深奥的文字上转移开，好像在向被钉在十字架上的耶稣基督像寻求帮助和救赎，而狮子似乎也感受到了这种紧张的气氛，不安地转动着眼睛。在同一年，丢勒又创作了一幅圣哲罗姆画，这幅画在技巧上和精神上都上升到一个新的高度。

从创作时间上讲，1514年的版画《书斋中的圣哲罗姆》居于"大师版画"中间，但是这幅画对主题的刻画却是这三幅画中最深刻的。圣徒哲罗姆不再是一个只停留在传说中的人物，他已成为博学和睿智的象征。他居住的山洞在原来的艺术创作中还有一些洞穴的影子，寒冷、阴沉，但是现在却变成了一间温

丢勒版画作品
《书斋中的圣哲罗姆》

暖、舒适的后哥特风格的书斋；狮子也越来越像家里的宠物，悠闲地眯着眼睛，它旁边还有一只狗蜷睡成一团。清晨的阳光透过窗子照进屋里，巨大的葫芦悬挂在屋顶，就像是家里常见的植物一般。即便是这个简单的葫芦，也没有逃脱学识广博的研究者们的视线，他们要追寻它隐藏的意义。根据康拉德·冯·梅格吉恩伯格（Konrad von Meggenberg）在1500年出版的《自然之书》，伍斯特曼认为这个葫芦是一种"香甜、完美的水果，象征着与世俗断绝联系的圣徒"。窗台上摆着的颅骨，比旁边的书和靠垫重要不到哪儿去。随意摆放在地上的拖鞋与整洁的屋子形成对比，给人一种愉悦的感受。红衣主教的帽子挂在墙上，人物头顶闪烁着光环。所有的一切是如此平静，甚至连标记着丢勒姓名和日期的牌子都不是立在画面里，而是平放在地面上。画面还有一个非常重要的元素——那就是光线，从窗棂中透射进来的光线照射在屋顶和地面上，使整个屋子充满了生气。而事实上，从艺术传达的角度来看，屋子甚至比画面的人物更加重要，因为它向我们传达了从圣哲罗姆那专注的神情中无法传达出来的东西。丢勒的这幅画非常契合当时的艺术情调。1519年，丢勒在画圣安东尼版画时再一次采用了这种人物全神贯注于某件事的画法。画中的人物正陶醉在阅读的快乐中。他紧紧抓着自己心爱的书，全神贯注地阅读，忘记了周围的一切，连窗外的美景都无暇顾及。

不搞艺术的人很容易把一幅画的起源和创作过程想得更简单、更系统化。而在实际的艺术创作构思过程中，总是会有比较偶然的情况发生。因此，我们在给一幅画的精神和思维进程下结论的时候，一定要非常小心谨慎。

有人可能认为艺术作品只是艺术家即兴的产物，艺术家灵感一现就一挥而就了，这显然是不对的。一部艺术作品含有各式各样的源头和想象也不一定是坏事。我们总是容易忘记画家平时积累的素描草图。其实他们不愿意浪费任何资源，甚至最伟大的画家在创作的时候也会翻一翻自己以前的积累，看有没有能用得上的。比如，丢勒就曾经从自己的作品中翻出一幅威尼斯女人画，并把她用到了《启示录》的《巴比伦妓女》当中。他在去往意大利途中休息的时候，随手画过一幅蒂罗尔南部小镇的风景画，后来在创作《复仇女神》的时候需要一个风景作为背景，这幅风景画就派上了用场。

创作于1513年的版画《骑士、死神与魔鬼》的来源也不少。首先，丢勒曾经研究过画马的比例问题。比如在1505年创作《小马》的时候，丢勒就仔细研究了画马的时候采用什么样的比例最好，这或许是受到了达·芬奇风格的影响。丢勒在《骑士、死神与魔鬼》中采用的线条和明暗对比，以及马的结构和动作都与之前有了一些不同，这说明他又受到了其他一些风格的影响。在同一年，丢勒还画过一幅版画——《大马》。

其次，画中的这匹马与丢勒在1500—1503年间创作的版画《圣尤斯塔斯》

丢勒作品《小马》，作于1505年

画面中的那匹马非常相似。在《圣尤斯塔斯》中，除了按照精确的比例塑造的那匹马之外，还有很常见的狗和牡鹿，那只鹿的两个犄角之间虽然多了一个十字架，但丝毫不影响画感。而画里的那条狗很可能出自格斯纳（Gessner）的《动物史》。

再次，在《圣尤斯塔斯》中，那匹马静静地站着，圣尤斯塔斯半跪在它前面，而在《小马》和《大马》中却没有任何动作；在丢勒的另外一幅画中，马在移动，同一侧的前蹄和后蹄是抬起来的。奥托·格罗斯曼提到1505年前后的意大利画家也非常喜欢画正在小跑的马。马在小跑的时候右边的后蹄和左边的前蹄同时着地，或者相反，也就是说成对角线的两个蹄子同时移动。也许是出于纯艺术美感的考虑，丢勒在画慢行的马时也采用了马小跑时的姿势，《骑士、死神与魔鬼》中就是如此。自那以后，画家画马的时候，慢行和小跑的姿势就

丢勒版画《骑士、死神与魔鬼》局部

经常相互混用了。

　　围绕《骑士、死神与魔鬼》展开的解读同样不在少数。但是还没有任何推测能从丢勒身上得到印证。总的来说，对于这幅画所蕴涵的意义，人们比较倾向于认同马丁·路德的说法："如果世界真的充满魔鬼……"但还是有一位孤独的评论家持有不同的看法，在我看来，他也许真的被我们忽视了。海因里希·默茨1878年提出丢勒的这幅画描绘的是一个强盗骑士，"死神正在对他喊'你的死期到了'，由于知道末日审判就要到来，面对手中正紧紧抓着爪形武器的魔鬼，他变得沉默和僵硬"。海因里希·默茨做出如此大胆的推断的切入点在于，在丢勒生活的时代，骑士阶层与中产阶级正处于深刻的历史矛盾之中，当时骑士阶层的社会地位和经济地位都在逐步下降。没落的骑士与城市商人和金融家相互痛恨。由于骑士有时会袭击运输商品的商队，掌控城镇的商人有时会找到骑士的藏身之处，烧毁他们的据点，甚至把他们吊死。丢勒就曾经因为骑士袭击一个商队而丢失了很多画。但是，海因里希·默茨的这种推测显然是站不住脚的，因为整个画面很难体现出这种含义，而且丢勒也从来不介入任何宗教和政治宣传。

　　因此，我们只能接受大众的说法，也就是死神没有战胜骑士，相反，是英勇的骑士在死神面前取得了精神胜利。根据伊拉斯谟（Erasmus）在《基督教骑士手册》一书中的阐述，远在赫尔曼·格里姆强调丢勒的这幅画与基督教骑士的训令之间的联系之前，浪漫派作家看到丢勒的《骑士、死神与魔鬼》后，就把这幅画与乌尔里克·冯·胡滕和弗兰茨·冯·济金根（Franz von Sickingen）联系起来了。他们想起了胡滕的话，他说自己仍然能够在生活中找到乐趣，即使瘟疫已经爬上了他的马背，即使死神已经站在了他的面前。弗里德里希·施莱格尔把这幅画叫做"济金根骑马穿过森林"。也许我们可以这样理解，指引丢勒创作这幅画的力量或许正是让马丁·路德在沃尔姆斯有勇气面对神圣罗马帝国皇帝的那种力量，看过《骑士、死神与魔鬼》的人都会不由自主地想起马丁·路德的《坚固保障》，虽然这首诗歌是马丁·路德在丢勒死后才写成的。

　　由于伊拉斯谟的《基督教骑士手册》一书直到1520年才被译成德语，那么骑

第五章 ◎ 幻想

丢勒为创作《骑士、死神与魔鬼》所绘的水彩画《骑士》,作于1498年

士战胜魔鬼这个想法很可能不是丢勒从1504年开始出现的各种不同的拉丁版本中获得的,而是从更古老的德国宗教传说中得来的。基督教骑士的概念体现着一种理想的男性美德,德国的古老传说、德国的神秘主义以及北欧文艺复兴思想中不乏这方面的故事。基督教骑士代表是齐格弗里德。在诗歌、艺术作品和中世纪的故事中,死神和魔鬼自然都是常见的角色。而且,这幅画里还有一只漂亮的塞特种猎狗跑在马的旁边,这也正是中世纪末期常见的宗教画面——心中充满对宗教的虔诚和热情,带着无比忠心的猎狗,坚定不移地行走在狭窄的路上,即使不断受到死神和魔鬼的纠缠。

《骑士、死神与魔鬼》为我们刻画了一个英勇的男子汉形象,充满骑士的勇敢精神,骑着马孤独地行进在路上,眼神冰冷,头戴钢盔,对死神和魔鬼丝毫不加理会。《骑士、死神与魔鬼》是尼采最喜欢的版画。

人们围绕歌德《浮士德》的第二部分和丢勒的《忧郁》进行的各种解读和推测比其他任何德国文学和艺术作品都要多。这些辉煌无比的作品自创作的那一天起就铭记着那个时代的精神。

正如画中的条幅所写，丢勒本人将这幅画命名为《忧郁》。丢勒曾对画中带翼女性的两样东西做过解释："钥匙代表权力，钱袋代表财富。"丢勒也曾明确地告诉过我们他对忧郁的理解。而且，我们对他创作这幅画时的精神状态有所了解，当时是1514年5月，丢勒的母亲在一场大病之后，刚刚去世。

但是，对这幅画的解读，从一开始就困难重重。"忧郁（Melancolia）"这个词出现在蝙蝠的翅膀上——而蝙蝠又是黄昏和夜晚的象征。这样蝙蝠就具有了特别的意义，就像《启示录》木刻组画中的灾难之鸟（在《手持喇叭的天使》中）一样。"忧郁"后面的"I"又是什么意思？丢勒打算画一个系列吗？还要画第二幅《忧郁》吗？或者这幅画是一个版画系列中的一幅，而且这个系列中的每一幅都对应于四种性格类型中的一种？不认同这些问题的学者认为这里的"I"应该是"i（I）"。按照帕斯范特的说法，"I"应该是"i"，也就是拉丁语"ire"的祈使语气词。还有人认为那既不是数字也不是字母，而只不过是丢勒顺带的一笔，为的是把"忧郁（Melancolia）"后面空的地方填满。我们暂且把这些问题都放在一边，先来看看对这幅画的解读，也许能从中找到答案。

伍斯特曼试图证明丢勒母亲的去世对他有着深刻的影响，这幅画的构思也正是由此而来。伍斯特曼还认为自己从画中找到了与丢勒的母亲去世相关的直接证据，虽然这个证据未免显得有些过于玄虚。按照他的理论，画中带翼女性背后墙上的数字魔块中间的两列数字已经给出了丢勒母亲去世的日期：第一行的两个数字相加是月份（3+2＝5＝五月）；而第二行的两个数字和第三行的两个数字按照对角线相加得出的是日期（10+7，11+6＝17，实际上丢勒的母亲死于16日）；而第三行则是年份1514年。伍斯特曼甚至从心理分析的角度对这幅画做出了大胆的解释，他认为这幅画体现了丢勒对母亲的歉疚心理，这种心理从丢勒儿童时代就已经开始了。

第五章 ◎ 幻想

有人认为丢勒对忧郁的思考与他写给自己画室的学生的一段话有关,他告诫他们不要进行过于深入的思考,因为那样会导致他们内心变得沮丧,忧郁这种精神状态就会占据主导。但是丢勒这幅画画的可不是精神处于沮丧状态的画室学生,而是一个结实的女性形象。而且画里也没有出现画家要用到的任何工具,人物周围那些工具倒像是进行科学工作才会用到的。画中人物还长着翅膀,因此不可能是一个忧郁的人,只能是忧郁这种精神状态的象征。这说明我们不能单纯从丢勒的精神状况来解释这幅画——或者,我们只有在对这幅画进行彻底的分析之后,才能考量丢勒的精神状况到底起了多大作用。

在研究这幅画的过程中,人们探究了这幅画的每一个细节,画中的女人本身,她的衣服,她的钥匙,她的钱袋,她的脸庞,她头上戴的花环,她的圆规,她的书,洒落在她周围的医学、科学和工艺用的工具,里面的建筑,铃铛,沙漏,日晷仪,天平,梯子,石块,球体,狗,蝙蝠,台阶,海上的风景,海岸,彩虹,彗星等等。人们相信解开谜团的关键还是隐藏着的东西,因此关键在于如何让这些东西说话。

直到18世纪初,没有人对《忧郁》的理解做出过真正有意义的探索。最早的探索者之一是乔尔乔·瓦萨里,他非常喜欢这幅画,以及丢勒其他一些绘画作品。瓦萨里认为这是一幅"让整个世界震惊"的作品,散落在画中女性人物周围的工具不应该仅仅属于她自己,而且属于所有忧郁的人。对于忧郁者典型的病理特征和思维机能症状,学识渊博的意大利物理学家马西留斯·费奇诺曾经描述过。

从1728—1827年这100年间对丢勒作品的研究来看,人们对于《忧郁》这幅画的理解大体上是一致的,只是对画中某些因素的理解略有不同。阿伦德认为即使画中没有"忧郁(Melancolia)"这一字样,稍有艺术素养的人也应该能够看出画中的人物是忧郁的。她散乱的头发,"可能暗示着她内心的混乱";他还认为散落在她周围的工具不是她陷入沉思的原因,而是她沉思的主题。赫勒则认为这个女人心情"失落"的原因是放在她大腿上的、那本合着的书。

到19世纪下半叶,开始有人否认《忧郁》的悲伤主题。冯·艾(1860年)认为在富足和活力无限的16世纪初期,悲观主义和忧郁根本就是一种不为人所知的

丢勒版画《忧郁》局部，
作于 1514 年

心境，而且他认为这幅画中只包含沉思和思索的元素。阿林（1871年）更是认为自己在画中女性人物的身上只看到了思考、冥想和宁静，"根本找不到任何失望或者悲伤的痕迹"。冯·艾和阿林当然可以认为丢勒根本不了解悲观主义这个词的含义，但是他们认为这幅画中没有任何悲伤的元素显然是不对的。丢勒表达思考或沉思等思维过程的方式与此不同，这点在他画的圣哲罗姆身上就能得到充分的印证。他会把内在的平静与外在的整洁结合到一起，例如《书斋中的圣哲罗姆》。不过，阿林否认《忧郁》这幅画是基于哀悼的心境倒是没错，而且这还让他步入了一个非常有前景的话题，那就是中世纪时期的四种性格类型。在这方面，他第一个跨过了《忧郁》这幅画中的人物是否忧郁这个问题，迈向了另一个问题：丢勒是如何产生描绘忧郁这种性格类型的想法的，在丢勒生活的时代，人们把人根据性格特征划分为四类的意义何在？

在解读版画《忧郁》方面，托辛（1876年）和斯普林格（1892年）这两位著名的丢勒传记作者远不及阿林那么有天赋，看得那么远。托辛坚定不移地认为《忧郁》中的女人陷入悲伤的沉思中是一种人性的脆弱，她失望是因为她已攀上成功的顶峰。斯普林格也认为是理性思维上的巨大消耗搅扰了她心灵的平静，从而使她陷入了深深的悲伤中。理查德·伍斯特曼在1905年解读此图时说"她是一个达到思想顶峰的伟大思想家"，认为这是丢勒"一系列悲伤作品"中的第一部。沃尔夫林则认为这幅画要表达的是抛弃对世俗知识的探索。

保罗·韦伯在1900年提出《忧郁》中的悲观主义与当时的时代特征是相符的。他的出发点是这幅画创作于欧洲宗教改革前夕，而丢勒本人是个虔诚的教徒。因此，保罗·韦伯认为《忧郁》里的女性人物是悲伤的，因为旧的宗教制度还在不停地滥用手中的权力；她悲伤的原因在于所有的艺术和成就都无法让她满意，也无法带给她快乐。真正的满足只能通过宗教信仰获得。丢勒把《书斋中的圣哲罗姆》献给了信仰的光荣，因此《忧郁》与《书斋中的圣哲罗姆》应该是相互对应的两幅作品，就像光亮与阴暗、平静与躁动。

保罗·韦伯研究丢勒的贡献不在于他对《忧郁》这幅画的解读，而在于他是第一个通过研究丢勒生活的那个时代的学术思想，尝试着系统地对《忧郁》中的七种文艺和七种工艺进行解释的人。坐在磨石上面，正在写着什么的小男孩代表基本规则，也就是七种文艺的最基本的规则；天平代表辩论，法律事务中必定需要辩论，审判中必然用到辩论，而审判自然要拿着天平。写满数字的方格代表算术，球体代表天文学，圆规代表几何，等等。保罗·韦伯认为画中人物头顶的花环中的花是一种茄属植物，一种在中世纪末期被认为代表孤独的植物。

对于丢勒在创作版画《忧郁》和《书斋中的圣哲罗姆》时都用到了哪些文学和哲学方面的资源，J. A. 恩德雷斯（1913年）想到了红衣主教尼古拉斯·库萨努斯（Nicolaus Cusanos）的哲学。这位红衣主教的著作于1514年在巴黎出版发行，纽伦堡的人文学术圈知晓这些作品也完全有可能。恩德雷斯认为《忧郁》与《书斋中的圣哲罗姆》的思想以及它们的结构，包括其中的所有细节和光线都与库萨努斯哲学的主要脉络有关。恩德雷斯认为《忧郁》表现的是一种寻求真相，从而获取快乐的人类精神。丢勒在这幅画中展现了最难以实现的人类精神。当然，人类精神的展现是通过画中的物件得以实现的，比如代表文艺的物件，代表工艺的物件，还有让精神从有形升华到无形的神奇工具，例如陀螺仪和充满数字

左图：丢勒版画《忧郁》局部
右图：丢勒版画《书斋中的圣哲罗姆》局部

的方格。而画中的直尺、磨石和多面的石块则代表尼古拉斯·库萨努斯的数学符号——直线、圆和多面体。面对所有这些推测，恩德雷斯一直在沿着保罗·韦伯成功的印记前行。但他也有比保罗·韦伯走得更远的地方——那就是在解读《忧郁》与《书斋中的圣哲罗姆》的关系方面。恩德雷斯认为从学术意义上讲，《忧郁》描绘的是"第二"神学，也就是科学，它以理性为羽翅，控制着数学和哲学，甚至要挑战上帝的地位。而《书斋中的圣哲罗姆》则正好相反，它象征"第一"神学，强调启示和宗教教义，注重安静的沉思。但恩德雷斯没有找到任何能够证明丢勒了解尼古拉斯·库萨努斯的哲学的证据，这就使得他的推测的可信度大减。

1903年，吉赫洛在马西留斯·费奇诺（Marsilius Ficinus）的著作中找到了丢勒创作的源泉，他认为丢勒凭借其丰富而且深刻的总结能力，把当时与忧郁这种性格类型最接近的两种精神状态结合到了一起——最神秘的思维活动和悲伤的沉思。马西留斯·费奇诺的著作《三重生命》的拉丁文版本出版于1500年，德语版本出版于1505年。这本书对那些学识较高的，或是了解艺术的读者产生的影响

第五章 ◎ 幻想

尤为深刻,因为该书反对传统的中世纪教条,认为忧郁不应该是人类最基本的性格类型,并转而重新拾起亚里士多德派学者的观点——"所有能够取得伟大艺术成就的人都是忧郁的"。显然,丢勒也非常赞同这种观点,因为他为年轻画家准备的教材里提到过这点。法尔内塞·莱盖特·波路西(1519年)曾说拉斐尔"与所有取得如此伟大成就的人一样",有忧郁的倾向,这说明他也认为忧郁是创作大师的典型精神状态。

吉赫洛的研究还带出了医学与占星学之间的紧密联系。每种性格类型都对应一颗行星,而"忧郁"是受到土星影响的结果。土星的影响可能是好的,也可能是不好的。土星能够产生人在追寻伟大事业的过程中需要的忧郁,但也会让人变得悲伤和恐惧。忧郁倾向可以通过医学和饮食方面的调节得以缓解,比如音乐、新鲜空气、消化通畅等等,当然土星产生的不利影响也可以通过某些神奇的方法来解决,比如与此相反的木星的影响力。因此,《忧郁》中的女性人物头上的花环应该就是缓解忧郁的一种方法。沃伯格(1918年)对吉赫洛的理论进行了扩充,他认为墙上的数字同样也是缓解忧郁的一种方法。沃伯格因此认为丢勒的《忧郁》不是要警告人们提防产生忧郁的倾向,甚至不是为了缓解忧郁,而是在慰藉"思想者"。

1923年,潘诺夫斯基和萨克斯尔继续并延展了吉赫洛和沃伯格的研究。他们把《忧郁》里的所有物件清查了一遍,着力寻找可能存在的占星方面的线索。丢勒所说的"钥匙代表权力,钱袋代表财富"也许就和占星学有关。代表忧郁的土星是富人的守护者和他们的财富的分配者,它给它的子民以财富和权力,大海和大海上的人都属于它——因此《忧郁》这幅画的背景是海景。当然,画面中还有一些物件与土星控制的行业和范畴有关,比如建筑师、石匠和伐木工。丢勒去帕多瓦的时候应该见过萨洛尼的壁画,内容包括各个行星的子民,其中就有土星的子民——有忧郁的人,有学者,有木匠,有矿工,有石匠,有磨刀匠,有花匠,还有隐士。测量空间和时间的工具——圆规、天平和沙漏——也属于土星。土星还控制着几何学的若干分支,包括投影几何,而投影几何的标志就是多面体。那么为什么丢勒挑选的这么多行业和活动都与测量有关呢?因为测量、数字和重量

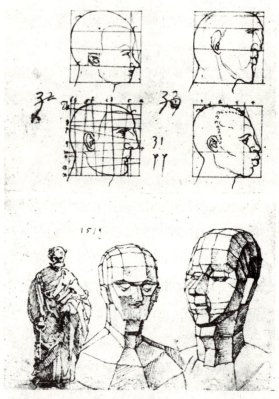

丢勒研究人体比例所绘的图

是他自己进行科学工作的基础,而且在他看来(绝对不仅仅是他自己),数学是最重要的科学。丢勒创作的这个"忧郁"是最接近他自己的内心想法的——一个充满创造性的数学人。

现在我们再回到整个谜团中最轻微、最不重要的一点——"忧郁(Melancolia)"后面的那个"I"。博林斯基和沃尔夫林给我们的解释也许是正确的。"Melancolia I"表示忧郁的温和形式,也就是人由于思维活动频繁而产生沮丧情绪的情形。而且费奇诺也谈到了忧郁的另一种更危险和更常见的形式,那就是会让人失去感觉并且身体日渐消瘦的情形。也许丢勒的"Melancoli II"就会描述到灵魂无望的挣扎吧。

关于这个大谜题,还有没有解决的吗?是的。丢勒为什么要选择这样一个对他那个时代来说非常棘手的问题——忧郁这种性格类型是高贵的还是卑贱的——并且还要用绘画语言的方式来表达,而且其中的很多象征意义我们今天已经很难

第五章 ◎ 幻想

理解。不过，摆在我们面前的是一幅活生生的艺术作品，我们并不需要了解解读《忧郁》这幅画所必需的各种知识和出处，也许，我们也并不需要一种深刻无比、诗意无比的解读。

　　一个简单的、合理的解释就能让我们满意。忧郁就是创造大师在生活中的黑暗时光。只要是进行创作的人，不管他是画家、学者、诗人、哲学家还是政治家，肯定都知道什么是黑暗时光。当一切都开始停滞不前，当他生活中的满足感和快乐的因素突然都离他而去，当他的怒火冲到耳边，鼓动他应该把那些无所谓的东西扔到一边，让自己变得漠然、让自己尝试接受平庸的安宁时，黑暗时光便已来临。这种心境的外在表现就是所谓的"沉思"。当米开朗基罗在西斯廷小教堂画先知耶利米的时候，受到悲伤心情的影响，该画的忧郁风格与丢勒的《忧郁》有些相像。以前——在内心出现矛盾并自我质疑时——忧郁曾在丢勒的身上出现过，出现在他年轻时创作的一幅自画像（埃尔兰根）上。现在，人到中年的丢勒又一次体会到同样的感受。他的《忧郁》其实就是一个正处于自疑中的天才的自我独白。因此，这幅画对于了解丢勒的性格具有永恒的珍贵价值。

　　如果《忧郁》上只有丢勒的花体签名和日期，而没有"忧郁（Melancolia）"这个词，好心的传记作家肯定要否认其中的悲伤因素，转而把画中"明显的"不和谐分析成和谐安宁的心境。如果那样，丢勒的崇拜者们肯定会把丢勒形容成一个尽职尽责、心中充满满足感的牧师。在其他一些作品中，丢勒往前迈了一步，更为直观地展现了人物内心的绝望和悲伤，例如他在1516年创作的蚀刻画《绝望的人类》（*The Desperate Man*）——尽管这幅画目前为止还没有出现让人满意的解读。画面中心是一个跪坐着的裸体男子，低着头，双手揪着头上纠结到一起的头发。他周围的人物非常奇怪。画面左边的男子只有上半身，而且只能看到侧面，鼻子也破了。经确认，这个人物出自丢勒1514年给他的兄弟安德烈亚斯画的素描画像（维也纳）。乔治·格罗诺和E.波普认为丢勒把他哥哥憔悴、消瘦的脸庞转移到了一个非常像米开朗基罗的脑袋上。根据这个发现，E.波普继续推断剩下的人物——拿水壶的男子，眼神疯狂的灰发男子，还有那个好像正在做噩梦的女子——都出自米开朗基罗的作品。因此，整幅画表现的可以说是臆测式的米开

丢勒作品《绝望的人类》,作于1516年

朗基罗式的心境。但实际上,丢勒的《忧郁》与米开朗基罗的艺术风格更加接近。我们已经没有必要再深究这五个人物之间的内在关系了,而应该把他们看做是被放到一起的五个独立的构思。不过,这幅画让我们更加充分地领略了丢勒的幻想能力,也让我们不由得考虑起丢勒的宗教题材作品。

丢勒作品《圣母和金翅雀》，作于1506年

第六章
宗教题材作品

　　柔化和弱化丢勒性格中本质的东西容易让人产生一种错误印象,它比把并非出自丢勒之手的作品归在他的名下更容易让人误解,比年代测定上的失误更严重,浪漫主义学者对此负有重大责任。丢勒不是伪善者,正如他所形容的路德一样,他是个"信仰上帝"的人,而不是性格温和、处事漠然的人,相反,他个性刚直、热情洋溢。他的艺术作品,不是为中小学女生或者宗教偏执者创作的,而是为思想成熟的人创作的。丢勒所生活的德国已不再是过去的那个德国,那个中产阶级可以在圆形玻璃窗和文艺复兴式阳台后面过着宁静舒适、田园诗般的生活的德国。丢勒所处的时代充满不确定性,一切无力为自己的肉体和精神的存在而战的人都被它无情地摧毁。

　　与发生在同一世纪的德国宗教改革一样,这个时期的德国艺术并非源自人们心灵的宁静,而是源自剧烈的社会动荡。丢勒不是个爱幻想的《圣经》插图画家;

丢勒版画《耶稣的诞生》，作于1502—1505年

在当时，宗教信仰和冲突与现在有着极其不同的含意，丢勒通过自己的雕刻刀和画笔充当了上帝的卫士。宗教冲动以及人与上帝的关系是当时一切宗教活动的先锋。宗教信仰不是专职的灵魂救赎者的私事；每个人都要悉心看护自己的灵魂。宗教信仰不是遭受压迫、疲惫不堪者的精神食粮和慰藉；它是所有人生活当中最不可缺少的盐花。这种将宗教信仰渗透到整个生活的宗教热忱为宗教著作和绘画注入了一股哀婉动人的特质，其表现可以是一股克服一切阻力、终抵目标的内在力量，或是一种在周围一切都变得飘摇不定时却仍恒久牢固的存在。

与人文主义主题的艺术不同，宗教主题的艺术对大众而言是活泼的、易于理解的。绘画师和素描师不断努力探寻和发现如何通过艺术的形式来表现耶稣基督的受难，或者圣母玛利亚的生活，或者圣徒的功绩和殉道，他们所要表现的正是大众的感受，以及愈加强烈的、要从不断高涨的宗教热忱中吸取灵感的愿望。在历史进程中，阐述一个民族各种情感的任务总是从一种艺术形式传递到另一种艺术形式。丢勒和荷尔拜因在15和16世纪肩负的历史使命，到了17和18世纪则将由亨德尔和巴赫共同完成。接下来为民族代言的则是诗歌。

丢勒的宗教艺术作品介于两个层面之间——终结了中世纪宗教狂热的旧世界，开创了宗教信仰个人化的新纪元。丢勒眼中的教堂已不再是中世纪固若金汤的堡垒。从15世纪初开始，那座让中世纪的宗教狂热遍及全世界的庄严宏伟的大厦开始出现裂缝。胡斯革命风暴动摇了它的根基。德国人民开始了反对长期压迫的起义，尤其反对罗马教廷干涉民族生活。

16世纪前期发生了两件意义非凡的大事——首先是1516年科隆大教堂的建造工作中断；然后是1517年路德将自己的论纲钉在维登堡宫廷教堂的门上。在这座古老教堂的庇荫之下，路德把自己的质疑呈现在同胞面前，并劝导他们直面上

讽刺马丁·路德及其妻子卡塔琳娜·冯·博拉的漫画

帝。在对常人的弱点知之甚深的基础上，中世纪的教会一直扮演着人与上帝之间神圣的全权中间人的角色——享有特别恩赐的中间人。教会通过圣徒的参与，借助捐赠、忏悔和悔改等方式帮助有罪之人减轻他们的恐惧。路德的宗教改革反对这个中间人特权集团，提倡将一切权责转移到个体自身，让每个人都能够与自己的信仰独自相处。个人情感和个人信仰成为宗教经验的源泉。在引导人们自己向上帝求得帮助，以及根据自己的意愿来选择宗教程序的过程中，路德重新拾起德国神秘主义信仰，基督教骑士的形象再次出现在他的心灵深处。

丢勒的宗教艺术是宗教改革时期的艺术，但不是新教艺术；它诞生于一种新的心灵虔诚，但仍受到旧有思想和形式的束缚。它形成于宗教复兴时期，并在痛苦和冲突中日臻完善，但它绝不是任何特定信条的附庸。他的艺术与路德的成就之间的联系不是意向性的，而是源自他们在心灵体验本质上的一致。事实上，直到生命终结，丢勒仍是原天主教会的忠实拥护者。在他看来，路德是一个能使他所信仰的教会更纯净、更有活力的净化剂和复兴者，是一个令人尊敬的灵魂解放者，是上帝最信赖的先知，而不是旧思想的毁灭者或新教会的创立者。而且丢勒的大部分宗教作品都是在路德蜚声海内外之前创作的，且这些作品并未超出中世纪教会的思想，例如对圣母的崇拜，中世纪的世界秩序也仍然处在教皇和君主所持的两柄剑的治理之下。丢勒的艺术作品全面满足了当时人们最急切

"罗马的教皇，驴之身"，讽刺教皇的漫画，作于1523年

的需求——对精神启迪的需求，对基督教复兴的渴望，以及对宗教生活日趋衰败的悲痛。不是为了寻求新主题，也不是有意要违背传统形式，而是对人类深切的仁爱使得丢勒对每个主题都充满热忱和激情。丢勒的每一件宗教作品都是一份个人自白——《启示录》里的激情澎湃，《受难》里的生动布道，《圣母的一生》里热情洋溢的叙述，油画《四使徒》里勇气与智慧的结合。

这就是新的、独到的一面，也是丢勒艺术中新的个人特征，由此可见丢勒正在慢慢地、痛苦地将自己从中世纪教会的那套僵硬体系和专断的"圣教艺术"准则中解脱出来。油画《四使徒》最能说明丢勒对宗教问题的态度。这幅画具有象征意义，它不是为某座教堂而是为一座世俗的建筑所作，最重要之处在于它是为"世俗的统治者"所作。

虽然油画《四使徒》成就斐然，但丢勒在宗教版画方面的成就比在油画方面更胜一筹。他在欧洲的声誉和在德国的名望都得益于版画。尽管他的一些油画设计很棒，且极为成熟，但却没有完全成形，仍处于草图和素描阶段。这种情况可能是由一些外部因素造成的。制作油画的酬劳非常低，而且制作大型宗教油画需要耗费大量时间、钱财和劳动，而且正如海勒祭坛画的故事所证实的那样，有时还会给人带来各种麻烦。与此不同的是，木版画和铜版画的制作耗时短、费用低，画家完全可以自主创作，不需要赞助人的介入。丢勒在绘画艺术上取得的成功在很大程度上归功于那个时代的精神状态。当时的人们已经意识到宗教斗争正改变着整个社会生活，对他们来说，艺术不仅仅事关美学，相反已经成为表达人类最热切的渴望的途径。因此宗教改革时期盛行的是能够满足大众需求、为所有人理解的绘画，例如各种各样的插图。书籍的印刷让最高形式的理性思想得以传遍世界，而图画的印刷则传播了最深刻的艺术思想。

丢勒在他那个时代负有盛名也许不是因为他的作品中那些今天对我们仍然具有吸引力的元素。我们可以通过很多作品来分析和研究丢勒，但这些作品对他那个年代的人来说可能没有任何吸引力；相反，他的作品中很多被我们拒之门外的东西在16世纪却深入人心。这丝毫不减损他的伟大。我们要做的是有所取，也有所舍。丢勒作品中最基本的人性元素具有永恒的价值，不会随人们欣赏品味的改

变而受到影响。

　　下面我略举一两例来说明不同时代的大众在吸引力和感受方面的不同。在丢勒的《耶稣受难》和《圣母的一生》中，他同时代的人发现其中很多人物形象与耶稣受难复活剧中的人物极为相似，例如那些奇形怪状的蒙面刽子手以及耶稣的忠实追随者，耶稣受难复活剧自瘟疫开始之后每逢圣周都要在纽伦堡的圣母教堂前上演。看过耶稣基督悲惨的图像后，再看看那个为彼拉多倒水的"巧克力士兵"(chocolate soldier)一定会让人的痛苦得以缓解（《小受难》，1512年）。购买《大受难》版画的人看到脚戴镣铐的人被刽子手或推或拽，带到刑场，途中还要穿过一群因心怀病态的好奇、恐惧、嘲弄或者怜悯而聚集观看的人，会是怎样一番心境？这种场面在木刻版画《出卖基督》（《大受难》）中也能看到。当人们看到圣彼得一改平日的温和，手挥大刀，砍下挥舞着棍棒的马勒古的一只耳朵时，谁能抑制住内心短暂的欢悦？丢勒善于从日常生活场景中获取人物形象，这正是他描绘的人物形象在今天看来依然鲜活的原因。例如，在一幅描绘一个木匠学徒的绘画（存于巴约讷博纳博物馆）中，在横梁上钻孔的木工在《万名基督徒的殉教》（木刻版画，约1495—1497年）中，成为正在对一名殉教者施以酷刑的拷打者。我们关注这些人物形象身上的现实主义成分，就如同我们关注莎士比亚作品中的流浪汉和恶棍一样，只是我们用的是一种不同于那个时代的超然态度来看待他们。这同样适用于丢勒的宗教画中的很多建筑。基督与母亲在《圣母的一生》中告别的漂亮塔楼是德式城堡建筑与意大利文艺复兴建筑相融合的产物，那个时代的人会带着纯粹的钦佩之情去凝视它。里面的拱形结构、柱子、楼梯、拱顶等都是我们几个世纪前就已不再采用的过时样式，但在那个时代却是宏伟与壮丽的象征，丢勒本人也非常喜欢它们，因为它们是他煞费苦心绘制出来的，其中一些创作灵感甚至是他从意大利带回来的。对次要人物的冷淡，人物形象的丑陋以及带褶皱的部分在画面中所占空间的比例可能也会刺激我们的宗教情感。但在给出这些批判性评论的同时，我们可能忘了次要人物在中世纪晚期的艺术中所扮演的传统角色，他们与主要人物之间的关系就如同教堂的会众与主持牧师之间的关系；我们混淆了意大利文艺复兴传递给我们的关于美的概念与德国人表达情感的渴望和能力；

第六章 ◎ 宗教题材作品

我们已经无法根据褶皱上的折痕来推断它们的主人的心境和基本特质。

现在我们换个角度,来看看丢勒作品中所包含的永恒的美和那些永远不会被遗忘的创作。逃往埃及路上的小憩中的圣母(《圣母的一生》系列之一)面容慈祥,目光坚定,稳稳地坐在鞍座上,手不停地纺着纱,脚轻轻地摇动着圣婴的摇篮;天国的小天使们顽皮、殷勤地将圣父约瑟做木工活时刨下的刨花扫在一起放进篮子。再看看《园丁耶稣》(《小受难》系列木刻版画之一)里丢勒的笔触是多么轻柔,目光是多么温柔,夏夜里的南方花园是多么宁静。看来丢勒在这一点上和一百多年后的伦勃朗仅一步之遥。著名的木刻版画《忏悔者》(1510年)涉及神秘的精神和肉体的自我折磨,虔诚的宗教信徒企图通过这种方式让自己脱离苦海。但就是这同一只手,此刻如同在风琴上弹奏《求主垂怜曲》一般,在《树下

《圣母的一生》系列作品之一

的圣母》（柏林）中勾画出的线条与民歌中的歌词一样柔美自然。

弗莱奇塞西列出（1931年）的丢勒作品一览表中有1312件作品，其中与宗教主题相关的油画、铜版画、木版画和素描有数百件。如果我们想表达自己对丢勒宗教艺术的看法，并将它们展现给广大的艺术爱好者，我们就必须小心谨慎地从中精选出部分作品。我们有很多方法对这些作品进行细分。例如海德里奇选取丢勒的圣母表现手法作为主题进行论述；而沃尔夫林则对丢勒在其艺术发展的各个时期对同一个场景的表现手法的风格差异进行了深入剖析。单独的一幅版画，甚至是再普通不过的素描，都逃不出评论家的视线。丢勒的主题范围可远不及他的宗教作品的数量。对于钟爱的主题，他会反复创作，并通过构思和形式上的变化为它们注入新的活力。也有一大串与《圣经》相关的场景在丢勒的创作中从未触及，尽管这些场景不乏启迪性，例如我们很难在他的作品中找到与《旧约全书》相关

丢勒钢笔画《树下的圣母》，作于1511年

第六章 ◎ 宗教题材作品

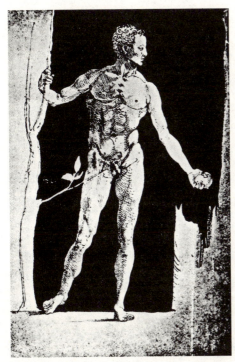

丢勒作品《亚当》，作于1506年

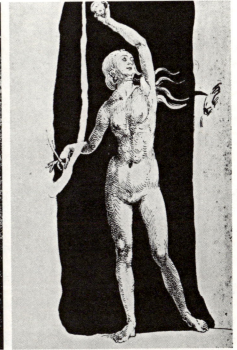

丢勒作品《夏娃》，作于1506年

的作品。他的亚当和夏娃画像（包括油画、铜版画、木版画和素描）对于研究他的作品无疑有着重大价值，但这些画像并不属于宗教主题的作品，而是他探索"理想的"人类形体的典范（对这个难题的探索一直是丢勒科学思想的重点）。除此以外，我们能找到的与《旧约全书》相关的丢勒作品就只有《参孙搏杀狮子》（木版画，约1497年）、《该隐杀死亚伯》（木版画，1511年）、《约伯受嘲》（约1500年，法兰克福）和为数不多的几幅以参孙为主题的素描。在丢勒的作品中完全看不到祝福和赦罪的场面。伦勃朗则喜欢让自己作品中的人物穿上东方服饰，然后给他们配以与托比特、但以理、玛挪亚等《圣经》人物相关的情节。

　　生活在十五六世纪的丢勒，在其创作主题的选择上受到了基督教神话的影响。实际上，基督教神话对艺术创作的影响已有数个世纪之久。在中世纪的世界秩序即将土崩瓦解的前夕，丢勒所创作的传统主题作品已经达到了尽善尽美的地步，这些作品蕴涵了他对自然的真切感受、他本人特有的忏悔倾向和他对人性的深刻探索。丢勒只对耶稣基督本人和他的受难故事感兴趣；而在一个与此不同的宗教时代，在另一片土地上——荷兰，处于17世纪新教盛行这样一个宗教环境里的伦勃朗的宗教作品则是遍地开花。

对于《新约全书》中的素材，丢勒所选取的角度也与他同时代的意大利人以及一个世纪后的荷兰的伟大画家不一样。"最后的晚餐"一直是意大利画家特别喜爱的主题，直到1498年达·芬奇赋予了它最巧妙的构思——他向人们呈现了真相被揭穿的那一瞬间，耶稣和他的门徒与出卖者之间激动人心的紧张场面，这也正是这出悲剧的最高潮。丢勒在《大受难》（1510年）的《最后的晚餐》中向我们展示了这样一幅画面：11个门徒挤坐在餐桌靠后的地方，靠前的一面很宽松，是特意为这两个人预留的——已入座的出卖者犹大和摆宴的主人，主人神情超然，此刻正在招待其他人。1521年马丁·沙夫纳仿制了一幅达·芬奇的《最后的晚餐》，绘制在乌尔姆大教堂祭坛台座上。直到1523年，丢勒才发现只有自己的木刻组画《大受难》才表现出了门徒们在那样一个凝重的时刻应有的不同表情和不同程度的焦虑不安（与1509—1511年《小受难》中的《最后的晚餐》相比）。

丢勒版画《最后的晚餐》，作于1510年

第六章 ◎ 宗教题材作品

丢勒只是在自己的《小受难》木刻版画中第二次描绘了神秘的晚餐，而伦勃朗则一次又一次地被这个主题所吸引。我们在丢勒的作品中根本找不到耶稣基督施行奇迹和传道的影子。相对于耶稣基督所做的事迹而言，丢勒更注重"耶稣"个人本身。但从另一方面来说，丢勒又是《在花园里苦恼》的发现者和造诣最深的解读者。一心想要追寻丢勒的非凡和神奇之处的人可以在他早年的《启示录》中找到火焰般的感情喷发和势不可挡的激情。日渐成熟后的丢勒在一定范围内抑制了自己的情感。

当然，还有一点不容忽视。丢勒版画中的很多清新感和直观吸引力在经其他人之手由素描画转变成木版画的过程中消失殆尽，实际上，甚至丢勒本人用雕刻刀在铜版上雕刻时也会遇到无数技术难题。很多显而易见的矛盾都能由此找到原因。例如，在某一时刻，正当我们惊异于丢勒居然出人意料地采用了传统的表现形式时，在紧接下来的另一刻，我们看到的却是另一番天地；有时我们要费好半天才能弄清某幅版画的主题，而有时我们匆匆一瞥就能看清某幅素描画的整体结构。

如果你并不关心丢勒的宗教作品按年代顺序演变的过程，而只是想了解他的宗教情感的精髓和他的表达方式，那你完全可以像早期研究丢勒的学者那样，从他选择的主题入手。丢勒本人一定也会同意我们从这个方向入手，因为他自己的创作过程就是先从主题入手，然后转入形式，这也是在设计作品时惯用的路线。对丢勒来说，最先要考虑的不是直尺作图法、颜色协调，或是明暗处理效果等问题，而是要表现哪个事件，以及怎样用画家的语言表达出自己想要表达的某种情感。

礼拜是一种基本的宗教体验。人们通过这种仪式让自己的灵魂直接与上帝交流。能将人带到超自然力量面前的方式多种多样，同样，礼拜的等级和展现的身体姿势也多种多样。礼拜包含了一系列的精神情感，从宗教沉思到无法自控，包括无言的崇拜、苦恼的诉说、羞怯的恳求、热烈的感恩和直白的忏悔。礼拜的身体姿势随精神情感的深浅程度的不同而改变，有很多种类。比如，有古老的礼拜姿势——谦卑地跪着、将手臂举过头顶，有东方式的跪拜，有面对上帝时笔直地站立、祈祷时双手叠合、恳求时手臂展开等姿势。在丢勒表达虔诚情感的作品中，以上这些情感和姿势几乎无一例外都能找到。

现在我们就走进丢勒的宗教艺术殿堂，仔细品读一下那些沉浸在礼拜中的人物形象。我们先来看看福音书的作者之一圣约翰。他正跪在七盏油灯之间的云朵上，低头聆听神的启示——他是那个能够容纳丢勒所说的"从上面流下的福音"的容器，类似于一个为超自然的力量服务的、处于被催眠状态的媒介（《启示录》，1498年）。与此形成对照的是那个因为俗世的不幸而愁容满面地向上帝求助的"浪荡子"（现存伦敦，铜版雕刻，1498年），他的祈祷从猪槽一直升向上帝的宝座。圣约翰用力探出双手，好像被一条看不见的绳索束缚住了，一缕头发从一侧垂下。"浪荡子"双手紧握，目光在破旧的屋顶上飘移——他在恳求上天的宽恕。另一幅与祷告有关的绘画是版画《耶稣诞生》（1504年），丢勒本人称之为"圣诞节"，不过此画中的道德元素多于宗教元素，世俗元素多于神圣元素。在这样一个舒适的中产阶级田园般的环境里，我们需要的是更柔和的信仰，因此祈祷的老人被放到了远景中，而正忙着往罐子里倒水的约瑟则被安排在最显著的位置——和19世纪路德维格·理克特（Ludwig Richter）单纯为了愉悦心灵所选用的场景一样——这是一个非常平常的《圣经》人物场景。但在《四使徒》（预订的海勒祭坛画）人物形象的构思上，丢勒上升到了一个较高的层面。该画蕴涵着一种高贵伟大的精神，其表现形式为德国艺术注入了一种新的风格；目视上方的使徒身上透出一种高贵的情感（维也纳，1508年）。这些都是丢勒构思的能体现信仰胜利的人物形象。该系列的最后一个人物形象是哭泣的圣约翰（维也纳，1523年），这是一幅丢勒未能完成的与虔诚信仰有关的绘画。丢勒的《四使徒》中有年轻的圣约翰，他满怀虔诚的庄重神情和对工作重要性的了然于胸跃然于画面上。

丢勒作品中的宗教人物形象还可以归入另一个类别当中。耶稣基督和圣母玛利亚的形象反复出现在他的作品中。丢勒的宗教作品不同于中世纪那些完全为了突出某个宗教主题的宗教画，而旨在赋予传统的宗教主题以更多现实性。丢勒的艺术吸引力已不再依赖于其中的象征意义，而是得益于其现实风格。正是这种接近生活的风格点燃了丢勒描绘"耶稣受难"及"圣母的一生"的热情，让他用这种在当时看来非常新奇、但后来受到极大欢迎的方式进行描绘,这种方式与路德翻译《圣经》时的方式有异曲同工之妙。路德曾说:"译者不能根据拉丁语来判断如何运用德语……而应当向家中的母亲、街上的孩子甚至集市上的人询问,看看他们是怎样使用语言的,然后再翻译;这样人们才会感觉译者是在用德语和他们交谈,他们才能听得懂。"丢勒也是这么做的。他在想把"圣母玛利亚"描绘成一位"令人敬佩的母亲"时,也询问了家中的母亲。丢勒将意大利人的圣母玛利亚转变成了德国人的玛利亚,在此过程中,他不是从拉丁绘画中寻求灵感,而是从街上的孩子和市集上的人的身上寻找。路德在把报喜天使的一句问候语从拉丁语翻译成德语时,也正是想到了他们的语言习惯,才把符合拉丁语习惯的"我向您致意,万福玛利亚。上帝与你同在(Gegrussest seist du, Maria voll Gnaden. Der Herr sei mit dir!)",改成了更符合德语习惯的"上帝问候您,亲爱的玛利亚(Gott grusse dich, du liebe Maria!)"。路德说:"如果天使想用德语问候她,他就该这么说。"

对圣母玛利亚形象的新构思并非丢勒与生俱来的能力,而是他多年持续创作和内心演变的结果。从丢勒描画圣母玛利亚的历史经历来看,他是从传统形式开始尝试的。丢勒第一次游历意大利时,还在打算创作一幅由众多人物组成的神圣的宗教画,直至游历到利沃尼亚,他才打消这个念头,而且他并没有把自己创作的独特的圣母玛利亚形象视作一次革命性的创新。丢勒留下来的最早的素描是他13岁时画的一幅圣母画——画的是圣母玛利亚和两个天使乐师一起登上宝座(柏林,1485年)。丢勒描画圣母玛利亚的经历从儿童时代一直延续到1521—1522年,这时他创作的著名宗教画中有八个、甚至十个圣徒围绕在圣母身边(巴约讷)。丢勒开始有些迟疑,有些抑制自己,但最后变得异常坚定。因此,开始那个只是被两个在场的天使乐师注视,就羞怯得几乎连眼睛都不敢睁开的"可爱的小圣母",后来成为了被整个天庭环绕的、自豪的圣母玛利亚和天后。丢勒最早的那幅素描,从更专业的角度来说,只是一幅缺乏信心的钢笔画;后来那些关于这个主题的版本则是在画家想象力燃起时,激情迸发的超凡即兴创作。可能是在去荷兰的旅途中受里加大教堂教士威尔莫·迈尔之托,丢勒返回纽伦堡后画了一幅画。此画整个画面由五部分构成，是专门为里加圣彼得教堂的圣母祭坛绘制的，据推测在1524年破坏偶像的骚乱中被毁坏。

从起初的稚嫩到后来的炉火纯青，丢勒所创作的包括素描、木版画、铜版画和油画在内的各种圣母画经历了多个发展阶段。我们可以将其划分为三种基本构成形式——登上宝座和喜爱孩子的圣母，圣母和圣家族，以及单独出现的圣母子，它们不是按时间先后顺序依次出现，而是同时并存的。丢勒游历意大利和荷兰期间所受到的影响，母亲的逝去，以及没有子女的婚姻促成了他在这个主题创作上的演变。丢勒在游历期间和进入成年期后具备了对大型绘画的整体形式和结构的绝对驾驭能力，例如主要、次要人物的安排，次要人物之间、次要人物与主要人物之间的关系，画面隐藏与露出部分的平衡设计，以及相对位置的计算等等。在此过程中，他年轻时期的作品所具有的热情、简洁和备受大众欢迎等特征也都不复存在了。现藏于慕尼黑的鲍姆加特纳祭坛画，藏于佛罗伦萨的《三王礼

丢勒作品《圣母与圣子》，作于1512年

拜》(也译作《三圣贤的朝拜》),海勒祭坛画以及《玫瑰花环节的源起》都是为在某座神圣建筑里进行的礼拜而作,而不是为置于家中愉悦个人而作;是为庄严神圣的宗教仪式而作,而不是为虔诚的信徒与上帝之间的私人会谈而作。

第二类是对圣母和圣家族的描画,也就是对圣母、圣子和约瑟的描画。这个主题的最早版本要追溯到1492年(埃尔兰根),此时施恩告尔对丢勒的影响还很明显。但没隔几年,丢勒就在《有蜻蜓的圣母画》(铜版雕刻,1495年)中展现了自己的特点。天国的宝座变成了草绿色,圣母头上没有戴王冠,周围也没有奏乐的天使;玛利亚和她的初生儿单独在一起;约瑟在一旁,熟睡的脸上透出忧虑和辛劳的痕迹。丢勒的木版画《三野兔与圣家族》创作于1497年,与《启示录》属同一时期。该画的非凡之处在于它是旧观念和新思想的结合体——圣母头部的姿势是哥特式风格,花园四周有围墙(童贞的象征),圣子正在抚弄书页,野兔显得自由自在、离奇有趣。1511年在其版画艺术创作的巅峰时期,丢勒创作了两幅圣家族木版画。其中一幅鲜活生动,另一幅则平淡无奇。第一幅通过圣子使劲要从母亲腿上离开,扑进祖母的怀抱这样一个有趣的构思来表现对冲破世俗束缚的渴望;而第二幅只是由亲人围绕圣母组成一个单调的半圆形。

第三类是单独出现的圣母子。这类作品向我们展示了德国版的玛利亚。同上面的两类一样,我们也只能从众多作品中选取几幅加以分析。《圣母与猴子》(铜版雕刻,约1497—1499年)在丢勒的风景画中占有一席之地,画中那位"美丽的女园丁"所处的背景有一半其实是将水彩画《池塘边的小屋》在水中的倒影倒转的结果,只是在雕刻精准度的把握上更难。《圣母子与动物》(维也纳)展现的是圣母玛利亚的美好憧憬、伊甸园里的美丽风景、地上爬着的和天上飞着的动物。这幅钢笔画让观者赏心悦目,大约在1503年上色后出版,丢勒从这个动物园中为他的《圣母的一生》和同时期创作的其他版画挑选了多种动物。猫头鹰再次出现在《圣母的婚礼》中的一扇拱门上,在里面充当了一件小小的饰物。在《圣母往见节》最显眼的地方能再次见到那条小狗,它正用鼻子嗅来嗅去。在1503年的一幅版画作品中,那只小鸟正注视着给圣子喂奶的圣母;而在1504年的版画《亚当与夏娃》中,鹦鹉再次出现,它正在挂着丢勒署名牌的树枝上晃荡着。如

丢勒作品《圣母子与动物》，作于1503年

果我们依据人物的情绪来划分，丢勒的圣母画像可分为两类——愉快的圣母和悲伤的圣母。瓦尔德曼评论说，在某种意义上，是丢勒创造了"忧郁"型的圣母。然而，也正是这同一个丢勒，在从威尼斯写给皮尔克海默的信中，创造了与他妻子有关的最粗俗的笑话。他还在《忧郁》中创造了卓尔不凡的女性形象。在1520年的一幅版画中，圣母喜气洋洋地坐着，如同一个身着节日盛装的富有农家女孩。梳得非常齐整的头发——当然是一头金色秀发——被清晨的微风吹到一旁。她坐在一块垫子上，这样就不用担心她美丽的衣服会被粗糙的木椅弄皱了。另一个场景中的圣母异常娇羞快乐，她在两个天使托着的王冠下羞怯地微笑着，有人可能会以为天使们手里托着的是新娘花冠（版画，1518年）。其他一些版画则展现出一种悲伤的情绪，例如在《圣母与梨树》（版画，1511年）中，圣子没有被漂亮的水果所吸引，而圣母则陷入沉思。在《树下的圣母》（版画，1513年）中，

圣母紧抱着圣子，好像生怕他会被人抢走。

丢勒的圣母画像很快就越过阿尔卑斯山脉，传到了意大利。那么意大利人是如何看待这些德国式圣母的呢？洛多维科·多尔切在他的专题论文中挑了丢勒的毛病，他认为让圣母穿上德式服装，让犹太人拥有德式面孔和德式发型是不应该的；他说必须考虑人物所代表的民族、他们的风俗习惯以及所处的历史时期。意大利文艺复兴理论家则认为丢勒的圣母画像虽然备受大众欢迎，但却不合时代的精神。丢勒的圣母画带给意大利人的感受，肯定或多或少有些像弗里茨·冯·乌德（Frirz von Uhde）画的耶稣基督带给我们的父辈的感受，弗里茨·冯·乌德习惯于将《圣经》主题理想化。让意大利人难以理解和极力回避的是圣母给圣子喂奶的那些画面，但在丢勒看来，这个场景正是最理想的母子关系的象征，因此常被他用来表现母子间的亲密。

《圣母的一生》系列作品的主题页

一幅名为《圣克里索斯托的忏悔》（约1497年）的铜版雕刻画为丢勒的另一类圣母画拉开了序幕，这幅铜版雕刻画的灵感可能源自柯贝尔格在1488年印刷的《圣徒受难记》。画中那位赤身裸体坐在岩石边上的女子，就是受到克里索斯托的引诱，此刻正在自食苦果的公主。当被安置在花园角落里的是圣母时，这类以普通人物造型为素材的版画立即被提升到了宗教层面（铜版雕刻，1503年）。画中的妇女正俯身坐着，这样可以让孩子舒舒服服地坐在自己腿上，而且正对着她的乳房，而她此刻正凝视着孩子的小脑袋。这是一幅纯粹以母爱为主题的版画，因为此时这个孩子还完全属于这位母亲；他还没有受到命运之神的指派上升到母亲的那种高度，或者得到上帝施予的恩赐，上升到比母亲还要高的高度。这个版本是"恬静"类画作中最美的；丢勒后来又修改过几次，并于1511年将其作为《圣母的一生》的标题页。最后，如果我们把丢勒版画中的圣母与类似的绘画作品进行对照，就会发现，丢勒还是在素描和版画方面造诣更深。尽管《圣母和金翅雀》（柏林，1506年）中将圣母的慈祥表现得淋漓尽致，但从总体上看，它和铜版雕刻《圣母与猴子》还是相差甚远。与自由素描《给圣子喂奶的圣母》（维也纳，1512年）相比，油画《维也纳圣母》则显得做作、不自然。

主题组画《圣母的一生》、《启示录》和《大受难》构成了一套奇妙的三部曲。《启示录》描绘的是一种与人力无关的、超自然的力量；《大受难》中的主导人物是遭受并战胜各种磨难的耶稣基督；而《圣母的一生》讲述的则是一个平凡女性的故事。继神秘主义崇拜之后，德国人开始了对圣母玛利亚的崇拜，而且非常富有热情和激情。从更高的层面来看，我们发现那其实是对最纯正的德国家庭生活的追寻。在教会的操控之下，当时的人们对圣母玛利亚的崇拜已经到了非常夸张的程度，丢勒也因此非常重视这个主题。为了将那个古老、神圣的《圣经》主题用贴近日常生活的诗意方式表达出来，丢勒特意在这样一部史诗性的作品中集中描绘了一位母亲的喜悦和忧伤。路德喜欢用一种直率的、孩子似的方式与宗教传说中的人物交谈，并把耶稣基督想象成一个正往约瑟的工作台上送食物的孩子，或是一个外出太久，正在被母亲询问都去了什么地方的孩子，在这一点上，丢勒和路德再次不谋而合。《圣母的一生》是一部非常受欢迎的木刻画册，许多民歌

第六章 ◎ 宗教题材作品

丢勒版画《圣母的一生》系列作品中的《逃往埃及》，作于1502—1505年

就蕴藏在这些绘画中，有些甚至在今天的德国人心中仍然有着不可磨灭的印象。例如，基督诞生的房间里那支欢快的女声合唱曲，其中有个妇女正举起一个巴伐利亚啤酒杯往嘴边送；玛利亚与约瑟的婚礼上，那段如管风琴序曲般曼妙的旋律；逃往埃及途中驻足歇息时，母亲哼给孩子听的小摇篮曲；还有弥漫在圣母玛利亚逝去的房间里的忧伤哀歌和低沉祈祷，以及竖琴伴奏下的天使合唱。回想一下丢勒的《圣母的一生》和《大受难》给我们的感观差异，要说哪种类型更适于发挥丢勒的才能——是画一幅恰到好处、易于理解的绘画，还是展现一段激荡人心、引人注目的故事？对此我们恐怕很难判断。因为丢勒在这两种情境中都能得心应手，并且总是能够找到合适的生活元素去填充主题。

129

在1638年的一次拍卖会上，伦勃朗购买了丢勒的《大受难》和九套《圣母的一生》。现在我们仍然能够在伦勃朗的阿姆斯特丹家中看到丢勒的《量度艺术教程》。这位伟大的荷兰画家自己也经常以"逃往埃及"、"牧羊人的崇拜"和"神殿上的引见"为主题创作素描、油画和蚀刻画。他的蚀刻画《洁净圣殿》中那个挥动鞭子的耶稣基督形象取自丢勒的《小受难》，他的蚀刻画《圣母往见》的灵感也源自丢勒的《圣母的一生》。

丢勒对描绘耶稣受难永不倦怠，他前后共倾力于五个版本的耶稣受难创作。其中实际出版的有三个版本（两个木刻版本和一个铜版雕刻版本）；对于第四个版本，也就是所谓的《绿色受难》，我们仅能找到他用钢笔画的草图；第五个版

丢勒版画《耶稣最后的日子：从十字架上放下来》，作于1513年

本，也就是计划中的另一套木刻《大受难》，丢勒已完成一幅版画《最后的晚餐》，这套木刻组画的另外三个场景——"背负十字架"、"在花园里苦恼"以及"埋葬耶稣"——都已经以素描形式存在。当然，也有许多外在因素促使丢勒一次又一次地去展现耶稣受难的故事。继《圣母的一生》之后，"耶稣受难"成为最受欢迎的主题，因为它向所有人展示了神是如何变成人，以及变成人的神是如何同人一样遭受磨难的。对丢勒来说，还有一个更具决定性的因素，那就是他坚信自己坚持不懈地展现耶稣基督的故事，展现他的忍耐和克制以及抗争和胜利，是非常正确的。我们不能简单地把丢勒看做是一位才华横溢的《新约全书》插图画家。我们必须超越美学价值，走进他的内心，把他看做一个受上帝委派的使者。他希冀通过将自己内心深处的幻象用一种上帝恩准的图像语言表达出来，并呈现在他自己和世人面前，从而使自己从良心的责难和心灵的伤痛中解脱出来。

配有拉丁诗文的木刻组画《大受难》由两个时期的作品组成。下面这些场景的绘画创作于《启示录》（1496—1498年）时期："遭受鞭打"、"你们看这个人"、"背负十字架"、"被钉十字架"，以及"哀悼和埋葬"。接下来的这些场景的绘画创作于1510年之后："狱中的耶稣"、"耶稣复活"、"出卖"、"最后的晚餐"，以及作为整套画册（1511年）标题页的"哀伤的人"。如果一位诗人以描述一段悲剧下笔，并不意味着他收笔时就写不出一部史诗。年轻时的丢勒喜欢驾驭感伤的元素。《启示录》中那些激荡人心的场景创作练就了丢勒的眼光和技巧，为他描绘"受难"系列作品中的戏剧性元素打下了坚实的基础。比较一下丢勒在1496—1498年和1510—1511年这两个时期创作的版画作品，我们会看到这样一个变化：受到意大利艺术影响的丢勒抛弃了之前人物形象过多的布局，并极力让整个画面充满生活气息。在丢勒的后期版画中，一些高大伟岸的人物形象占据了主导地位，耶稣基督本人也由哥特式的"哀伤的人"转变成了体格健壮的南方"英雄"形象。

由37幅版画组成的木刻组画《小受难》（1509—1511年）是丢勒"受难"系列作品中最详尽，同时也是戏剧性元素最少的作品。凭借自己高超的艺术识别力，丢勒在几个点上截断了原来的叙述流。例如，他在"最后的晚餐"和"在花园里苦恼"之间插入了"洗脚",在"背负十字架"和"被钉十字架"之间插入了"有耶稣像的布"。这个版本的耶稣受难故事以《旧约全书》的序幕部分作为开端,包括两幅版画:《亚当与夏娃》和《被逐出伊甸园的亚当与夏娃》。故事的结尾由八幅版画组成,内容从"耶稣复活"到"最后的审判",其中包括"基督的显现"、"耶稣升天"和"圣灵降临"等。

铜版组画《小受难》创作于1507—1513年,其中大部分版画在1512年之后成形。整套组画原本由15幅版画组成,可能是为了将其设计成16开版本,后来加入了一幅题为"圣彼得和圣约翰医治瘫痪病人(更确切地说,是麻风病人)"的版画。这套组画的故事从耶稣基督在橄榄园决定背负十字架开始,到耶稣复活结束。

在《登上宝座的圣母玛利亚》和《钟爱孩子的圣母玛利亚》中,我们仍看不出丢勒描绘的圣母有什么独特之处,但在德国式构思的《给圣子喂奶的圣母》中,我们一眼就能看出创作基调上的重大改变。丢勒在描绘耶稣基督上取得成功要归功于两个方面:第一,他通过自己独到的艺术加工,让"在花园里苦恼"成为整个耶稣受难故事中具有决定意义的时刻;第二,他创作的耶稣有着与众不同的面容,其中尤以各种版本的《有耶稣像的布》最具代表性,自此之后所有德国式构思的耶稣都是以此为蓝本。

几经犹豫,我们还是决定将少数几幅版画的重要性提到一个与大型祭坛画同等的高度,这可能会让很多人感到诧异,因为他们只是忙于探究教堂绘画形式的演变,而对研究丢勒艺术中的宗教观的演变过程毫无兴趣。"大型绘画"有其自身的地位和特殊的重要性。《玫瑰花环节的源起》(1506年)是德国画家给予意大利的艺术辉煌最好的赞美,同时也是年轻的纽伦堡画家用行动向威尼斯画派的领军人物乔凡尼·贝利尼表达的一份敬意。丢勒绘制《三圣一体的朝拜》(1511年)时已深谙罗马壁画的内在纪念性;他的这幅壁画就是德国版的拉斐尔的《圣礼的辩论》——二者风格各异,但价值相当。无论是描述圣母玛利亚和圣多明我将神秘的玫瑰花冠分交给马克西米利安一世和教皇朱利叶斯二世的《玫瑰花环节的源起》,还是展现查理大帝、三个国王、两位教皇、骑士、市民、农民以及《旧约》

和《新约》中的圣者等对三位一体的崇拜的《三圣一体的朝拜》，都是丢勒受人委托所作。丢勒的《在花园里苦恼》的素描画和版画则完全属于另一种类型，它们展现的是一种源于绝对自由意志的精神力量，这种精神力量能够将我们送往宗教改革的世界。丢勒游历荷兰期间非常关注宗教问题，并频频被它们所吸引，这段时间也正是丢勒致力于他最成熟的"橄榄园"绘画的时期。

带着"花园里的苦恼"，耶稣基督踏上"十字苦路"。他的内心挣扎是他的殉难命运的前奏。待在客西马尼花园的那一刻是他最脆弱的时刻，同时又是他最坚强的时刻。待在橄榄园的时刻是他最感孤独的时刻，甚至后来被钉到十字架上时，他也没感到这么孤独。就在门徒们睡觉的时候，耶稣看护着他们，并且取得了最大的胜利，他战胜了自己。

四福音书的作者马太、马可、路加和约翰对于耶稣基督在客西马尼花园祷告的描述不尽相同，那次祈祷既不是一次祈愿，也不是一次礼拜或感恩行为，而是与上帝之间的一场艰难博弈。最后的晚餐过后，耶稣和他的门徒（圣路加说是11个门徒；而圣马太和圣马可只提到3个：彼得，詹姆斯和约翰）出了耶路撒冷城，来到橄榄山脚下的一座花园。这座花园名为"客西马尼"，意思是"榨油"。圣马太描述了耶稣是如何仰卧下来，然后开始祈祷的，耶稣说："噢，我父啊，倘若可行，你就让这杯子离开我。然而不要照我的意思，而只照你的意思。"圣马可向我们讲述了耶稣是如何进入那种痛心和悲伤的境地的，他还描述了耶稣如何对他的门徒们说："今我心伤，胜于我亡。"在圣路加的叙述中，耶稣是跪在地上祈祷的，当时还有一位天使在身旁激励他；而且因为当时内心极度痛苦，他祈祷时更为诚挚和坚定，他的汗珠如同血滴一般滴落到地上。

这样一个充满诚挚情感的令人感动的悲惨场景，对于晚期古代社会没有任何吸引力，因此"在花园里苦恼"没有出现在表现耶稣受难的石棺上。这个场景的精神内涵，例如对耶稣在祈祷过程中内心挣扎的展现，直到公元6世纪下半叶才为人所理解，并通过艺术的形式得以展现。

1498—1524年间，丢勒不断通过素描、木版画、铜版雕刻等形式来展现耶稣基督的这个插曲，对他来说，这似乎就是一种自由的象征，同时也是基督精神胜利的象征。四福音书的作者们所描绘的耶稣基督的跪姿和动作在丢勒的作品中都得以展现，跪着和仰卧着的耶稣形象都能见到。

丢勒最早的《在花园里苦恼》版本出自木刻组画《大受难》，创作于《启示录》时期，向我们展示了一个正用双手阻挡悲痛之杯的耶稣。人性的脆弱、恐惧的强大在此一览无余。伴随着其早期绘画中那股极具特色的穿透力，丢勒描绘出了耶稣在下定决心之前犹豫不决的面部表情。在与这套木刻组画对应的铜版组画《受难》中，我们能见到一幅表现得更为淋漓尽致的《在花园里苦恼》。跪地的耶稣绝望地伸开双臂，苦恼不堪地请求上帝的帮助；祈祷变成了一种呼唤。此时耶稣的汗珠如同血滴一般滴落到地上。

我们在木刻组画《小受难》中看到的耶稣完全是另一种风格——那是一幅侧面像，一个沉默的受难者。那一缕缕"悲惨"垂落的头发，交叠在一起抬至额头的双手，我们能从中感受到这位全神贯注于无声祈祷的祈祷者服从了上帝的意愿，并准备接受天使呈现给他的十字架。但这并不是丢勒最后一个版本的《在花园里苦恼》。1515年，他在铁版上蚀刻了《在花园里苦恼》。画中正在祈祷的耶稣用极为悲伤的语调说："今我心伤，胜于我亡。"迟疑了一下，他正要合起的双手摆出了一个奇怪的手势。从耶稣的眼睛里，我们能看到一种对未来痛苦命运的惊愕。画中的耶稣形象是直立的，但作为背景的橄榄树的枝条却是弯曲的，仿佛正处于极大的苦恼和悲痛中。

在第二组表现"在花园里苦恼"的绘画中，耶稣是以仰卧的姿势出现的。早在1509年，丢勒就为《小受难》创作了一幅后来并未采用的木刻画，画中耶稣伸开双臂躺在地上，成十字架状。在1521年的一幅耶稣以仰卧姿势出现的图画中（法兰克福），我们再次看到这个古老的姿态，但此时它已充满新意。和在铁版上蚀刻的《在花园里苦恼》一样，在这幅画中，大自然也被用来衬托人物形象；花园里的景象似乎是人物心理活动的真实映照。同样是伸开双臂成十字架状躺着的姿势，在这里却被赋予了更多含义，体现了仰卧的人对其深爱的大地的深深眷恋和不舍。而树间飘浮的层层迷雾，犹如阴沉的灰白棺罩一般，盖在仰卧着的人物身上。

丢勒在对《在花园里苦恼》进行艺术加工时，展现了怎样的个性元素？在福音故事中，他看到一个为了完成上帝交给的使命，毫无怨言地承受苦难、蔑视、嘲笑、甚至死亡的真实英雄。从这个角度上说，整个"耶稣受难"系列向我们展现了一种新的、更深层次的意义；它没有停留于向我们讲述一个受苦受难和殉教的故事，而是将其转变成一场展现人物内心冲突的悲剧。这种转变源自丢勒的宗教观和他对于人存在的最终目的的认识——包括他自己存在的最终目的。丢勒永远都不会对自己感到满意，就像他永远无法摆脱他是"被点到"的人，他以后要在上帝的宝座前对自己的作品负责。他应该会同意易卜生的这句话，创造就是让"最后审判日"一直出现在人们眼前。

丢勒作品中的宗教元素发展的历史向我们再现了人类宗教体验的演变过程。一切宗教信仰都源自人们对自然力的敬畏，丢勒的第一套宗教专辑《启示录》就诞生于人们对世界末日和末日审判即将到来的普遍恐慌之时。橄榄山上的场景象征着为完成英雄使命，个人自主意志最终战胜了人性恐惧，这也标志着丢勒宗教绘画专辑的终结。丢勒对宗教问题的最后论述——油画《四使徒》——是他忠于信仰的声明。这两种分别由幻象和路德教的自主信仰衍生出的截然不同的虔诚态度涵盖了丢勒的宗教感情和宗教艺术。

凭借各式各样的耶稣画像，丢勒在耶稣形象描绘史上占有一席之地。但丢勒构思的耶稣形象对德国人想象中的耶稣面容的影响，不及他的《月牙上的圣母玛利亚》对惯常的圣母构思的影响。对耶稣面容的构思源自《圣维罗尼卡的手帕》（"有耶稣像的布"）。无论是木刻画《受难》还是版画《小受难》，都向我们展现了"有耶稣像的布"这一奇迹的来历。当背负着沉重十字架的耶稣将汗流满面的脸转向手中早已备好一块布的圣女维罗尼卡时，他的面容就奇迹般地印到这块布上了。在木刻组画《小受难》紧接这段插曲的地方，丢勒插入了一幅展现圣女维罗尼卡的版画（1510年），她双手捧着那块印有耶稣面容的布，站在圣彼得和圣保罗之间。在1516年的一幅铁版蚀刻画中，那块印有耶稣面容的布被一位天使带往天国。我们从丢勒的日记中得知，他在去往荷兰的旅途中再次投身于这个主题，他曾写道："我创作了一幅很棒的维罗尼卡面容油画；它比之前那幅更好。"

《圣维罗尼卡的手帕》,《小受难》作品之一

丢勒所说的"维罗尼卡面容"指的是有耶稣像的布,就如同他把那幅1513年创作的著名版画《有耶稣像的布和两位天使》称为"维罗尼卡面容"一样。在这幅版画中,丢勒融会了他对耶稣面容的所有构想。他创造的这个北欧耶稣与莱昂纳多·达·芬奇在《最后的晚餐》中展现的那个最理想的南欧耶稣形成了鲜明对比。意大利人描绘的是一个精神上的受难者,他手中传达出来的信息比嘴中传递出来的多;德国人向我们展现的则是一个人的面容,脸上闪耀着一股骑士精神——"超群的胆识"、"高尚的情感"和"自由的灵魂",而且拥有王者的目光——充满热情和尊严。

回过头再次欣赏丢勒的宗教作品,我们会发现,丢勒身上既有拉斐尔的平静

第六章 ◎ 宗教题材作品

和谐，又有莱昂纳多·达·芬奇略带忧愁的甜美。同格吕内瓦尔德的那些带有超强感情色彩的人物形象相比，丢勒创造的人物形象似乎距离米开朗基罗那些具有"威严骇人"特质的人物形象相去甚远。丢勒不像众多文艺复兴时期的艺术家——让精神献身于形式，也不像众多哥特式艺术家——为了释放心灵而宁可将形式撕成碎片。丢勒的形式是一种充满感情的形式，既不是上天赐予的礼物，也不是从意大利抄袭来的形式，而是在欧洲北部土壤上经过悉心照料和痛苦挣扎之后结出的果实，丢勒付出的每一份艰辛都在其中留下了深深的印记。

丢勒铜版画《小受难》系列作品之一《在地狱边缘的耶稣》，创作于1512年

丢勒作品《希罗尼穆斯·霍尔茨舒赫肖像》(*Portrait of Hieronymus Holzschuher*),作于1526年

第七章

肖像画

"绘画艺术能够让一个逝去之人的形象得以留存",这是丢勒1512年在撰写一篇阐述肖像画艺术的任务和特殊作用的绘画专题论文时,在草稿中写下的话。这条自古公认的常识在古代和中世纪的纪念雕塑上得到了不折不扣的体现。丢勒用一种新的形式使我们想起意大利理论家莱昂·巴蒂斯塔·阿尔伯蒂所说的"绘画能让一个逝去已久的人的形象长期得以存活"。在相貌中展现他们身后的声名和嗜好是文艺复兴时期肖像画的典型特征。例如教皇朱利叶斯二世,又如提前给自己安排纪念像的马克西米利安一世就曾声称:"那些一生中未曾创下不朽功绩的人死后不应有纪念像,这种人在丧钟响过后就会被人们遗忘。"画家和雕刻家掌管着通往名望之门的钥匙,能为人们竖起纪念像,对此他们了然于心。丢勒对此更是有着极为深切的了解;他非常自豪地在一幅巨大的木刻画上刻下朋友乌尔里克·瓦恩比乐的肖像,因为丢勒想为自己喜爱的人的子孙后代留下他的容貌。

丢勒水彩画《马克西米利安皇帝》，作于1518年

　　肖像画满足了一种长期存在的人性需求，有时这种需求能够占上风，有时则屈从于美感和理想主义。它属于美术的一个分支，为人类做出了实实在在的贡献。这也正是丢勒对肖像画的理解，而且他一生都钟情于肖像画。受人委托绘制肖像画不可避免地会占用丢勒的一部分时间，但同时也是他与其他人进行联系的一个纽带。丢勒喜欢画自画像，也喜欢为朋友们绘制画像。有时是为了表达敬意和爱意，有时是为了纪念他遇见的人，有时则纯粹是因为他对一些特征鲜明的人感兴趣。丢勒可以通过绘制肖像画获得酬劳，或将其作为礼物，或用以报答他人的恩惠，或作为心理研究的对象。丢勒在其生命的各个时期都不断接到绘制肖像画的委托。他留传下来的最早的艺术作品是他本人的一幅自画像，而且肖像画是他晚年最杰出的作品类型之一。有时，比如在游历意大利和荷兰期间，丢勒能一幅接连一幅地快速创作肖像画；而在另外一些时候，则不那么轻松畅快。青年时期，丢勒的艺术抱负远远超出肖像画的范畴，他梦想的翅膀直入宏伟壮丽的生动故事或是意义深远的图像诗。步入成熟期后，丢勒从激情荡漾、充满危险的想象巅峰中抽出身来，重新回到朴素直观但更为安全可靠的肖像画领域，这样他的艺

第七章 ◎ 肖像画

术天赋也就被限定在了这类绘画中。丢勒在1525年或是1526年前后一定与梅兰希顿（Melanchthon）讨论过这些问题，当时丢勒还创作了一幅神情欢快的梅兰希顿肖像画。1547年，梅兰希顿在写给安哈尔特的乔治的信中写道："我还记得那位有着不同寻常的精神气概的阿尔布莱希特·丢勒大师是如何对我说的。他说年轻时候的自己喜欢人物众多、色彩鲜亮的画面，而且在凝视自己的作品时对作品的多样性和富于变化尤为满意；但上了年纪后，他开始凝视自然并照着它的本来面目进行模仿，而且他认为这种简单朴实才是最高层次的艺术修饰。"

丢勒一生创作了数百幅肖像画，包括素描、铜版蚀刻画和油画。独自游历荷兰期间（1520—1521年），丢勒创作了大约120幅肖像画。其中有些较为私人化，例如他的自画像和他家人的画像，有些是为他的赞助人和老主顾的家人绘制的，当然还有为数不多的画像画的是能够吸引丢勒的目光的人。丢勒一些最杰出的肖像画都被摆放在他的作品的最前端。16世纪初期，人们最强烈的兴趣集中在政治、宗教、科学和艺术领域的领军人物身上，这个时期以木刻画或版画形式出现的肖像画无疑最有机会获得成功。

丢勒在造访低地国家时所画的两个旅行的纽伦堡人的肖像

丢勒粉笔素描《圣阿波罗妮亚》,作于1521年

艺术史学家现在是否正专注于弄清丢勒作为一名肖像画家的"发展历程"?他们是否已经注意到丢勒一生所创作的肖像画在构思和形式上的种种变化?答案当然是肯定的。丢勒自从13岁为自己画过一张自画像之后,没有就此停滞不前、原地踏步。他逐步成长为一名成熟老到的肖像画家,一名用充满睿智和仁慈的目光来审视被画人的肖像画家。而且,我们感觉就在丢勒成熟起来的同时,和他同处那个混乱不安的年代的人也都成熟起来了。成年丢勒的肖像画画的似乎是完全不同的人,然而实际上他们仍是他年轻时期熟知的那些人。不过,存留下来的东西远比发生改变的东西更为重要,在丢勒的肖像画艺术史中,那些恒久不变的元素比风格上的某些改变更为重要。

丢勒为自己的德国同胞描绘的众多肖像画体现了他对德国特色的肯定,它们是德国民族美术馆中让德国人备感自豪的艺术。在这个虚拟的美术馆中,我们能见到亚当和来自班贝格的骑士,能见到来自马格德堡的骑士雕像,来自瑙姆堡的

第七章 ◎ 肖像画

创始人画像,以及克拉纳赫画的路德,荷尔拜因画的阿默巴赫,施吕特尔画的大选帝侯,菲利普·奥托·朗格画的父母亲,雷特尔画的母亲,莱布尔画的巴伦·佩法尔,门采尔画的腓特烈大帝和伦巴赫画的俾斯麦等等。

说到肖像画的画法,每种工具和材料丢勒都用过:银尖笔和钢笔,油画刷和水彩、炭笔、粉笔,直接画法和混合画法,例如将绘制在彩纸上的带有淡彩的毛笔画用白色粉笔提亮。当然,技法的类型与艺术作品是否优良并无联系。例如,与油画肖像画相比,木刻画瓦恩比乐,版画梅兰希顿,以及素描马克西米利安一世同样出色。很多素描都是为油画创作而准备的习作,其他的则是独立存在的作品。有些肖像画可能是丢勒计划用来制作圆形浮雕的,例如银尖笔的巴列丁奈特统治者弗雷德里克画像(1522年),以及1527年创作的一幅华美的乌尔里克·斯塔克(Ulrich Starck)画像。

丢勒银尖笔素描《选帝侯智者弗雷德里克》(The Elector Frederick The Wise),作于1522—1523年

丢勒在肖像画相关问题上没有留下任何理论说明和主张,但他的一幅画在一定程度弥补了这个缺失,那就是他最为奇特、同时也是受欢迎程度最低的绘画作品之一 ——《医生群中的耶稣》(1506年,罗马巴贝里尼美术品陈列室)。这幅画创作于丢勒第二次威尼斯之旅期间,丢勒本人对该画的评价很高,他说:"我以前从未画过这样的画",实际上他后来也没有再画过这样的画。这幅画非常有意思,不仅因为它是"在五天内完成的",还因为它是丢勒在意大利停留期间学习相面术和手语的直接成果。原本丢勒可能是打算将它送给乔凡尼·贝利尼的。丢勒在意大利北部学过手语,意大利人充分展现了这种语言的生动性,使它成为口语的极好补充。丢勒对莱昂纳多·达·芬奇的面相实验似乎也知晓一些。他在1513年后画的两幅画像就涉及了面相的研究,其中一幅画的是十个男性头部左侧面前后依次排列,另一幅画的是四个。在这些画像中,画家似乎都

丢勒作品《医生群中的耶稣》,作于1506年

第七章 ◎ 肖像画

丢勒作品《多面相》,作于1513年

在努力通过修改前额、鼻子和下巴等部位,将正常的头部变成不正常、不自然的状态。这种画作不属于"讽刺漫画",而是一种实验,是丢勒在模仿和面相方面所做的尝试。

　　丢勒在《人体比例研究》第三卷再次回到面相问题上,他认为只有知道"畸形"的人是什么样,才有可能创作出正常俊美的人。他在其中详细阐述了所有可能出现的鼻子、嘴和下巴的形状:"有些人的鼻子比较长,向外突出,呈大弯钩状;而有些人的鼻子则比较短小、紧实,像是被重重地压在两眼之间。有些人的眼睛细小而深邃;有些人的眼睛却又大又圆。有些人会眯缝着眼,下眼睑比上眼睑还要抬得高;有的人却会把眼睛张得大大的,呈圆形,因此整个瞳孔都露在外面。有些人的眉毛高高扬起;有些人的眉毛则平躺在上眼皮上。有些人眉毛稀疏;有些人却眉毛浓密。"丢勒的德累斯顿素描册里就有许多具备这些头部特征的人。丢勒的《人体比例研究》旨在展示一名经验丰富的艺术家如何通过"移动"结构线来使人物面容得以改变,以及存在各种可能性的艺术形态如何潜藏于艺术的两极之中——"畸形状态移除得越彻底,留存下来的美就越多"。存于罗马的《医生群中的耶稣》中的医生就像是从某本人头像集中抽取出来的,但此画的焦点是那四只连在一起的手,是能够激起意大利人赞美之情的手语。提香的《贡金》就着力刻画了"法利赛人粗糙不平的手与耶稣基督纤细优雅的手"之间鲜明的对比,似乎是丢勒画作的一个回音。也许《医生群中的耶稣》算不上是多么伟大的艺术作品,但它至少具有一个非常巧妙的艺术构思。

透过眼和手这两面镜子,肖像画家能够洞察被画者的心灵。在丢勒的肖像画中,手以其千变万化的姿势在展现被画者的性格方面起着非常重要的作用。丢勒画的手保留了晚期哥特式风格的痕迹,手指纤细修长、动作优雅,甚至当画面的其他部分都已融入文艺复兴时期所主张的艺术形式时,他画的手依然保持着原来的风格。因此在同一幅画的同一个人物身上,我们能够看到奇特的风格差异。例如,在一幅存于慕尼黑的自画像中,与平静庄严的正面表情相配的是一只非常显眼的、灵巧的手。练习手部绘画是丢勒为创作类似《玫瑰花环节的源起》等大型

丢勒同时代的德国著名画家小汉斯·荷尔拜因的自画像,作于 1542—1543 年

第七章 ◎ 肖像画

丢勒为埃尔斯贝思·塔奇尔（Elsbeth Tucher）创作的肖像画，作于1499年

祭坛画所做的准备工作中极为重要的一环。丢勒肖像画中画的很多手都正拿着某件东西，比如一串念珠或一本玫瑰经（丢勒父亲的肖像画，1490年）或是一枝花（丢勒自画像，1493年）。有些画里的手是静态的，一只叠放在另一只上面（《智者弗雷德里克》，1495—1500年；《自画像》，1498年）；有些正紧握着某件东西，比如皮大衣的翻领（《奥斯沃尔特·克雷尔》，1499年；《自画像》，1500年）；而鹿特丹伊拉斯谟的手则正执笔写东西。丢勒旅居佛兰德斯期间所画的三幅肖像画中，如果手部只露出一部分，那可能是受了佛兰德斯肖像画传统画法的影响，这同意大利人习惯在头部的一侧加上一瞥风景一样（《自画像》，1498年；《奥斯沃尔特·克雷尔》，1499年；为汉斯、费利西塔丝及埃尔斯贝思·塔奇尔所作的一些画像，1499年）。

当丢勒要描绘的对象的特征非常鲜明时，他会放弃装点和刻画画面的其他部分，反而选取简单的浅色背景，这样观者的视线就会牢牢锁定在被画者身上。宁静的背景、没有附加物的画面与丢勒的精神表现模式极为贴合。在肖像画艺术方

147

丢勒粉笔画《乌尔里克·斯塔克》,作于1527年

面,丢勒绝对不属于印象派。他不喜欢描绘人物瞬间的精神状况;不论人物当时的面部表情是喜是忧,是平静还是因愤怒而乌云密布,他关注的是能够在观者心里留下持久印象的人物构造和其他决定性元素。只有在"私人"肖像画中(埃尔兰根的自画像以及他为病中的母亲作的一幅画像),他才会撕开掩盖在心灵最深处的面纱——就像他在日记中让自己的真情实感如同地下火山熔岩一般突然喷涌而出。在画给他人观看的肖像画中,他会赋予被画者自信和自制,强调"他们的坚实和刚毅,他们内在的力量和持久性"。如果拿丢勒和荷尔拜因的肖像画进行比较,我们会发现丢勒的肖像画更有心灵深度,而荷尔拜因的肖像画更接近生活。丢勒放进肖像画里的灵魂是他自己的灵魂;他将自己的力量灌输给了他们,透过他们的眼睛我们能看到丢勒纯洁的心灵。与科学理性、善于沉着自若地记录眼睛所见的荷尔拜因相比,丢勒给予了描绘对象更多自己的血液。丢勒的肖像画中有他个人力量的延伸,但这同时也是一种限制。

第七章 ◎ 肖像画

肖像画是纪实性的人类证物，正是在这个角度上，与美术的其他分支相比，肖像画更值得我们从人的立场上来进行探讨和研究，也就是说，那些被画者、订购者、委托者和肖像画的接受者都非常值得一提。

从丢勒的肖像画目录中，我们能看出他常画的是哪些人，他的交往圈子有多广，他交往的是一些什么类型的人，以及为什么在其生命的某些特定时期会有一些有趣的人围绕在他身边，而其他一些时候他则长年处于寂静和孤独中。丢勒曾在下面三个大城市做过肖像画家：纽伦堡、威尼斯和安特卫普。这三个城市在当时都是政治、商业、宗教和艺术中心。纽伦堡，用一个存心不良的威尼斯人的话说，是德国唯一一座还有一只眼睛的城市，其他的城市全都是瞎子——以世界性的视角来看，在这些地方能见到的只有一些陈旧的德国本土元素。甚至到今天，纽伦堡仍是展现德国错综复杂的多边历史的一面镜子。几百年来，它都是德国四个最优秀的族群的会场，他们是法兰哥尼亚人、巴伐利亚人、斯瓦比亚人和撒克逊人。佛兰德斯和意大利的空气都被吹到了纽伦堡的屋顶。威尼斯是通往东方的入口，东方的事物就是通过这里络绎不绝涌入西方，涌入的可不光是商品和人，还有艺术潮流。安特卫普是经营丝绸和东印度群岛香料贸易的中心。意大利代理商、葡萄牙代理人、勃艮第政治家、佛兰德斯艺术家，以及犹太人和基督教徒全都汇集于此，共同构成了一个五颜六色的小社会，丢勒也加入了这个圈子。丢勒没有成为某一特定阶层——比如贵族阶层——特别钟爱的肖像画家；他的绘画对象随处可见，从矿主到德国君主，涵盖各种身份、职业和阶层。而且我们发现，丢勒的肖像画中不仅有德国人，还有荷兰人、葡萄牙人、意大利人和英国人，甚至还有一个男性黑人和一个女性黑人。

丢勒的很多著名宗教作品当中也充满了人物画像，比如《玫瑰花环节的源起》和《三圣一体的朝拜》。画中"旁观者画像"的独特之处在于他们同时是各个阶层和职业的典型代表。他们原本都是有名有姓的俗世中人，但却被绘入了超凡脱俗的艺术作品中。在《玫瑰花环节的源起》中，以教皇和君主为首，所有人都表现出对圣母、圣婴，以及玫瑰花冠祭礼的创立者圣多明我的敬意，从他们三人手中，这些虔诚的人类代表获得了以玫瑰花冠为象征的玫瑰祝福。通过研究档

丢勒创作的无名黑人男子画像，作于1508年

案资料和图像材料，冈贝尔已经成功确认了部分人物形象的身份。其中最容易辨认的是这三个人：由圣母亲自为其戴上玫瑰花冠的马克西米利安一世，由仍是婴儿的耶稣探身为其戴上花冠的教皇朱利叶斯二世，以及从圣多明我的手中获得玫瑰花冠的威尼斯格里马尼枢机主教。教会亲王和世俗掌权者旁边的人物都取自现实生活。冈贝尔认出站在跪地的教皇身后那群人中身着紫色长袍、头顶黑帽者是富有的雅各布·富格尔，了不起的富格尔家族的头面人物。他是奥格斯堡著名的大商业银行公司以及著名的"富格之家"福利机构的创始人。在丢勒1520年前后为他画的另一幅画像中，他脸上布满深深的皱纹，面容冷静而机敏（慕尼黑旧绘画陈列馆；可能是原作的一幅摹本）。富格尔家族的另一位成员，雅各布的哥哥乌尔里克正跪在画面的另一侧，他身着淡蓝斗篷，头顶黑帽，跪在马克西米利安一世身后。他旁边的那名妇女被认为是他的妻子维罗尼卡。那个表情庄严、神情极为虔诚的武士也和富格尔家族有关系，名叫里特·菲利普·冯·斯坦·祖·

第七章 ◎ 肖像画

杰亭根,是乌尔里克的二女儿乌苏拉的丈夫。作为居住在威尼斯的德国侨民领袖,富格尔家族成员依据当时的惯例,可以要求德国画家在为德国侨民的教堂创作的祭坛画中为他们预留一块突出的地方。凭借捐资修建大楼、开展四通八达的银行业务和提供战争贷款,这个家族当时已经是世界舞台上的重要角色,而且依靠最有价值的商业垄断和巨大的财富,开始在世俗政治和宗教政治中发挥越来越重大的作用。1514年,雅各布·富格尔为丢勒的赞助人——勃兰登堡的阿尔布莱希特枢机主教——提供了一笔总额为2.1万达克特的贷款,以助他登上美因兹大主教之位。偿还这笔贷款的方式就是准许富格尔家族参与免罪符买卖——由富格尔家族的一位代理人和免罪符销售商泰泽尔一起销售并掌管免罪符保险箱的钥匙。没有富格尔家族有力的资金支持,查理五世永远不可能战胜弗朗索瓦一世而成为帝国皇帝。1505年,富格尔家族在安特卫普设立了一家代理处;游历荷兰期间,丢勒常去安特卫普的德国代理商协会,还给斯特克和哈莫尔特家族成员画了速写。

《玫瑰花环节的源起》中还有一位孤独的知识代表,他和艺术家丢勒一同站在远景处。他是奥格斯堡的人文学者康拉德·波伊廷格——一位兴趣广泛、才华横溢的文艺复兴名人。他经过商,曾从意大利前往奥格斯堡的公司发送海外事务记录,他和韦尔瑟家族有亲戚关系。波伊廷格是个才思敏捷的人,翻译过意大利和葡萄牙的航海家的著作。因为涉猎广泛,他曾为马克西米利安一世提供100个著名女性的名字,供马克西米利安一世为他的枪命名。丢勒很清楚自己创造的是一幅可以在意大利土地上充分展现德国人技艺和技巧的作品。丢勒自己也在这次集会中露面,还在普通人的行列中加入了奥格斯堡建筑师希罗尼穆斯,借此向这位为威尼斯的德国侨民建造教堂的德国艺术家表达敬意。丢勒还专门为他画了一幅肖像画《建筑师的肖像》,这幅画不仅属于个人肖像画,同时也是一幅用来展示不同类型的人物的肖像画。画中这位手拿三角板的奥格斯堡建筑师完全是一副刚被人从绘图台前叫走的模样:头发凌乱,因为仍在想着工作,眼神涣散,他的神情告诉我们他正被某事困扰着。丢勒再也没有如此成功、如此生动传神地描绘过人物深思时心神不定的神情。

丢勒作品《建筑师的肖像》，作于1506年

　　同《玫瑰花环节的源起》相比，了解《三圣一体的朝拜》中那些和纽伦堡大家族有关的人物显得尤为必要。因为在一些没有经验的观者看来，他们仅仅代表了不同社会阶层的几种人物——骑士和市民，农夫和僧侣，丈夫和妻子。不过，冈贝尔已经成功解读了这幅画。左右两侧都是兰多尔和哈勒家族的成员。此画的捐赠者马图斯·兰多尔手里拿着一顶帽子，谦恭地向三位一体靠近。对神圣仪式更为熟悉的枢机主教好像正在鼓励那位年老的市民"靠近一点，争取升到更高的层面"。和我们通常所知的不太一样，兰多尔不是普通的铜铸工，他其实是图林根一家冶炼厂的所有人。1501年，他和伊拉斯谟·施尔德克罗特一起在纽伦堡创办了"十二兄弟之家"——一所为12位老人修建的慈善院。1511年，他委托丢勒为一所被称为"兰多尔修道院"的小礼拜堂绘制了《三圣一体的朝拜》这幅祭坛画。兰多尔的后面是一位修士打扮的人——他是兰多尔的父亲马库斯·兰多尔，于1468年去世。站在兰多尔对面的是他的女婿——骑士威廉·哈勒。我们可以大胆推测其他的家庭成员，比如母亲、姐妹、侄女或外甥女等都有可能出现在画作的女性肖像中。通过进行与画面相关的地方性调查和家族史研究，我们得到

第七章 ◎ 肖像画

的绝不仅仅是好奇心的满足。有些细节看起来似乎微不足道，却有助于我们透彻地了解丢勒在家乡生活和交往的人际圈子。我们能找到一幅建筑师希罗尼穆斯的头部习作和一幅老兰多尔的头部粉笔画习作。用"习作"也许有用词不当之嫌，和深思中的希罗尼穆斯一样，老兰多尔粉笔画展现的也是人物沉浸于某种思维的瞬间——老兰多尔沉浸在朝拜中，聚精会神地凝望上空，"看见天国展开了"。

　　I.D.英格雷斯曾说，但凡好的肖像画都带有一点夸张手法。他的意思是对于

1585年，神圣罗马皇帝鲁道夫二世（Rudolf II）买下了丢勒的作品《三圣一体的朝拜》后，做了一个精美的雕刻木制框架，挂在了祭坛的墙壁上。

153

刻画表情非常重要的关键性精神特征必须得到强化,以便使得没有经验的观者也能看明白。丢勒的肖像画在最高程度上具备了这种特质,总能给人留下深刻的印象。荷尔拜因没有哪幅人物画像获得过和丢勒的霍尔茨舒赫肖像画同等的世界性声誉。作为一名人物诠释者和肖像画家,丢勒不用任何折中办法处理描绘的对象。如果要描绘的是一个力量充沛的人,丢勒会给他充足的能量,直到几乎没有任何拉伸的可能;如果被画的对象是一个性格内向的人,丢勒会给他配上无法逾越的矜持线。如果要描绘的是一个在社会生活中占据要职的人,丢勒会赋予他足够的尊贵,以至于我们不会去想这种尊贵姿态是否真地就是大人物的标志。这也就解释了为什么面对丢勒的肖像画时,我们会觉得自己不仅看到了众多不同性格气质的人,而且看到的人正是各种性格气质的典型代表。所谓"急躁型肖像"并不是一群愤怒的人的组合,而是一群具有与愤怒的外部特征类似的某种性格特征的人的集合,例如严肃、焦躁或较强的侵略性。

将这类肖像画汇集起来,就构成了丢勒肖像画的第一大类,它不是丢勒在某一段时间创作的作品,而是包括从1499—1526年间连续不断地创作的作品,其

左图:丢勒为费利西塔丝·塔奇尔(Felicitas Tucher)所作的画像,作于1499年
右图:丢勒为汉斯·塔奇尔(Hans Tucher)所作的画像,作于1499年

第七章 ◎ 肖像画

丢勒作品《奥斯沃尔特·克雷尔》(Oswalt Krell)，作于1499年

中既有早期作品，也有晚期作品。在给魏玛的汉斯·塔奇尔和费利西塔丝·塔奇尔画的两幅肖像画（1499年）中，丢勒肖像作品中极为鲜明的紧张和直率氛围已初露端倪。在《奥斯沃尔特·克雷尔》肖像画（慕尼黑）中，通过人物身体角度与眼睛扫视方向之间的对比，这种表达得到了异常生动的强化。我们感觉丢勒在描绘被画对象时，捕捉的不是他们的日常状态，而是人物的每一根神经都绷紧、每一分精神力量都被调动起来、每种习惯性伪装都被卸下的那一刻的神情。画中的奥斯沃尔特·克雷尔（1499年）透出一种猛然扑向猎物的猎鹰般的目光，这副神态和丢勒本人有些相似。克雷尔也属于内心充满激情的那类人。海因茨·布朗尼已经证明克雷尔并不是那个众所周知的纽伦堡家族的成员，而是来自康斯坦茨湖的林道岛，出身斯瓦比亚家族。克雷尔手中握有重大经济权；他是拉文斯堡公司的一名代理商，掌管着意大利和德国西部之间很大一部分贸易。

肖像素描比着色的肖像画具备更多的夸张元素。着色的肖像画中的色彩有保持画面平衡的作用，而素描则迫使画家必须用最简单且最富想象力的线条来勾勒

155

丢勒作品《无名男人画像》，作于1524年

被画对象。1505—1515年间，丢勒用铅笔记录了许多特征鲜明、引人注目的人物。例如粉笔画《戴着帽子的丑陋男人》（1505年）；长着鹰钩鼻子的康拉德·维凯尔（1508年）——丢勒灵感迸发、采用炭笔绘画的显著例子，向人们展现了一个像是径直从莎士比亚喜剧中走出来的"人物"。丢勒用类似漫画的线条勾勒的老兰多尔素描习作，不由得让我们想起丢勒1514年为母亲创作的那幅肖像素描。

接下来是丢勒的著名肖像画作，一直以来，丢勒肖像画家的名声就是仰仗它们树立起来的。首先要说的是一幅创作于1524年、现存马德里的无名肖像画，人们对被画者的身份有诸多推测。这幅画最初被认为绘制于1521年，那时，人们普遍认为画中那位黑色小眼睛中闪着动怒的目光、手中握着一个羊皮纸卷的人是老H.英霍夫或是丢勒在安特卫普时的房东乔斯·普兰克维尔特。格利克是第一个证明这幅画绘制于1524年的人，他认为该画描绘的是司库洛伦茨·斯塔克。最早、同时也是最新的观点（最初由伍斯特曼提出，新近由温克勒再次提出）认为画的是皮尔克海默。丢勒从佛兰德斯为皮尔克海默带回过一顶"大帽子"，配上标志着学者身份的羊皮纸卷，以及容貌上的某些相似之处，他们因此认为这个一脸愤

第七章 ◎ 肖像画

丢勒作品《雅各布·穆费尔》(Jacob Muffel)，作于1526年

怒的人就是纽伦堡那位急躁的人文学者皮尔克海默。不过我认为这些理由不足以让人信服。丢勒有两位议员朋友——霍尔茨舒赫和穆费尔——也收到了丢勒从佛兰德斯带回的礼物，丢勒送给前者的是一个"非常大的角"，送给后者的是一条深红围巾。他们的肖像画（1526年）总是会被人们同时提及（最终也真被柏林同一家博物馆收藏）。他们的典型性格差异在画中清晰可见。丢勒有意创造了一种最大的差异，当然他也如愿以偿地将人物精神展现到了极致。霍尔茨舒赫看起来非常机警，从他眼角射出的锐利一瞥，让人感觉他已做好立刻做出反应的准备；垂在他前额的一绺绺固执的头发表明了他"急躁的"脾气。丢勒比其他任何肖像画家都更喜欢通过头发来表现人物。对此，你只需想想他在《玫瑰花环节的源起》中描画的希罗尼穆斯的头部，或是他自己的慕尼黑自画像中令人过目难忘的长发就知道了。与急躁的霍尔茨舒赫相比，雅各布·穆费尔似乎冷淡而缄默，容貌特征鲜明（例如鼻子），似乎还没有完全从日常的琐碎中解脱出来。看到他紧闭的双唇，我们能期待的只是三言两语的冷漠言辞。穆费尔的父亲是圣徒遗物收集者和免罪符贸易商尼古拉斯·穆费尔，前面曾经提到过，因盗用公款罪于

1469年被绞死。如果霍尔茨舒赫因为代表了人类四种气质之一的胆汁质而被认为是诚实正直的,那么仅将穆费尔形容成一个黏液质的人可能不太全面——他不是冷淡,而是傲慢矜持。

接下来我们来看看丢勒最贴心的朋友,同时也是急躁家族的另一名成员——皮尔克海默。皮尔克海默属于那种被歌德视为令人费解的人——他是一位语言学家(翻译过西奥弗拉斯托斯、卢西恩、柏拉图、普卢塔克以及色诺芬等人的著作);他是一位政治家(是马克西米利安一世的私人顾问之一);他是一位军事指挥官(领导了纽伦堡人与瑞士人之间的对抗);他还是一位真正的男人和朋友(曾指责丢勒的遗孀和他的朋友拉扎勒斯·斯彭格勒)。他有着高远的理想,在这种理想的指引下他所追求的东西是纽伦堡这样一个小地方根本无法满足的,而且他的才能和性格与他的雄心并不在同一层面上。生活对这个被宠坏了的贵族并不太友善。皮尔克海默是个容易被感动的人,但他不愿做出任何牺牲;他满怀激情而且很容易被激发,但缺乏真情和耐性;他老于世故,但缺乏魅力;他的晚年在疾病、孤独和怨恨中度过。我们能够确认有三幅皮尔克海默肖像画是出自丢勒之手,下面就举例说明它们在逼真性和本质上的差异。创作于1503年的两幅素描肖像画

丢勒铜版画《威利巴尔德·皮尔克海默》,作于1503年

第七章 ◎ 肖像画

丢勒炭笔画《威利巴尔德·皮尔克海默》，作于1524年

（分别存于不伦瑞克和柏林）向我们展现的是一个优点与缺点并存的人，丢勒对年轻时的皮尔克海默了解至深——他出身富贵之家，对自己的出身、身份、才智，甚至相貌都颇感得意；非常容易得到异性的青睐，生活极为讲究，曾因偏好化妆品而被丢勒取笑，丢勒有一次在信中写道，在威尼斯那么遥远的地方也能"闻到"他的气味。这两幅素描中有一幅（存于不伦瑞克，银尖笔素描）带有一些稀奇古怪的题词，可能是皮尔克海默自己加上去的。这两幅肖像画忠于皮尔克海默的原貌，没有隐瞒任何细节，甚至连皮尔克海默那凹凸不平的鼻子也展露无遗。但在1524年为皮尔克海默创作的肖像版画中，丢勒突出描绘了与更优良的精神状态相配的因素——活泼、睿智的双眼，突出的前额，充满活力的双唇——他那极具特色、凹凸不平的鼻子虽然没有被遗漏，却也没再去刻意强调它。在这幅版画中，那头浓密、极富表现力的头发被加上了深浓的色彩；由于贪图享受而皮肤松弛的头部也被描绘得极具力量感。还有一幅很少受人关注的男性肖像画（罗马波各赛美术馆，作于1505年前后）被施莱尔和贝尼希断定是皮尔克海默的肖像。

我们不能说男性的温和与优雅没有引起丢勒的注意。他只是对人物身上的"动感"特质更为感兴趣,这显然毋庸置疑,但他也会赋予静静沉思的学者一种高贵的气息,而且他理解这种静。更为重要的是,深水一般宁静的心灵与外在较为强烈的性格是完全可以共存的。丢勒不仅创作了激动人心的《启示录》,也创作了叙事史诗一般的《圣母的一生》。当丢勒日渐辉煌时,他也成为了一个平静的人。如果我们只在霍尔茨舒赫和奥斯沃尔特·克雷尔肖像画中找寻真实的丢勒,而不用同样的目光去关注他晚期(1527年)的乌尔里克·斯塔克肖像素描(存于伦敦),或者如果我们只关注他的男性肖像画,而忽略他的女性肖像作品,那么我们根本无法真正理解丢勒的肖像艺术。

在路德最亲密的朋友梅兰希顿来纽伦堡任职,重组纽伦堡学校期间,丢勒为这位著名的改革家、学者、政治家和教育家画过一幅肖像素描。丢勒同年创作的铜版雕刻画就是以这幅素描(1526年,存于佛罗伦萨)为原型。比较一下这幅具有私人材料性质的素描和准备向公众展示的铜版雕刻画,我们会发现,两者不仅体现了艺术家用来增强艺术效果的工艺方法的不同,同时也证实了丢勒对被画对象的责任感。正是透过丢勒的雕刻,我们看到了德国人心目中的梅兰希顿——一

丢勒铜版画《菲利普·梅兰希顿》,作于1526年

位德国学术领域的领袖人物的真实面貌。丢勒在作品中没有添加或者掩饰任何东西。我们在素描和雕刻中看到的是同一个人——一个额头高高凸起，头发蓬乱，眼中满含深情，有着浓郁的学者气质的人。但有一个性格特征在雕刻中被放大和强化了。金属工艺赋予被画对象一种坚如钢铁的精神。具有立体感的眼窝中闪耀出光芒，额头的曲面像是铸造而成的金属板。丢勒的这幅"钢化"梅兰希顿肖像传遍德国各地。一直以来，丢勒的作品赋予了梅兰希顿一种他在实际生活中缺少的品质——坚定不移。

温和、不愠不火的梅兰希顿与对妥协和折中不屑一顾的路德关系亲密。路德说："我的职责是当一个粗暴的砍伐者，将树干和树桩连根拔起，砍倒一切荆棘和障碍，填实沼泽；而梅兰希顿的职责是静静地工作，他需要耕作和播种，栽培和浇水，他会欢快地做这一切，因为上帝已经把这些才能完完全全赋予了他。"梅兰希顿的梦想是让宗教改革和人文主义结为联盟。他曾经而且一直是一位语言学家——一位文字爱好者，他看到了语言和文字作品妨碍宗教主观性的一面。对他而言，宗教政治就意味着教育政治。他是一位名副其实的"教授"、信徒、探索者、老师。

在心灵上与梅兰希顿最为亲近的人是鹿特丹的伊拉斯谟。丢勒为他画过肖像画，昆廷·马西斯和小汉斯·荷尔拜因也给他画过。有一种广为流传的观点认为，丢勒给这位高深莫测、聪明机智的怀疑论者画的画像中的头部显得有些过大。这种观点是错误的，尽管绘画者和被画者彼此都很失望是个不争的事实。丢勒于1520年分别在安特卫普和布鲁塞尔为伊拉斯谟这位享有国际声誉的学者、人文主义领袖、前教士和勃艮第顾问、教会政治家和讽刺哲学家画了两幅肖像画。安特卫普的那幅画像保存了下来（存于巴黎），那是一幅绝妙的炭笔素描，展现的是一位有些矮胖、虚弱的学者形象。画中的伊拉斯谟正凝神向下看，让人感觉他那只看不见的手似乎正在写着什么，又或者是正在阅读一本隐形的书。微微张开的嘴角透出一种似有似无的嘲讽。我们发现，在救济院生活的人所特有的消瘦脸庞、弯曲的鼻子上显得极为突出的鼻尖等形象特征经常出现在改革者、冷静的哲学家和强势的学校管理者的脸上。这也正是伊拉斯谟这个"小老头"曾经的样子，当时丢勒听说他说自己只有2年的时间了。伊拉斯谟说出这番悲观的话语是在他

丢勒素描《鹿特丹的伊拉斯谟》，作于1520年

53岁那年，实际上，上帝赐予他的可不是短短的2年，而是16年。如果丢勒看见并描绘了正处于精神脆弱状态下的伊拉斯谟，他一定很难相信那个时候的伊拉斯谟会被他设想成路德遗志的继承人。丢勒在一篇关于自己的荷兰之旅的日记中有过相关记载，同一段中还记述了丢勒收到路德在1521年圣灵降临周惨遭谋杀的虚假消息时的情感迸发。在那样一个时刻，丢勒大声疾呼："噢，鹿特丹的伊拉斯谟！你去哪儿了？听着，你是基督骑士，必须和主耶稣共度难关，出来为真理辩护，为自己赢得殉教的王冠！"丢勒在这儿提到了伊拉斯谟的小册子《基督教骑士手册》，但伊拉斯谟绝不是那种愿意在上帝身旁和他一起赴汤蹈火的人，1520年他就曾写道："让其他人来殉教吧，我没资格获得如此殊荣。"伊拉斯谟不是路德，不是圣依纳爵·罗耀拉，也不是加尔文。路德在最终和伊拉斯谟决裂后，咬牙切齿地痛骂了这个在性格和风格上都和他格格不入的人，他说伊拉斯谟是个既嘲笑上帝又嘲笑宗教的狡诈阴险之人。前面提到的西班牙爵士和狂热信徒——圣依纳爵·罗耀拉——对伊拉斯谟的著作非常失望，觉得它们苍白无力。伊拉斯谟是一位生活在一个非常不文雅的世纪里的非常文雅的人，一位在庄严的悲剧面前依然

第七章 ◎ 肖像画

能露出微笑的讽刺家；他还是那个书写"耶稣基督的斗士"，尽管斗士不屈不挠的奋斗精神完全不符合他的本性。如果魔鬼亲自出现在他面前，伊拉斯谟也不会将墨水壶投向他，而是会用最文雅的拉丁文机智地同他交谈。

然而这位极为聪明的伊拉斯谟却极为愚蠢地通过他们共同的朋友皮尔克海默请求丢勒第二次（更确切地说可能是第三次）为他绘制肖像画。同1519年创作的圆形浮雕一样，这幅出自当时欧洲最伟大的艺术大师之手的肖像版画（1526年）让荷兰人的声望传遍了每一片土地。1525年伊拉斯谟在给皮尔克海默的信中写道："如果丢勒能为我画像，我将无比高兴，谁不想让如此伟大的艺术家为自己画像呢？但怎么才能实现呢？在布鲁塞尔他曾用炭画笔为我画过，但他可能早已不记得我了。如果他能努力回想起一些，加上他给我制作过圆形浮雕，他也许可以像为你画像一样也给我画一幅。"丢勒答应了这一请求。他和伊拉斯谟已经六年没见，因此他参照了昆廷·马西斯的圆形浮雕画，采用了其中的希腊语题字："他的著作能向你展现一幅更好的画像"，这样一幅伊拉斯谟式的题字能消融所有针对画像的尖刻批评，同时也为伊拉斯谟的著作做了广告。同处理皮尔克海默和

丢勒铜版画《鹿特丹的伊拉斯谟》，作于1526年

梅兰希顿的肖像画一样，丢勒非常清楚此刻他需要做的就是将真实的、能给人留下深刻印象的外观与生活结合起来。这幅版画向我们展现的是伊拉斯谟正坐在一张高高的书桌前写东西，周围摆着他喜爱的书籍。在面容上，丢勒参照了1520年的那幅炭笔素描，不过比素描中垂得更低的眼睛现在有了另一层含意，它们可能停留在一张纸上，可能是那些数不清的信件中的某一封，而现在伊拉斯谟可能伸出右手写着回信。伊拉斯谟对这幅肖像画并不完全满意，他抱怨说："丢勒给我画的像，一点儿也不像我。"但他的这种评论可能恰好这幅肖像画得生动逼真的最佳证据。人相学学者拉瓦特认为，伊拉斯谟的容貌揭示出他是一个"优雅、思想深刻、聪明，但很怯懦的人"。花瓶里那些从山谷采来的百合花的出现是因为一直受恐惧死亡折磨的伊拉斯谟特别喜欢这种花，而且一直以来，这种花在德国被看做能够击退死亡。

约巴努斯·赫塞（Eobanus Hesse）是第三位丢勒为其画像的学者，他曾创作过一首纽伦堡颂词。约巴努斯·赫塞是个勤勉的诗人和酒徒，也是埃尔福特大学的荣耀，还曾被弗雷德里希·保尔森比作米考伯先生。丢勒在1526年画了一幅约巴努斯·赫塞素描肖像（存于伦敦）。同塞尔迪斯和其他来自乡村的人文主义

丢勒银尖笔素描《约巴努斯·赫塞》，作于1526年

第七章 ◎ 肖像画

者一样,他的双肩托起的是一副敏锐、聪慧的农民面貌。这幅肖像画在1527年被制作成一幅粗劣的木版画,但并非出自丢勒之手,因此不能归罪于他。

有人认为,丢勒是德国画家中对才智之士敬仰最深的人,但他却画不好这类人,与此类似,还有人认为丢勒不会描绘女性。女性肖像画在整个丢勒作品中确实只占一小部分,而且他的版画中几乎没有女性的踪影,这是因为那个时候极少有女性成为社会名人。但他的私人肖像画中不乏女性的身影,比如他的家人(妻子和母亲),他的赞助人的妻子,还有他时常拜访的家庭的女性成员等等。我们在他的油画和素描中能看到许多高贵迷人的女性。丢勒并非不善于发现和理解女性美。他非常清楚女性身体充满诱人的魅力——对此,我们只需想想出现在睡梦中的"医生"面前的美丽女子,天使为她戴王冠的娇媚、羞怯的年轻女子(1518年版画),所有人都感觉魅力难挡的夏娃(1507年),高贵、欢快的圣母(1512年素描,现存维也纳),以及其他许多女性形象。

在谈论丢勒的男性肖像画时,我们将他本人和亲人的肖像画暂且放在了一旁,现在我们也暂且先将他的妻子和母亲的肖像画放在一旁。那位扎着辫子的年轻女孩(现存柏林)是丢勒在纽伦堡的熟人圈中的一员,这幅素描创作于1515

丢勒素描《女孩肖像》,作于1515年

年。这个女孩是一个典型的德国"年轻少女",看起来非常和善,静寂的眼神让她略显迟钝,这幅素描的心理学价值同它的艺术价值同等重要。纽伦堡的女性绝没有优雅、娇美的身形,有的只是通常被称为"特征"的东西。丢勒在帆布上画了一幅华丽的女性水彩肖像画(巴黎国家图书馆,1497年左右?),但她绝不会是阿格妮丝夫人。纽伦堡贵族家庭的妇人们在容貌上会更硬朗一些,她们微微突出的眼睛似乎是在期待生活中某个奇迹的出现,例如费利西塔丝·塔奇尔(魏玛)和埃尔斯贝思·塔奇尔(卡塞尔)。

我们可以想象,丢勒在为威尼斯的德国女侨民画肖像画时是何等地愉快,她们中有些格外迷人、光彩四射。在一张蓝色画纸上,丢勒描画了一幅骄傲的少女像,她有一双清澈如水的眼睛、一张有如含苞待放的花蕾般的小嘴(现存维也纳),1507年他还以这个女孩为原型创作了夏娃。看到现存柏林和维也纳的这两幅丢勒在第二次游历威尼斯期间(1506—1507?)创作的肖像油画,我们还能否认丢勒对女性美的感知能力吗?无论是维也纳肖像画中生于富裕家庭的优雅、欢乐的少女,还是柏林肖像画中那位成熟、温柔的年轻女士,我们都无法确定她们

丢勒作品《年轻女人的肖像》,作于 1506 年

第七章 ◎ 肖像画

的身份。柏林《年轻女人的肖像》中那位女士穿的紧身胸衣的绣花包含字母"A"和"D",博德据此将她认作阿格妮丝·丢勒,但冈贝尔的意见可能更为准确,他认为这位女士应该是乔治·瑟佐的妻子安娜·富格尔,乔治·瑟佐又称为乔治·丢西或乔治·丢泽,因此那两个字母指的应该是安娜·丢西。画中精神超然的人物风格以及构架上的特点在一定程度上都是受乔尔乔内肖像画风格影响的结果。那幅半个女孩头、半个男孩头的古怪肖像(1507年,现存柏林)与这两幅在威尼斯创作的德国女性肖像画比起来可就差远了。

丢勒游历荷兰期间的日记里提到许多女性"肖像"。为表达对盛情款待他的主人的谢意,丢勒经常会为他们的妻子和女儿,甚至女仆绘制肖像画。正是在这个过程中,他画了那位年轻少女(与杰拉多·邦贝利订婚的人)(现存法兰克福),简·迪·哈斯家族的一位妇女(现存尚蒂伊),甚至还画了代理商布兰丹家的黑人妇女凯瑟琳娜(现存佛罗伦萨)。

丢勒的很多女性肖像画可能都已失传,在结束这一系列的讲述之前,还有两位贵妇人的肖像画可供评述,它们都是粉笔画,且都创作于1525年。其中一位年

丢勒银尖笔素描《黑人女子凯瑟琳娜》,作于1521年

轻高雅，头戴一顶时髦的大帽子，手抱一条小狗，她可能是勃兰登堡的侯爵夫人苏珊（现存纽约）；另一位结实强健、容貌平平的可能是玛格丽特（现存伦敦），她是勃兰登堡的卡西米尔侯爵的妹妹。

宫廷成员、德国同胞，以及生活在佛兰德斯的外国商人为丢勒提供了丰富多彩且极富趣味的主题，他们当中不乏创造和影响历史的巨人。从德国出发后，丢勒曾在亚琛驻留，他在这里为帝国传令官卡斯珀·斯特姆画了一幅素描肖像（现存尚蒂伊）。斯特姆面容冷峻，两只眼睛差别很大。作为帝国传令官，他的工作类似于现在的新闻工作者，需要传递与政治事件相关的各类消息。1521年他受命护送路德前往沃尔姆斯议会；据说他还是王侯联盟的传令官。游历途中，丢勒为一名杰出的勇士画了肖像，他就是独眼的费利克斯·亨格斯伯格统帅。费利克斯热爱多种艺术，鲁特琴弹奏得极为精妙；他购买丢勒的版画，而且同意丢勒把他和别人的画像一起展示；作为对丢勒的双倍回报，他送了100只牡蛎到丢勒的住处。

除去一百多幅运用各种画法创作和取得不同艺术成就的肖像素描，从丢勒本人的话语中我们得知，他在1520年至1521年间绘制了五幅肖像油画。非常遗憾的是，他在佛兰德斯给丹麦的克里斯钦国王画的画像，以及他为在安特卫普时的房东普兰克维尔特之妻的画像都遗失了。如果格利克的判断无误，存于马德里的那幅著名男性肖像画并非创作于1521年，而是1524年，那么画中的人也就不是普兰克维尔特，而需要暂且归入无名肖像画的行列了。这样我们对乔布斯特·普兰克维尔特的面貌特征的了解就仅限于丢勒在1520年创作的一幅钢笔素描了（现存美茵河畔法兰克福），它向我们展现的是一颗"方形的脑袋"，鼻子宽大，下唇突出，脖子短粗。弗莱奇塞西认为这幅素描的所有基本面相特征都和马德里的那幅油画相符，但我不赞同，它们至少有一个很根本的差异——人物的眼神。同样创作于1521年，但在时间上比马德里无名油画稍早的德累斯顿肖像通常被认为画的是伯恩哈德·范·奥利。被画者的教名为"伯恩哈德"是确定无疑的，因为从他手里拿的那张纸上我们能看到："伯恩哈德……"，但这并不足以证明他就是伯恩哈德·范·奥利。最早提出这种见解的人是伊弗鲁西，仅凭两者之间的些许相似之处，就认为画中的年轻人是丢勒认识的画家范·奥利，这种说法更大程度上可能代表了一些人的某种愿望。弗莱奇塞西本着文献学者对精准性的渴求，通过对事实的不懈追寻，提出这幅德累斯顿肖像画应该是丢勒曾提起的伯恩哈德·范·雷斯坦，他向丢勒支付了 8 荷兰盾，同时给了丢勒的女仆苏珊娜 1 荷兰盾小费，并赠送了一份礼物给丢勒的妻子。对于第三幅肖像油画，丢勒 1521 年 5 月在日记中写道："我确实很认真地用颜料'仿造了'司库洛伦茨·斯特克。"现存波士顿伊莎贝拉·斯图尔特·加德纳博物馆的一幅男性肖像画可能就是丢勒提到的这一幅，帽子上卷的前沿显示他是荷兰人。我们在丢勒旅居佛兰德斯期间所作的许多肖像素描里，都能见到这种前部上卷的帽檐。这位诚挚高贵的洛伦茨·斯特克是帝国辖区的司库，也就是说，他掌管着来自布拉邦和安特卫普的岁贡，出生在列日附近地区。

除了肖像油画，我们还有一整套肖像素描，其中只有部分被画对象的身份能够确定，包括邦贝利家族的成员、葡萄牙代理商、德国南部的银行家以及佛兰德斯艺术家。他们中最显眼，同时也是和丢勒关系最为亲密的是葡萄牙代理处的部

丢勒作品《圣哲罗姆》，作于 1521 年

丢勒老师米歇尔·沃格穆特画像，作于1516年。三年后沃格穆特逝世，丢勒在这幅作品上写下了这样的话："他82岁了，一直活到1519年，当太阳升起来时，他已经在圣安德鲁日（11月30日）逝世了。"

长罗德里戈·阿尔梅达（Rodrigo d'Almeda）。为答谢他的多次款待和无限盛情，丢勒曾数次为他画像，最后还把油画《圣哲罗姆》（现存里斯本）赠送给他。暗紫罗兰色画纸上的那幅毛笔素描（现存柏林）让我们对这位颇具影响力的葡萄牙代理处部长的外貌了然于心，他代表国王管理胡椒垄断贸易，并控制着欧洲市场的香料贸易。而现存柏林的素描中的被画者是否也是罗德里戈·阿尔梅达，现在还没有最终确认。在为德国人画的肖像画中，《但泽的汉斯·普法夫罗德画像》（现存巴黎）以其优雅的姿态和头部特点而闻名。

为画家画的肖像画在丢勒整个肖像画体系中自成一体。细想丢勒一生曾遇见过的画家同行有多少，我们就知道出现在这类肖像画中的画家实在太少了。其中唯一的纽伦堡画家是丢勒的老师沃格穆特，这幅肖像画是1516年沃格穆特还在世时画的，画上的题字是1519年沃格穆特去世后加上的。从画中的题字来看，这幅肖像画纯粹是丢勒为自己的住宅所画。画中的沃格穆特看起来和他当时的实际年龄（82岁）并不相符。沃格穆特犹如丢勒的父亲，丢勒为沃格穆特画的肖像画带有他年轻时为父亲画肖像画时的敬意，细节处透出款款深情。我们寻找出自丢勒

第七章 ◎ 肖像画

之手的维特·施托斯和亚当·克拉夫特肖像画都徒劳无功,沃格穆特是纽伦堡画界的唯一代表。真不知道有多少画家的肖像画遗失了!曾出现在拉斐尔画室的一幅丢勒自画像恐怕也要被计算在遗失的杰作之列了。在1518年的奥格斯堡议会会议上,丢勒为另一位著名德国画家汉斯·布格克迈尔画了肖像——但这幅粉笔素描(现存牛津)非常令人失望。一幅现存维也纳的布格克迈尔"自画像"同丢勒的素描极其相似,但经过验证,那不过是赫夫内格尔模仿布格克迈尔风格创作的一幅复绘画。

里夫尔非常大胆地提出,有一张格吕内瓦尔德肖像画是出自丢勒之手——就是那幅通常被认为是丢勒三个兄弟中施洗命名为汉斯的年轻人头部像(1500年,现存慕尼黑旧绘画陈列馆)。毫无疑问,那是一张典型的德国人面孔,脸部被画成罕见的多角形状——它确实是出自丢勒之手的"木版雕刻"肖像——但画的是否真是格吕内瓦尔德则依然令人怀疑。我们在丢勒的肖像素描中没有见到过威尼斯画家的影子,例如向来被丢勒认为是最伟大的画家的乔凡尼·贝利尼。丢勒在

丢勒素描《男子肖像》,有人认为该男子是卢卡斯·范·莱登,可能作于1521年

丢勒为卢卡斯·范·莱登
所作的画像，作于1521年

《玫瑰花环节的源起》中插入了建筑师希罗尼穆斯的肖像画，他是奥格斯堡人。如果我们否定德累斯顿肖像画中画的是伯恩哈德·范·奥利，那么在众多盛情款待丢勒，甚至在丢勒来访之前还在模仿他的佛兰德斯画家中，丢勒只给其中一位画过肖像画。有两幅素描画通常被认为画的是卢卡斯·范·莱登（分别现存里尔和伦敦）。伦敦素描上的题字是18世纪添上去的。这位被丢勒称为"小男人"的卢卡斯在里尔素描中的忧郁情绪比在伦敦素描中略淡一点。对照现存不伦瑞克的那幅卢卡斯·范·莱登自画像，所有身份确认上存在的疑虑就都烟消云散了。在丢勒描画的众多无名青年肖像画中，有些可能是画家，例如现存维也纳的一幅1503年炭笔素描，从画中的题字来看，被画者当时应该是18岁，伊弗鲁西认为画的可能是波姆加特纳。

我们已经知道丢勒对美丽女性的世界并不陌生，同样，他的描绘对象也有贵族阶层的男性成员。1523年10月英国特命大使亨利·帕克·洛德·莫利来到纽伦堡向斐迪南大公递送圣乔治勋章时，丢勒为他画了一幅素描（现存伦敦）。这位英国贵族脸上那种漠然和一闪而过的心不在焉不仅是一种个人或民族特征,同时也是外交家职业面具的一部分。他刻板的性格以一种典型的英国风格被展示出来,与此形成对照的是他镇定的姿势和若无其事地将手藏进礼袍的举止。同这位英国外交家相比,德国官员乌尔里克·瓦恩比乐则显得真诚热情(现存维也纳,1522年的木刻画创作于这幅素描之后)。瓦恩比乐是丢勒的朋友,是一位帝国顾问和最高法院的首席书记官。1522年的瓦恩比乐肖像画再次阐明了对于时值暮年的丢勒来说什么才是"伟大"。在丢勒肖像画创作的每个时期,对生命真谛的精准追求是一条恒久不变的基本原则,但他对展现生命的理解没有局限于对人物外在容貌的描绘,他还努力挖掘人物内在的心灵。这并不意味着他会把描绘对象"理想化"——如果理想化意味着虚假化、美化和冷酷化。理想化的真实含意是解读造物的能力,因此肖像画家在很大程度上会照着造物本初的面貌来描绘,但同时也会赋予被画者一种更高程度的生动和逼真,这种生动和逼真在跨越数个世纪之后依然能得以留存。从这个意义上说,门采尔画的腓特烈大帝是生动逼真的——逼真到人们对腓特烈大帝外貌的概念就是依据这幅肖像画形成的。同样,丢勒给马克西米利安一世画的肖像画在逼真性上也丝毫不差。

没有任何证据显示丢勒一直在朝宫廷画家的方向努力。他的肖像画所具有的评判性特征源自他的个人阅历,或是他的个人想法;这种特征甚至在他描绘当时的大人物时也依然存在。丢勒描画的俗世和教会的王侯的肖像是官方身份与个人容貌的结合,是个人气质与丢勒元素的结合。同荷尔拜因的"客观型"描画相比,这种别具一格的结合使丢勒的肖像画看起来似乎是"主观型"绘画。丢勒是通过纽伦堡和奥格斯堡议会接触到这三位在心灵上和他尤为亲近的伟大人物的:智者弗雷德里克、勃兰登堡的阿尔布莱希特以及马克西米利安一世。

丢勒第一次游历意大利时见到的曼泰尼亚作品给他留下了深刻的印象。在这种印象依然新鲜感十足时,丢勒描画了他的第一位王室赞助人——智者弗雷德里克。尽管抑制了感情的流露,这幅绘制于1496年4月的柏林画像依然透出些许忧伤。这位选帝侯脸上露出忧郁的眼神。随着时光的流逝,他的头部渐渐变得更宽阔,而且有了一种智慧友善的神情,这样他也就获得了"智者"之名。他确实创办了维登堡大学,但他的"智者"之名并非源自"博学";事实上,他的兴趣并不局限在"枯燥乏味的"书上,他对武器、马上比武以及马术更感兴趣。而且他在常识性判断和对待政治意志的分寸掌握上非常明智。因为作为一名统治者,他知道自己必须对臣民负责;而且因为他了解这个世界,他成功地保护了他最伟大的臣民马丁·路德——在路德前往奥格斯堡时给予他特别安全通行权,并在瓦特堡为他提供了安全的藏身之处。当时的人们如果想知道这位选帝侯长什么样,就只能求助于画家,正是丢勒为他们提供了最佳的答案。弗雷德里克是画家的支持者,也是卢卡斯·克拉纳赫、丢勒、布格克迈尔、彼得·菲舍尔、沃尔夫·特劳特、沃格穆特、康拉德·迈特等人的赞助人。同文艺复兴时期的所有王侯一样,他发现了绘画艺术中最重要的"实用性"元素——它既能装点生活,又能让逝者的形象得以留存。他还是他那个时代的忠诚的拥护者,是一位绘画作品和圣物收藏家。丢勒将自己所有的"勤奋劲"都放在了给这位令人敬重的选帝侯画像上,

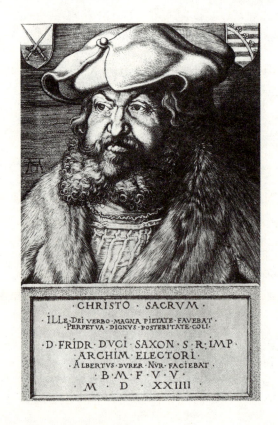

丢勒铜版画《智者弗雷德里克》,作于1524年

第七章 ◎ 肖像画

他先是为版画创作准备了一幅银尖笔习作（现存巴黎，创作于 1523—1524 年冬），然后在 1524 年创作了版画，版画成功地再现了选帝侯那双威严、充满活力的眼睛，尽管繁复的毛斗篷和浓密多卷的胡须让人难以理解。

作为一名艺术赞助者，美因兹大主教——勃兰登堡的阿尔布莱希特扮演着比智者弗雷德里克更为耀眼的角色。他保护并支持了丢勒、克拉纳赫、汉斯·巴尔东、巴霍芬和格吕内瓦尔德。然而他一定不会被人看做是完全受美学支配的现代艺术鉴赏家。在对个人声望的渴求上，阿尔布莱希特完全不逊色于著名的意大利艺术赞助者们。他知道建筑能为个人和那个时代提供最显而易见、最为久远的遗迹，哈雷成为他钟爱的居住地。他和选帝侯弗雷德里克争相收集圣物，他估算自己收集的圣物能免除他大约 10 万年的罪责。1518 年，丢勒为这位枢机主教画了一幅炭笔素描（现存维也纳），后来又创作了两幅铜版画；这两幅版画分别被称为"小枢机主教"（1519 年）和"大枢机主教"（1523 年）。丢勒最初创作的版画

丢勒素描《勃兰登堡的红衣主教阿尔布莱希特》，大约作于 1518 年

是对肖像素描的忠实再现——展现的是枢机主教那张俗气、略微浮肿的脸，但阿尔布莱希特对此似乎并未提出任何异议。不过4年后丢勒做了很多改动，他将正面像转换成了纯侧面像，这样人物脸部宽度变窄了一些，同时着重强调了人物真正重要的特征，抑制了一些不重要的因素。赞助人都期望肖像画能再现他们带有金属般锋芒和君王般神情的容貌。在这方面，丢勒为智者弗雷德里克和枢机主教阿尔布莱希特所画的画像都很成功，这要归功于他在肖像画画法方面的足智多谋。

丢勒1518年6月28日在奥格斯堡为马克西米利安一世画的素描（现存维也纳）中，马克西米利安一世在"城堡的小房间里显得尤为高大"，这不是丢勒第一次给马克西米利安一世画肖像画，但却是他第一次画生活场景中的马克西米利安一世。《玫瑰花环节的源起》中的马克西米利安一世是丢勒参照另一位画家——可能是安布罗乔·迪普雷迪斯——画的一幅素描（现存柏林）创作而成。现在，丢勒有机会凝视马克西米利安一世那双傲慢的双眼，并用画笔迅速勾勒出这样一

丢勒铜版画《勃兰登堡的阿尔布莱希特》，作于1523年

第七章 ◎ 肖像画

位性格极其复杂的伟大人物。普通人与帝国政治家的双重身份在马克西米利安一世身上造成了强烈的反差。一方面，他有着无边无际的傲慢，为自己的出身感到自豪，并且极想获得声望；另一方面，他有时也会陷入消沉沮丧之中，会抱怨自己是继耶稣基督之后最为痛苦的受难者，因为他觉得自己遭到了所有人的抵制和摒弃。政治上，马克西米利安在奥地利哈布斯堡王朝式的现实主义国内政策与中世纪君主们最为狂野的幻想中摇摆不定。当《玫瑰花环节的源起》中与他一起出现的教皇朱利叶斯二世患病时，马克西米利安萌生了将君主权力与教皇权力合二为一、使宗教之剑与世俗之剑在他这里融为一体的想法。但正是这同一个人，只要他真心希望，他就能自如地与各个阶层打成一片，而且非常讨人喜欢。马克西米利安总是把自己当做神圣罗马帝国的德国统治者的后嗣，而且他从没忘记德国和德国人民要求他们的统治者具备的优良传统。查理曼大帝这位伟大的法兰克王使德国南部地区的古老英雄诗篇得以汇集和保存，否则绝不会有任何展现中世纪

丢勒木刻画《神圣罗马皇帝：马克西米利安一世》，作于1519年

丢勒作品《马克西米利安皇帝》,作于1519年

骑士精神的诗篇留存下来。马克西米利安也希望能够使中古时期的德国史诗得以保存。马克西米利安身上的所有这些矛盾特性赋予了他一种难以捉摸的伟大,而丢勒凭借对本质要素的精确领悟,成功地再现了马克西米利安身上最高贵的骑士精神。1519年的木版画减弱了马克西米利安的优雅矜持,赋予作品精练、力度以及木版画技法装饰性的美感。丢勒后来两次用到那幅奥格斯堡素描,在1519年画马克西米利安一世肖像(现分别存于纽伦堡和维也纳)时作参照。此时已经去世的马克西米利安手中握的不是象征王权的宝珠,而是一个象征复活的剥开皮的石榴。前往佛兰德斯时,丢勒带了这两幅肖像画中一幅,并将其赠给了马克西米利安一世的女儿——萨瓦的摄政者玛格丽特。丢勒从玛格丽特的侄子——新帝王查理五世——那里获准得到马克西米利安一世同意给他的资助款时,曾得到玛格丽特的帮助,丢勒一方面想借此表达对她的谢意,另一方面,丢勒期待能从她那里得到渴望已久的雅各布·迪·巴伯利的素描本。然而丢勒并没能得到意大利人的

素描画，而且玛格丽特也不喜欢丢勒送给她的这幅马克西米利安一世肖像画，"但是"，丢勒在日记中写道，"因为她竟如此不喜欢它，我于是再次带上了它"。他并没将马克西米利安的这幅遗像带回德国，而是说服了这位摄政者的女婿汤马索·邦贝利用一段白色英国衣料作为交换。

　　图片，尤其是相片对于近、现代人来说简直是家常便饭。它们在中世纪却甚至能和看不懂它们的人对话，而现如今我们似乎已经没有看懂它们的必要了。过多的图像素材让我们不再用原来的方法看待图片。我们很容易忽略肖像画，但它们所包含的绝不仅仅是瞬间的印象，它们还向我们揭示了被描画者的性格特征。丢勒那个时代的人都非常热切地探索他的木刻画和版画，因为这些画不仅生动形象地再现了人物的外貌，而且展现了他们的所思所想，这种展现是经由创作这些肖像画的人的意志和精神力量渗透出来的。

　　丢勒和他所描绘的人都属于通过某种方式改变欧洲面貌的一代人。处于民族命运的多舛期，各种力量往往同时驻足于心，它们有时甚至相互排斥，这就成为个体最基本的特性，也是一个民族的共同特征。同样，丢勒也是一个有着多重个性的人——他身上既有工匠的细致入微、精准严格，又有天才艺术家的天马行空、无拘无束。调查者、探索者的冷静头脑和探求者、梦想者的火热情怀在丢勒那个时代的先锋人物身上不断融合，成为德国人特有的一种品质。经过反复磨合，到我们这个历史时期，这种力求精确和大胆构思的融合催生了一批伟大的人物，例如巴赫。而在非德国人看来，这种融合总显得有些不可思议、难以理解。

丢勒作品《风景》

第八章

风景画

　　走近丢勒最便捷的途径是通过他的风景画。在这条道路上，既没有棘手的画法问题的困扰，美丽的风景中也不存在什么让我们难以理解的东西；一切都非常清晰、熟悉——山谷旁的村庄，小山上的城堡，以及悄悄流淌的河流。丢勒的水彩画和素描充分展现了他的祖国和异国他乡的美丽风景，我们甚至能从中感受到游历的喜悦。丢勒的风景画是如此地生动逼真，以至于我们禁不住要将它们看做是丢勒艺术中实实在在的现代元素，体现了对过去艺术的违背和对未来艺术的预示。我们这种看法既有正确的一面，也有不当的一面。

　　丢勒的风景画中有一些著名的、具有永恒魅力的水彩画，它们在丢勒之前的艺术家以及整个16世纪的艺术作品中都不曾出现过，更为重要的是，在他之前乃至整个16世纪的艺术作品中都不曾出现超越它们的作品，从这个角度来说，我们的看法是正确的。正是这些绝妙的画作让人们兴致勃勃，将丢勒与塞尚、托马等现代风景画家进行比较，同时也正是这些画作让人们做出了一些错误论断，比如认为丢勒是印象主义风景画的探索者。对于这种论断，丢勒肯定会反驳说自己从未想过要将风景画置于与木刻组画《圣母的一生》以及神话题材版画同等的位置。对于丢勒和他同时代的所有欧洲人来说，美术中根本就没有一个被称之为风景画的独立分支。这些水彩画只是丢勒描画的众多彩色风景，包括他为版画、木刻画和油画绘制的那些非常美丽的风景画背景，以及他用银尖笔或钢笔绘制的素描画。

如果我们把丢勒的风景画汇集在一起，并排摆放，它们可能会组成许多类型。我们可以根据它们诞生的本质原因，或者说它们被创作的目的进行分类；也可以按年代先后，甚至根据地理位置进行分类。与很容易看出其确切的创作目的的裸体素描、服装和动物习作、肖像画头部或手部习作一样，很多风景画是被当做自然习作创作的。它们成了丢勒的存货，每当需要风景画作背景时，它们就能派上用场。在丢勒的许多木刻画和版画中，我们都能见到留存至今的风景画习

丢勒作品《安特卫普的港口》，作于1520年

第八章 ◎ 风景画

作。但丢勒的风景画中也有一些以水彩画为主的独立的美术作品。这些作品是精工细笔之作，每个细节都精致入微，配上画框，它们就可以直接挂在墙上了。在绘制水彩画时，丢勒可能考虑过将其出售或用于交换，或是当做礼物送人，尽管眼下还没有确凿的例证能够证明。但能够确定的是，丢勒本人从没想过将这些令人着迷的水彩画中的任何一幅放入画框。这些"独立的"风景画是丢勒在纽伦堡周边游览时，在换马或是让马休息的间歇，或是在他抵达当天游览的终点时画的。它们其实就是丢勒抒发情怀的诗句，和所有的诗作一样，其中也包含一些纯想象的东西。没有美术史家能在现实生活中找到同这些风景画一模一样的地方，也没有照相机能拍出这种风景画，原因很简单，画中蕴涵了丢勒想象的火花。因此我们可以将丢勒的风景画细分为自然风景画和想象风景画，在这两类中我们还可以区分为 "独立的"和"非独立的"画作。

　　此前的创作过程理解起来较为轻松，但现在我们遇上难题了。丢勒的一些风景画是他真实所见，甚至可以识别出具体位置，另外一些则是他虚构的；一些风景画精确地展现了客观存在，精准地重现了地形细节，另外一些则是灵感和想象汇聚的结晶。让人费解之处在于，还有一些风景画是现实与虚构的混合体，其中既有源自大自然的部分，又有丢勒虚构的部分。丢勒对素材的处理非常随意。突发奇想或是觉得合适的时候，他会把两幅素描结合在一起，使它们融为一体；他能将一片真实的风景融入他从未见过的景致之中，同样，他也能把自己描绘的自然景观植入虚构的风景中。这让我们再次看到一个居于两种风格交叉处的丢勒。一方面，他继承了中世纪艺术家的普遍观念，也就是把风景画当做非常实用的素材积攒起来，另一方面，他又是一个文艺复兴的追随者，任由心灵在自然和整个世界中自由驰骋。丢勒也是那些在其生活的时代留下印记的探索者和创造者之一，只是他用不着穿越大海去寻找新世界，而只用离开他身后的纽伦堡城门。

　　丢勒能够将不同来源的风景融为一体，这在他的赞助人和顾客眼中显然是非常杰出的。从细节来看，他是个现实主义者；从整体来看，他是个理想主义者。但在这些风景的背后，在画室中独自创作的丢勒已经远远地走在了他所处的时代的前列。他对世间万物的欣赏,对每一种独特现象的洞察——从小草、绿叶到暴风雨,无不展现着他的现代。按照帕赫尔和维茨的理论,细部拼凑的风景画背景属于晚期哥特式风格;整幅伸展开的风景画背景则源自威尼斯学派。这些在丢勒的作品中都能见到,它们或是并肩存在,或是接连出现。德国的哥特式风格和意大利的新古典主义汇集于丢勒的所有作品中,他的风景画自然也不例外。经过一个短暂的繁荣期之后,丢勒的风景绘画也陷入了枯萎期,直至一百多年后,伦勃朗的出现才实现了丢勒曾经展望的盛况,而这种盛况依然是德国风格与意大利风格交流的结晶。

1507年为丢勒占过星相后,洛伦茨·贝海姆坚持认为丢勒的"旅行欲"是星宿早已预示过的。考虑到宗教改革时期旅行者所要面临的经济的、技术的,以及医疗卫生方面的种种困难,我们会觉得丢勒确实是一位伟大的旅行家。尽管障碍重重,丢勒那个时代的人却非常热衷于旅行,而且有很多人,尤其是纽伦堡和奥格斯堡名门望族的成员游历广泛。作为商人、外交官或是朝圣者,他们会前往罗马、圣地亚哥-德孔波斯特拉城,如果可能,甚至会去耶路撒冷。对于汉堡和不来梅的大家族而言,海外旅行是一种传统。同样,对于纽伦堡的富裕家庭来说,进行一次长途跋涉,去圣墓朝圣并成为耶路撒冷的受封骑士已然成为一种时尚。但是丢勒频繁出游的动机与受教育无关,也与他作为一名画家的兴趣爱好没有任何关系,实际上,他出游是为了一个更为现实的目的——躲避瘟疫。那些毁灭性

丢勒作品《从西部远望纽伦堡的风景》,作于约1496年

第八章 ◎ 风景画

的传染病席卷德国的时间与丢勒出游的时间完全吻合。丢勒遵照他最尊敬的同城市民，例如皮尔克海默、西博尔德·施赖尔、圣塞巴都等人的做法，将事业与健康紧密结合，逃离了"恐怖和恐惧"。

除了在纽伦堡附近的短途旅行，以及在法兰哥尼亚和斯瓦比亚一些城市进行的旅行外，丢勒还多次进行过路途更远的旅行。在艺术生涯的初始阶段，他花了4年时间漫游德国南部、瑞士和阿尔萨斯（1490—1494年）。接着他开始了第一次经由蒂罗尔前往威尼斯的游历（1494—1495年）。10年后（1505—1507年），丢勒再次穿越阿尔卑斯山，这次他不仅游览了威尼斯，还游览了博洛尼亚，这也是他到过的最南端的地方。关于他是否游览过佛罗伦萨一直没有得到证实，尽管赫尔曼·比肯能够证明丢勒与包括马萨西奥和弗拉·巴托洛米奥等在内的佛罗伦萨画家有过联系。丢勒期望1506年同马克西米利安一世一起去罗马的愿望也没有实现。奥斯卡·哈根试图通过一些同时出现的动机来断定丢勒到过罗马的观点并不能令人信服。据贝海姆所言，丢勒从未计划到英格兰和西班牙旅行。1509年，

丢勒在去荷兰途中所绘的银尖笔素描《亚琛大教堂》，作于1520年

他游览了瑞士；1520 年到 1521 年间，他旅居佛兰德斯；1521 年至 1522 年游历里加的利沃尼亚是他生平最后一次旅行，也是他到过的最北端的地方。丢勒画了一些康斯坦茨湖附近的风景素描，他的一些木刻画和版画的背景似乎也源自这些地方。他从阿迪杰谷的勃伦纳山口道路的两侧着眼，绘制了展现阿尔卑斯山景致的水彩画。对于喜欢在游历间歇绘制以风景为主题的素描和油画的丢勒来说，法兰哥尼亚无疑是一座巨大的宝库。他会在载着自己在莱茵河上漂游的船只甲板上，或是透过旅馆的窗户描画德国和荷兰的低地城镇和乡村。人们普遍认为丢勒游览过匈牙利，但却没有足够的证据能证明。

对丢勒而言，这些旅行一方面拓展了他的思想，让他饱览了外国画家的成就，同时也让他建立了一套自我才能评估的体系。他畅快淋漓地享受着每个环节——新印象的积累，对自己画家身份的确认，脱离家庭生活束缚的自由，最后是返回家中的喜悦。丢勒对自己游历经历的挖掘比我们这个时代的画家要深入得多。画笔很少离开他的手指，他总是热切地渴望能亲手画出他看到的一切，不论是一只龙虾还是一头海象，是一处山景还是一套利沃尼亚妇女服装，是一顶头盔还是一双女鞋，没人知道这些东西是否会再次派上用场。

接着丢勒会将他收获的素描习作存入"粮仓"，在随后的创作中，他会去掉外壳，取出麦粒。面对保存下来的数目众多的丢勒素描，我们会大为惊讶，有时又不由得悲叹——遗失的该有多少啊！可以确定的是，曾经的风景画"主体"要比现在看到的多得多。已确认遗失了的素描有《伊萨尔科河沿岸的丘萨》，以及丢勒非常满意的《米德尔堡城镇》等，我们忍不住期待，将来某一天这些绘画能从某些私人收藏中被发掘出来。当我们认为自己发现了某处空白时，当我们感觉缺少某些主题时，千万不要忘记那些遗失的风景画。

然而，丢勒还是向我们展现了一座古老的德国城镇，而且正如我们期待和希冀中的中世纪城镇一样，一座巨大的城堡矗立在山城中。这就是在 1519 年的版画中圣安东尼在围墙前专心研读祈祷书，并将其作为朝圣途中的歇息地的山城。这幅版画具有典型的浪漫主义特征，也是浪漫主义追随者最喜欢的版画。

沃格穆特的画室里是没有"风景画课程"的，但他的学生要学习如何在人物

第八章 ◎ 风景画

丢勒作品《卡切瑞尤斯村庄风景》，作于1500年

绘画中设置传统的风景背景和前景。在那个时代，一条有山墙的屋子的蜿蜒街道就意味着"城镇"。在丢勒早期的木版画——1492年的《圣哲罗姆》中——透过一扇哥特式的窗户，就能瞥见一条这样的街道。在沃格穆特的画室里，"乡村"意味着要画几座有球状树木的小山，堤岸旁要有一片树木出现在前景中，或是有几座简单的房屋。我们能找到一些这类传统风景画，例如柯贝尔格1491年在纽伦堡出版的《天国真正的富有者的宝库和神殿》的插图画中就有。他们不会冒险去真正描绘自然的外形，而是套用诸如"这些是树木，那些是岩石"等规则。中世纪的人满足于这类实际上只是一些风景象征的风景画。那时没人渴望看到确确实实的风景，或者辨认画里画的是不是他熟知的场所；艺术构想基于理念，只要这些理念象征能够得到公认就足够了。

丢勒注定要在眼前这种风景画概念中成长，必须通过自我磨炼走出这种概念——这正是他漫游多年所得。我们确实没有这方面的确切证据，找不到由丢勒

署名和注明日期的1490—1494年间的风景画。但我们肯定能在他早期的风景画背景，尤其是在他的组刻版画《启示录》中辨认出他试图用自己的方式审视和描绘风景的痕迹和效果。我们熟知丢勒游历期间生活过的地方，它们对于丢勒成长为一个男人和一位画家有着决定性的影响。这些地方主要集中在科尔玛、巴塞尔和斯特拉斯堡，换句话说，他就生活在著名印刷商和出版商们居住的城镇。我们无法确切了解他是如何谋生的，不过根据推测，他做过临时制图员。当学徒期间，丢勒领略了德国南部和西部，以及瑞士和阿尔萨斯广袤土地上的美丽风景。约瑟夫·米德尔想到一个非常绝妙的主意——在丢勒时期的一幅地图上重现他的游踪。那幅地图是纽伦堡的格洛肯登家族公司在1501年出版的，其标题为："神圣罗马帝国的一个王国通往另一个王国的紧邻德国的大道，每间隔一英里以小点标注。"假定丢勒出游所遵循的正是这幅地图上呈现的主线，那么他应该是从纽伦堡出发，途经诺德林根、乌尔姆、拉文斯堡，渡过康斯坦茨湖抵达梅尔斯堡，然后到达康斯坦茨、巴塞尔、科尔玛以及斯特拉斯堡，最后经由斯图加特和诺德林根返回纽

丢勒作品《河流风景》，作于1510年

伦堡。换言之，丢勒可能是在德国城堡的故乡来回穿行，其间他看到了德国最著名的河流——莱茵河和多瑙河，并远眺康斯坦茨湖——通往阿尔卑斯山的大屏障。

接下来浏览一下青年丢勒的木刻画、版画和素描，我们似乎真能辨认出莱茵河和康斯坦茨湖的堤岸。在《启示录》展现圣约翰接到上天召唤的场景中，我们能看到一座湖边城堡；圣迈克尔和龙的搏斗是在一幅广阔风景画上方的高空展开的，画中能看见掩映于湖滨旁的森林中的村庄，以及湖滨远处一座与桑提斯山脉形状颇为相似的山脉。类似的湖边风景在组画《圣母的一生》中也能见到，在木刻画《赫拉克勒斯》和《骑士和士兵》中我们还能再次看到它们的踪影。但所有这些展现高山、湖泊和城堡的风景中最美的当数《海怪》（1501年）。我们不能忽略丢勒总是倾向于模糊他的实际所见和他所想象的景物之间的界线，而且他习惯于将风景作为人物主题画的背景，就像音乐家习惯为歌曲作伴奏一样。

走近丢勒的真正"独立"的风景画——他最初绘制的纽伦堡及其周围地区的水彩画——圣约翰教堂边的房屋和铁丝制造厂，我们对1494年前后的环境有了更确切的了解。

丢勒作品《纽伦堡的小圣约翰教堂》，作于约1494年

丢勒水彩画上的题字和花体签名同它们的创作日期经常不一致。1501—1502年，丢勒为自己的水彩画都加上了题字，而画上的花体签名则是后来某位不知名的人加上的。这些水彩画都没有注明日期，因此想要将它们按时间先后顺序进行排列，就必须以绘画风格作为唯一的准则。很多时候，绘画风格对于真实日期的判断具有重大的决定性意义。丢勒的"独立"风景画——水彩画和素描——可以分成几个类别，而它们确切的创作日期仍有待学者们继续争论很长一段时间。

丢勒流传下来的最早的一幅风景水彩画向我们展现了他在尘世最后的目的地——圣约翰尼斯墓地。同样，伦勃朗（Rembrandt）也画过西教堂的塔，那是他画的为数不多的几幅阿姆斯特丹中心素描画中的一幅，当时他并不知道自己会长眠于这座塔下。在丢勒早期的水彩画中，风景和人物会在前景中融为一体。对所选主题的偏爱和满怀深情地将其转化成袖珍画的决心是这些作品的风格特征。《铁丝制造厂》在艺术特征上缺乏一致性。它展现的是纽伦堡城外的大小金属丝制造厂。铁丝制造技术是金属工业故乡纽伦堡的一项发明。丢勒在空间处理上仍不确定，风景平面的重叠在丢勒手中变得有些令人疑惑不解。与展现直观印象的

丢勒作品《铁丝制造厂》，作于约1494年

现代画家不同,丢勒将一个概念堆叠在另一个之上,这样观赏者的视线就会在画面上来回徘徊。

毫无疑问,很多遗失的作品都可以归入纽伦堡系列。丢勒的很多版画都折射出某些素描草图的存在。例如汉斯·塞博尔德就在版画《海怪》(1501年)的低层建筑群中发现了翻转过的纽伦堡城堡——不过是在1538—1545年进行加筑之前的城堡;威廉·芬克已证实1514年版画《墙前的圣母》的背景精准地展现了城堡当年的模样,他还认为城堡图是丢勒透过自己家房子北面的楼顶小窗勾画出来的。弗里德里克·弗罗曼辨认出《骑士、死神与魔鬼》中的城堡是翻转过的纽伦堡城堡图和水彩画因斯布鲁克中的特定细节结合的产物。丢勒从未在纽伦堡城堡上描绘过整个城镇和周围的海西森林,但康拉德·塞尔迪斯为我们留下了一条相关记载。1487年,塞尔迪斯在这座城堡中获得诗人的桂冠。丢勒1501—1502年为塞尔迪斯的作品创作了木版画。在塞尔迪斯那首著名的纽伦堡颂词(仿意大利式颂词)中,他向我们讲述道:花园里,"甚至最轻柔的微风也能把花儿的芳香吹送到沉睡中的房屋";年轻人在绿荫成片的广场上进行马上比武,人们在晴朗的夏夜漫步于街头。他略去了慈善的选帝侯弗雷德里克在城壕里为10岁以下的儿童提供姜饼的故事,还略去了1491年饥荒时饥火烧肠、衣衫褴褛的农民在教堂门前叫喊着要求救济的情景。而在丢勒的作品中,只有在他为马克西米利安一世的祈祷书所做的素描中,我们才能偶然看见一点纽伦堡的痕迹——拐角处的一位市民或一位法兰哥尼亚农民。

1494年深秋,丢勒前往意大利,返回时带回了第二组风景画——蒂罗尔系列。为了再现丢勒的旅程,米德尔必须再次求助于原来的地图。15世纪晚期,一家纽伦堡出版公司制作了一幅供前往罗马的朝圣者和商人使用的地图——"这是一条通往罗马的道路,德国境内的每座城市、每间隔一英里的地方都用点做了标记"。根据这幅地图,旅行者应依次经过多瑙沃尔特、奥格斯堡、帕滕基兴、米登华德、因斯布鲁克,然后踏上勃伦纳山道,穿过伊萨尔科河沿岸的丘萨和特兰托抵达维罗纳(这里是个岔道口)。丢勒沿途精选了几个风景画主题,用银尖笔画出纤细精巧的习作,用画刷描绘出精致细腻的城垛或城堡,或是用简笔迅速勾

丢勒作品《水畔的城堡》，作于约1501年

勒出前景。其中有些肯定是他坐在路旁匆忙画出草图，然后在某家意大利旅馆的房间里完成的。

现在问题出来了，丢勒在外出和归来途中创作的风景画是否有所不同。居于这两者之间的是威尼斯和它的艺术，它们为丢勒开启了一片新天地，也是他艺术生涯中的一个转折点。我们觉得有两幅描绘城堡庭院景色的画（现存维也纳）应该归入丢勒外出途中创作的作品。O.米蒂乌斯认为它们展现的是卡多尔兹堡的霍亨索伦城堡当时的庭院景色，海因里希·蒂尔德所进行的连续不断的调查证实了这一点。《意大利城堡》和《水畔的城堡》是丢勒分别从西部和北部着眼描绘塞格扎诺所产生的画作。丢勒醉心于展示装饰性的、精美的细节，在风景画中亦是如此，他画的河岸上的石块能让人对此一目了然。但每逢要搭建、砌筑城堡，丢勒就会变得很谨慎。丢勒创作的另一幅意大利城堡——《意大利山脉》画的是德索塞格扎诺。城堡和山脉都是丢勒1494年10月在前往威尼斯的路上画的。在旅途中，丢勒从两个不同的方位画了勃伦纳山口的道路。

没有天空是蒂罗尔系列水彩画的共同特征，也是早期纽伦堡风景画的特征之一。直到丢勒第一次游历意大利期间，在看过契玛（Cima）、卡帕齐奥（Carpaccio）

和乔凡尼·贝利尼的画作之后,他才发觉应该让天空成为大地不可或缺的陪伴物或对照物。威尼斯风景画背景还为他提供了许多其他题材,例如灌木丛生的斜坡、坚如磐石的桥梁、菱形窗格,以及具有立体感的房屋等等,所有这些都被丢勒加入到自己的想象宝库中。

1495年春,丢勒在从威尼斯返回纽伦堡的途中创作的水彩画见证了他在威尼斯的所学所得。蒂罗尔系列之二中有一些非常精美的水彩画,包括《特兰托》和《因斯布鲁克》在内。特兰托全景画经常被人仿造和议论。根据汉斯·尤金·巴本海姆的研究,此画展现的确实是特兰托,而不是特伦蒂诺的其他城镇。这幅全景画层次分明,纽伦堡时期被夸张抬高的地平线和压低的地平面在此都没了踪影。画中的风景不再像铁丝制造厂那样"站立"着,而是"平躺"在群山环绕的河谷上。观赏者的眼睛再也不需要在画面上跳来跳去,只用顺着轻缓的河流渐渐通往城镇。上面是晴朗的蓝天,下面是映出蓝天的水面,而居于这两者之间的就是这幅画的核心部分——城镇和山脉。《因斯布鲁克》风景画中的天空和水面采用了与这幅画中的天空和水面同样的色彩处理。丢勒的另外两幅作

丢勒水彩画《特兰托》,作于1495年

丢勒水彩画《因斯布鲁克》，作于1494年

品——《特兰托城堡》和《特立恩特伯格》都展现了精准的建筑细节，采用了粗细结合的笔法。

带着一只装满水彩画的大行李箱，以及满脑子关于南方风景、艺术和生活的难忘记忆，丢勒回到了故乡。在接下来的几年间，这些记忆再次跃然纸上。《启示录》最后一幅木版画里，天使向圣约翰展现的天上的耶路撒冷就是根据对特兰托和因斯布鲁克的记忆建造出来的。丢勒在版画《圣安东尼》中用到的那幅带有"奥古斯塔学生"题字的奇特素描中，也能看到多个城镇的建筑相互融合的影子。不过最能表达丢勒对蒂罗尔的敬意的，是1498年马德里自画像中透过窗户看到的那片白云石山脉景观。丢勒穿越阿尔卑斯山时肯定听到了大山的声音，自然也不会错过大海的呼唤。对丢勒这样的"旱鸭子"来说，除了在威尼斯的礁湖和亚得里亚海之外，他还能在哪里见到装备齐整的大型帆船？《启示录》木刻组画中的《手持喇叭的天使》和铜版画《海怪》当中都有非常明确的体现。不过，真正意义上的海景风景画直到17世纪荷兰人的大航海时代才算真正出现。丢勒从利多没有带回任何亚得里亚海的素描，只是画了一些海底的怪物，比如大螯虾和螃蟹。

《池塘边的小屋》在各种意义上都是一幅不凡的作品。画中的所有因素形成了一个圆圈——池塘的堤岸，还有小船的线条。水中有房屋的倒影，显得非常优美，树木和灌木丛让整个画面体现出一种静态美。夕阳的光影给整幅画面蒙上了一层柔和的光芒。丢勒用到的色彩非常丰富，有黄色、橙色、蓝色、紫色、红色和绿色。丢勒知道自己这幅水彩画的价值。他因此在铜版画《圣母与猴子》的背景中用到了这幅水彩画，只是原来房屋左右两侧的池塘或者被圣母像挡住，或者省去了，不过同时，池塘也被延伸，成为了海景的一部分。

丢勒在第一次和第二次前往意大利期间创作的众多画作的背景中，我们经常能够发现纽伦堡周边的一些景色，有些是自然存在的，有些则是丢勒想象的。在创作1497年《圣哲罗姆》铜版画中树木覆盖的悬崖时，丢勒用到的两幅采石场素描就在纽伦堡周围。而且，还有人认为圣安东尼和圣保罗画像中的美丽风景其实也是纽伦堡周围的景色。

丢勒水彩画《池塘边的小屋》，作于1495—1497年

从1505年秋到1507年1月，丢勒一直待在意大利。在此期间，丢勒创作了《玫瑰花环节的源起》、《医生群中的耶稣》、《圣母和金翅雀》、《圣母与圣子》，以及众多男女画像，而且还对人体比例进行了数次研究。对于自己沿途见到的风景，丢勒好像并没有多少心情或者时间进行创作。但是当他返回故土时，故乡的风景在丢勒的眼前绽放出绚烂的光芒——充满诗意的安静的修道所，安逸的村庄，昏暗而神秘的森林，广阔的山谷河流。丢勒在1508年到1518年间创作了自己的法兰哥尼亚风景画。在这些风景画中，大自然是粗糙和原始的——多沙的土壤和松树，湖泊和草场，一片片荒野，褐色的土地和绿色的草地。我们甚至能够判断出每幅画画的是什么地方。比如，米蒂乌斯就认为丢勒在巴约讷创作的素描画的是距离纽伦堡大约7英里的海伦德斯堡，而在哈勒姆创作的银尖笔素描画画的则是福希海姆附近的风景。据皮尔克海默所言，丢勒研究过风景画的理论问题，并且还专门做过注解。那我们是不是就可以据此断定，丢勒认为比例理论也

丢勒作品《纽伦堡附近的海伦德斯堡》，作于1510年

第八章 风景画

阿尔布莱希特·阿尔特多费尔作品《有城堡的风景》，油画，作于 1526—1528 年

适用于风景画这种最自由的艺术表现形式呢？丢勒是不是也认为可以用圆规和直尺来画风景画？是不是也认为可以从自然的纷繁复杂中寻找一种"真正"完美的

风景？其实，丢勒也许只是记录下自己对风、天气、光线和颜色的观察。毕竟，海伦德斯堡风景画完全不能作为"构建"的风景画的代表，因为这幅画显然不是"构建的"，而且画中的题字也不是丢勒本人的。

很多画家都认为，丢勒的风景画是可以"掌握的"，而阿尔特多费尔的风景画则只能感觉。在丢勒看来，冷杉树不可能矗立在山风中，枝头还挂满青苔，丢勒画的山也要遵循地质学的原理，山脉的结构是非常明确的。而沃尔夫·胡贝尔画的山却像是岩石构成的喷泉。如果把丢勒的水彩风景画与他的油画中的风景相比，我们会发现他的很多风景画主题都是取自平时留下来的素描和素材。在丢勒看来，伟大的主题必然要有庄重的背景。比如，在《三圣贤的朝拜》中，丢勒在描绘耶稣基督降生的传统背景——破败的棚子和废墟——时，就感到深受束缚。为了把基督降生描绘得淋漓尽致，绘画结构艺术的各种技巧悉数登场——拱形结构，

丢勒油画《三圣贤的朝拜》，作于1504年

第八章 风景画

丢勒作品《男子肖像和安德纳赫附近莱茵河的风景》，作于1521年去荷兰的路上

墙壁、长廊等等——只在远处的背景中有一瞥开阔的风景。不论丢勒在自己的油画、木刻画和铜版画中使用了多少风景作为背景，这些风景都没有与画中的人物发生交集，他们不是处在风景当中，而是站在风景之前。这也是丢勒的风景绘画的一个最根本的局限。而在素描和水彩画中，丢勒需要处理的只有自然，他在不知不觉中摆脱了意大利风格的束缚。他开始把风景与人物进行结合，但结合的痕迹非常明显，画中的人物把周围的景色变成了背景。

丢勒在1510年到1518年之间创作了最成熟和最自由的风景素描和水彩画，他实现了自己的目标，也走上了后哥特时代传给伦勃朗、凡·高（Van Gogh）和蒙克（Munch）的德国艺术风格之路。但对丢勒而言，这条路好像并不通，因此他很快放弃了这条路，并把注意力转移到了其他方面——人物和人体特征。

丢勒带着自己的妻子和女佣去荷兰期间，他心中思考的并非风景画。即便他在船上、在马车里或者在旅店里画过一些景色，那也只是因为他想画一些特色画面，或者只是把一些建筑结构元素从大自然当中抽出来，把它们当做人物进行描绘。而且，在返回德国之前，丢勒在经济上一直比较窘迫，很难有时间静下心来

丢勒作品《特里恩特北部风景》,作于 1495 年

描绘自然。不过,丢勒第一次提到"风景画画家"这个词语也是在他去往荷兰期间,当然他指的是约阿希姆·帕提尼尔(Joachim Patinir)。丢勒还在布鲁塞尔画过一幅动物园素描,里面有曲折的道路和喷泉。但是我们在丢勒的素描画册中找不到任何荷兰风景。

从荷兰返回德国时,丢勒已经染上了疾病(也正是这种疾病最终夺走了他的生命),已经没有几年时光了。但是,丢勒的脑海中还有各种各样的计划,足够让他一直忙活到70岁。风景画让位给了对人体结构和形态的研究和描绘。丢勒给皮尔克海默、梅兰希顿、智者弗雷德里克和阿尔特多费尔都画过画像。在这些画像作品中,人物背后并没有留下一扇窗户,让我们眺望远处的风景,相反,没有任何色彩的背景显得极其庄重和严谨。

也许,我们每个人都希望能够给丢勒这位出色的风景画画家编织一顶荣誉的花环。巧合的是,我们在他的艺术花园中能够发现各种各样的花朵、花蕾和花瓣。

第八章 ◎ 风景画

丢勒肯定经常从自己在纽伦堡的花园带很多花到画室——百合、紫罗兰、白屈菜、三色堇、耧斗菜、金鱼藻等等,并且把它们融入自己的画作中。当然,在丢勒的眼中,所有的花都是完全平等的。

丢勒作品《大块草地》,水彩画,作于1503年

丢勒版画《马背上的女孩与一名雇佣兵》,作于约1497—1500年

第九章
农民，市民和士兵

　　中世纪的艺术，虽然依然有着浓厚、分明的社会等级意识，但艺术家的画作中已逐渐出现了普通人的身影——最初只是在宗教画中出现一些不太重要的人物，之后逐渐变得更多、更广。伴随后哥特艺术向现实主义的转变，普通市民的身影越来越多地出现在以《圣经》为创作题材的艺术家的画作中。宗教艺术开始从日常生活中捕捉灵感。世俗场景逐渐成为绘画艺术的重要组成部分，但是由于当时还没有专门针对世俗题材的绘画分支，画家只得把目光转向宗教主题，在以宗教为主题的画作中注入轻松、温暖的普通生活元素。具有时代特征的服装、人物和氛围被融入宗教题材的戏剧和艺术当中。乡下杂技团的杂技演员成了《莎乐美之舞》中的人物，普通的雇佣兵成了迦百农的百夫长，中世纪的骑士成了圣乔治。如此一来，甚至连孩子都能看出圣彼得是个渔夫，约瑟是个木匠。
　　在丢勒的时代来临之前，上述这些就已经存在于德国和佛兰德斯的艺术当

中。德国南部的雕刻家和画家"阿姆斯特丹印坊画师",德国北方的文艺复兴雕刻家"E.S.大师",施恩告尔以及其他一些艺术家已经把日常生活中的一些人物——士兵、农民和工匠——融入以耶稣受难为题材的艺术创作中。豪斯布克梅斯特画的那些通过扔骰子来赢取耶稣基督的衣服的士兵真的就是在路上每天都能见到的士兵的模样,施恩告尔画的农民也正是真实生活中的农民的模样。

因此,我们不能说是丢勒把农民、市民和士兵的形象引进了艺术创作之中,但是丢勒对这些现实主义因素的态度与之前的艺术家并不相同。开阔的眼界使得他对生活的思考更为深入,而且他还见证了宗教改革和农民革命前夕德国人的心理转变。

《以圣乔治形象出现的斯蒂芬·包加特纳》,丢勒大约作于1500年

第九章 ◎ 农民，市民和士兵

中世纪的德国农民生活在同样的生活条件下，有着同样的感受，但他们的阶级界定却并不明确。这一社会群体与其他社会群体的区分并不明显，画匠、酿酒工和务农的城镇居民等也包含在这一社会群体中，很难将其逐一划分出来。他们的经济状况处于不断变化之中，他们也遗传了所有德国人都有的坏毛病——争论不休。弗里西湿地比较富足的农民、或者说威斯特伐利亚世袭土地上像空气一样自由的农民与法兰哥尼亚的佃户农民（其实就是土地主的农奴）有着天壤之别。瑞士自豪的农民与德国中部受压迫的农民对世界的看法截然不同。而且，几个世纪以来，德国西部和南部农民的经济状况在不断变化，正如骑士阶层社会地位的起起落落。

中世纪末期，皇帝手中的权力开始削弱，教会和土地主的权力开始增强，这样一来，农村和小城镇的农民的经济状况开始恶化。从自然经济过渡到金融经济，加之德国在涉及农民阶级的问题上开始采用罗马法律，农民阶级受到的压迫逐渐加深，使得农民逐步陷入深深的苦难之中。传统、古老习俗和是非观念或被轻视或被摧毁。瘟疫横行和庄稼颗粒无收使农民背负的债务越来越重，农村的生活越来越困苦不堪。土地被外出打猎的土地主践踏，而农民甚至不许杀死猎物，不许捕鱼，伐木也受到严格的限制，还要缴纳极高的地租，农民怨声载道，开始质疑传统的是非观念。参加1488年不伦瑞克农民暴乱、1513年沃尔姆斯农民暴乱以及1525年诺德林根农民暴乱的农民都要求驱逐议会和法庭中的"罗马"官员。农民开始对这个世界上无处不在的不公正感到恐惧和厌烦。

众多因素导致了1476年的尼克劳斯豪森农民暴乱以及1514年在符腾堡和巴登爆发的农民起义，并最终在1525年爆发了农民战争。经济穷困也许是最主要的原因，但农民要求改革，体现自己应该拥有的公正地位也是一个重要原因。特里顿海姆的农民提出的要求，就是要像瑞士农民一样自由，废除土地主制度。起义农民的旗帜遍布德国南部、西部和中部地区。但那些蜂拥而入的雇佣兵和流浪汉根本没有团结和遵循统一领导的意识。无论是对政治狂热的农民领导人弗洛里安·盖依（Florian Geyer），还是对宗教狂热的托马斯·闵采尔（Thomas Münzer），都无法统一领导起义者，使之团结起来。因此农民起义军很快就在贵族军队和斯瓦比亚联盟军面前溃不成军。最伟大的德国农民运动就这样被德国农民的鲜血淹没了。

　　以上就是丢勒所画的农民当时所处的历史背景。法兰哥尼亚的农民是德国南部最贫困的农民。乌尔里克·冯·胡滕曾经从一个骑士的角度这样描写他们："我们把土地、葡萄园、牧场和树林租给他们，他们供给我们食物，但他们自己却异常贫穷。虽然产出很少，但他们劳作时依然非常认真、卖命，因为只有这样他们才有可能变得富足起来，毕竟我们是不会降低自己该收的那一份的。"

　　丢勒没有创作过以农民与骑士之间的古老争斗为主题的作品。这位《启示录》的创作者没有创作反映农民为争取自由而斗争的作品。丢勒只是让我们稍稍瞥了一眼人间的疾苦——在他的《浪荡子》素描和版画中。画里描绘的是在法兰哥尼亚一处破乱的农场里，《圣经》中的浪荡子正在对着上天哭喊，这也正象征着德国农民。

　　丢勒那些居于城市的顾客已迫不及待地想看看丢勒是如何描画那些他们所熟知的身边人物的。带着小资产阶级特有的傲慢，纽伦堡的很多诗歌都表现了对愚蠢、粗俗和肮脏的农民的嘲笑。而事实上，这些嘲笑和讥讽正悲哀地证明了德国社会缺乏阶级团结，以及城镇与乡村之间巨大的鸿沟。甚至连给农民人物起的绰号都透着城市诗人、读者或者观众对农民的讥诮。汉斯·萨克斯写的轶事非常有趣，但他也会把农民称作笨蛋，把他们的妻子称作野女人。当然，不论是牧师和骑士，还是商人和士兵，也都没有逃脱被嘲笑的下场。

　　嘲弄对所有的民族都不陌生，因为它是年轻人之间相互交流的最古老的方式。但是在中世纪的德国，这种玩笑式的嬉笑已经变成了尖锐的挖苦，善意的幽默已经变成了彻底的讥讽，不论什么身份或者什么职业的人都逃不掉。民歌、谚语、轶事，甚至连学校的课本都充满对社会的讥讽。这样，在15和16世纪就产生了一种新的事物——通俗画，专以讥讽社会中最出风头的人物为乐。

　　但是在丢勒的作品中，我们既没有发现讽刺宗教的作品，也没有发现嘲笑农民的画作。丢勒优雅的骑士风度不会让他强烈地憎恨教皇和教会，当然，他适度的幽默感也不会允许他对农民进行粗俗的嘲笑。在丢勒1525年创作的木刻画中，倒是出现了取笑农民的画面，但却是以一种宽容的、甚至友爱的方式展现出来

第九章 ◎ 农民，市民和士兵

的。丢勒从来不会轻视农民，因为他一直都对"小人物"有一种无声的喜爱，这在他的很多作品中都得到体现。也许，丢勒仍然能感觉到自己的血管中流动着的先人的血液，他们曾经也是小农民，曾在匈牙利的大草原上放牧。

从本质上说，丢勒丰富的幻想更多地体现为一种物质外形，而非宏大壮丽的场景——更善于描绘人物，而非事件。丢勒没有画过耕田的农夫，也没有画过农民从田里归来的景象，他只是画了一些农民人物形象。1498年左右开始创作的两幅版画《交谈中的三个农夫》和《农夫和他的妻子》也许是丢勒计划创作的一个系列的开头。在荷尔拜因28年后创作的一幅木刻画中，我们看到的背景是德国的乡村风光，而丢勒采用的却是人物背后没有任何景物的传统风格的背景。这样，交谈中的三个农夫就只能被当做服饰研究对象，而不能被当做风俗人物来看待。他们的服饰是乡村装扮和骑士服装的混合体。其中一个穿着靴子，腰间别着靴刺，手上拿着一篮子鸡蛋；另一个腰间系着带子，穿着紧身裤，还拿着一把骑士的剑当拐棍用，而且剑鞘已经破了。

左图：丢勒作品《交谈中的三个农夫》，创作于约1498—1500年
右图：丢勒作品《农夫和他的妻子》，创作于约1498—1500年

207

农民出门的时候都会带上武器,这在当时那个混乱的年代是很正常的,胡滕就曾非常形象地描述道:当时的骑士一离开自己坚固的堡垒,就要时刻做好受到袭击的准备。有人认为《交谈中的三个农夫》源自某一本书,其中那个留着胡子的人就是制造麻烦的人,他在内得哈特(Neidhart)的诗歌中出现过。那么我们同样可以认为《农夫和他的妻子》可能也是源自某段趣闻的插曲。画中的妻子似乎没什么服装研究方面的价值,她的姿势倒是和城里的贵妇人有几分相似,从面容上看,她闷闷不乐、毫无表情,对丈夫的训斥毫无反应。他是在训斥她不该学贵妇人的姿势吗?

但是这种悲伤的农民形象很快就从丢勒的绘画中消失了。当丢勒1514年重新开始描绘农民形象时,呈现在我们面前的农民已经和之前大不一样——同样是一

丢勒作品《跳舞的农民》,作于1514年

第九章 ◎ 农民，市民和士兵

个农夫和他的妻子，不同的是现在他们正欢快地跳跃着。妻子空着的那只手里拿着一把小刀、一个钱袋和一串钥匙，这些东西也随她一起跳动着。休伯特·施拉德认为这幅画正好反映了中世纪后期的精神——"舞动在世界的边缘"。而阿林则认为他们是在跳一种欢快的乡村舞蹈。

丢勒描绘的农民是德国土地上最勇敢的人，他们敢于大声地、毫不掩饰地表达他们的情感，不论是悲伤还是欢乐。在为马克西米利安一世的祈祷书画边缘插图时，丢勒就以他们学跳贵族舞蹈取笑过他们，当他们试着像贵族那样用脚尖在地面旋转时，头上还顶着一块玻璃。当乡村的公鸡鸣唱《欢乐颂》时，乡村音乐家就吹着肖姆管为它们伴奏。有一种乡村乐器叫做风笛；在1514年的版画中，就有一位农民正背靠一棵大树吹着风笛。在1519年的版画《集市上的农民夫妇》中，

丢勒作品《吹风笛的农民》，作于1514年

丢勒作品《集市上的农民夫妇》，作于 1519 年

这对农民夫妇显然也属于比较大胆的跳舞农民。这幅画描绘的是一幅非常常见的情境：一对身材不高的农民夫妇正在集市上卖鸡蛋和母鸡。后来，H.J.贝哈姆用了一些简练却非常有力的话来描述这类农民夫妇，比如"天真冷……但没关系"，或者"只要能卖出去"等等。

丢勒画的农民形象版画一般都是一个人或者一对夫妇，或者最多三个人。丢勒从未描绘过集市或者乡村婚礼之类的画面。丢勒还画过两幅农民肖像画——一幅画的是一个留有胡须、头上戴着帽子的男子像（现存伦敦），另一幅是南蒂罗尔女子像（现存伦敦）。这两幅肖像画具有很大的人文研究价值—— 一个是生活富足、诚实正直的法兰哥尼亚农民，眼神明亮，面容坚韧；另一个却是一个咧嘴大笑的南蒂罗尔女子，她的面容甚至有点吓人，这幅画是丢勒1505年在威尼斯画的。

第九章 ◎ 农民，市民和士兵

丢勒钢笔画《微笑的南蒂罗尔农妇》，作于1505年

在《三圣一体的朝拜》这幅画中，丢勒描画的人物不仅有皇帝和国王、教皇和红衣主教、僧侣和修女、骑士和贵族妇人，还有农民，他们手里甚至拿着打谷的农具。这幅伟大的作品也因此体现了一种博爱。跪在云朵上，他们共同构成了一次真正的圣会——"男人和女人，年幼的和年长的，地主和农民、佣人，父母和孩子，上帝让我们来到了一起"（马丁·路德）。

依照"市民"这个词的惯常定义，丢勒的画作中包含了从厨师到贵族，从木匠到学者在内的形形色色的城里人，其中有几幅还是专门以市民生活为主题的，比如《男浴图》和《女浴图》。丢勒生活的城市纽伦堡是当时德国最大、最忙碌、最高傲和最富足的城市。但是掩盖在闪闪发光的浮华之下的却是这座城市的贫富悬殊。这里的平静和安宁经常会被暴乱和阶级斗争所搅乱，而所有这些暴乱和争斗都源于经济（税负沉重，财富集中在少数人手中），或是宗教和政治原因（贵族任人唯亲，把持地方政务）。像纽伦堡这样一个对整个欧洲都非常重要的大城

211

市的社会结构非常复杂,而这也正是纽伦堡城内城外都冲突不断的原因。处于社会阶梯最顶端的是大商人,他们可能是像兰多尔那样的工厂主或者皮尔克海默那样的大土地主,所有的经济和政治权力都掌握在他们手中。接下来是已经发了财的手艺人,其中有些人甚至已经成了大农场的主人,比如出版商柯贝尔格。与他们地位相当的是一些宗教神职人员,他们拥有土地,或是参与商业经营。再接下来是经营中小规模商业的手艺人,他们人数众多,与艺术家之间并没有非常明确的界限,只不过艺术家一般都脱离了行会的约束,被认为是在社会地位和知识修养上比他们高的一群人。再往下是在商业和农业经营中挣工资的劳动者——比如画匠和酿酒工。最底层的是一无所有的无产者,他们聚集在城郊,每次起义他们都是最坚定的拥护者。

从1509年到1514年间,纽伦堡爆发了几次起义,当然,与它临近的施韦因富特、诺德林根、施派尔、沃尔姆斯、雷根斯堡等地也都一样爆发了起义。甚至连工厂作坊里的劳工也加入了反对贵族的队伍中。面对巨大的经济悬殊,以及为数众多的贫困者和无产者的施压,纽伦堡市议会被迫在1525年调整了税政。新的政策规定,拥有财产不超过100盾的人可以免除所有税项。低收入人群的数量实在太大,市议会不得不做出让步,至少在直接税上做出了让步。但是真正的财政收入来源于对啤酒、葡萄酒、鱼类、肉类和盐等征收的间接税上,而这个重担自然落在了下层阶级的身上。

我们现在描绘的德国中世纪末期的城镇完全是受了浪漫主义诗歌和艺术的影响。事实上,那时的城镇除了教堂、市政厅、塔楼、桥梁,以及贵族的豪宅和城堡,还有普通市民的房子,它们大多完全是用木头建造的,街道也不平整,而且随处都能看到垃圾堆和牲畜。城里还有修道院、农场和空地。换言之,一座城镇其实就是一个巨大的、用墙围起来的乡村,其外表和生活方式与乡村完全一样。至于威尼斯的使节阿尔维斯·莫塞尼戈所说的纽伦堡是"德国的威尼斯",那只不过是礼貌的恭维之辞,我们可千万不能当真。

我们对当时纽伦堡居民的穿着还是比较熟悉的。丢勒画的一些素描中的服装非常具有资料价值,比如穿着家居服装的纽伦堡女人(维也纳)。作为一名画家,

第九章 ◎ 农民，市民和士兵

丢勒对威尼斯和佛兰德斯人的服装也非常感兴趣。在丢勒给妻子画的一幅肖像画中，他的妻子就戴着他从泽兰买回来的一条头巾。他从里加带回去的三幅画展现的是冰岛女人的服装。其实，丢勒去利沃尼亚的旅程并没有想象的那么危险，因为当时的很多德国艺术家都已去过欧洲东部。

16世纪初，人们开始表现出对民俗和民族服装的强烈兴趣。比如，富格尔家族的记账员马特乌斯·施瓦茨从1520年开始，每逢穿了新衣服就会找人给自己画像，他的儿子从1560年开始继承了他的这一传统。丢勒的版画、木刻画和油画中的服装也非常值得注意。比如，丢勒早期的版画《所谓的爱》（1496年前后），这幅画的主题无疑非常大众化，它揭示了一个悲哀、却又让人无可奈何的事实：世上的一切，甚至包括年轻女人的爱都可以买到。画中的女子穿着自己最好的衣服，带着最好的头巾，而那个老头则身穿带毛边的大衣，脚穿木套鞋。丢勒的版画《厨师和他的妻子》（1500年？）对服装研究很有帮助，而且也有自己的主题。

丢勒作品《厨师和他的妻子》

213

康拉德·朗格发现丢勒创作这幅画时从《城堡里的骑士》中借用了一个故事——喜鹊在不停地念叨鳗鱼;妻子偷偷把丈夫放在锅里烧制的鳗鱼吃了,喜鹊低声告诉了胖厨师这个秘密,结果丈夫非常生气。

丢勒真正描绘城市生活的风俗画只有钢笔素描《女浴图》(1516年)和版画《男浴图》(1497—1498年)。15世纪末的德国城镇有很多公共澡堂,一般都以城镇的名义租给承租人。在1480年左右,维也纳有29家澡堂,柏林有12家,法兰克福有15家。这些澡堂不仅仅能洗澡,还可用作休息和开会的场所。人们可以去

丢勒版画《男浴图》,作于1497—1498年

澡堂洗澡，也可以干别的——吃吃喝喝都可以。在纽伦堡的澡堂，还有诗歌音乐协会的成员来这里开办唱歌班，甚至还有专门的"洗澡歌"。当然，在澡堂里能做的事还远不止如此，当时有位作家说："他们坐在里面，随便说上帝和教皇的坏话。"甚至在著文论述城市的建造时，丢勒都没有忘记在一条主街上面对面地建了一家男澡堂和一家女澡堂。

如果丢勒真想模仿汉斯·萨克斯的讽刺诗歌，他就不应该放过《女浴图》这个机会，他可以在其中用最色情的粗俗幽默来表达，但是相反，他用的是一种非常客观的笔法来描述洗澡的女人和她们洗澡的过程。丢勒不是刻板的人，但他也绝对不会让自己成为粗俗之人。R. 伍斯特曼在解读《男浴图》这幅画时，认为画面展现的应该是纽伦堡艺术协会的成员晚上出来相聚的情景——沃格穆特、普雷登沃夫，还有他们的学徒，其中那个戴着帽子、穿着衣服的年轻人是丢勒，他正看着自己的前辈们怡然自得的样子，但这一说法显然没有任何有力的依据。米开朗基罗曾经画过一些洗澡的士兵，目的是展示裸体人物的站立、端坐和弯腰的姿势，丢勒创作《男浴图》的目的也许也在于此。

丢勒的宗教画中也有普通市民的身影。比如，在《三圣一体的朝拜》中就有农民和工匠的身影，后者戴着毡帽。丢勒在《书斋中的圣哲罗姆》中对市民生活的描绘最为突出。圣哲罗姆这位杰出的红衣主教住的房间就是非常典型的普通市民住宅：窗户巨大，窗格装饰着玻璃。这显然不仅仅是一处洞穴或者书虫专用的书房，而是圣哲罗姆的战场，是他获取思想胜利同时也是他经受心灵挫败的场所，对此，丢勒肯定深有体会，因为为了展现自然界的美好事物，他也曾坐在桌前冥思苦想，时常处于激烈的思想斗争之中。

还有一类人物经常出现在丢勒的作品中——士兵，比如《圣乔治》（版画，1505—1508年）中骑在马上的圣乔治；《圣尤斯塔斯》（版画，1500—1503年）中跪在地上的猎人；《军旗》（版画，1500—1505年）中卷军旗的士兵；《骑士》（版画，1514年）中的骑士；《突厥人》（版画，1518年）中扶着纽伦堡大炮的士兵；当然还有数不胜数的骑兵、猎人、弓箭手、随军流动的平民，以及旗手等等。

除了德国士兵之外，丢勒还画过他在佛兰德斯见过的爱尔兰人，甚至长相奇特的

丢勒和他的时代
Dürer und Seine Zeit

丢勒作品《圣尤斯塔斯》，铜版画，作于约 1500—1503 年

突厥人。1523年，丢勒还画过一个随英国使节洛德·莫利来纽伦堡的英国长弓手。

丢勒生活的时代充满了战争或是关于战争的传言，德国内外都是如此。士兵的身影随处可见，而且骑士、市民和农民入伍不是什么稀罕的事。按照1521年的宫廷记录，纽伦堡可以供应40名骑兵和250名步兵。纽伦堡这座帝国城市没有自己的常备正规军，但却拥有一支装备精良、训练有素的民兵，主要由市民和工匠构成。年轻人随时都可以响应号召投入战争，他们通常在星期天进行步枪和石弓训练。丢勒的父亲、汉斯·沃格穆特以及温特伯格都曾是民兵队伍中的一员。这可不是闹着玩的，因为当时的纽伦堡和其他德国城市一样经常陷入各个贵族领主的争斗当中。1450年，纽伦堡曾联合其他27座城镇击败了贵族阿尔布莱希特·阿基里斯和其他22个贵族领主。1502年，安哈尔特总督卡西米尔联合法兰哥尼亚的骑士对纽伦堡宣战。在纽伦堡森林的一场战斗中，纽伦堡将领厄尔曼·斯特罗姆尔被戈茨·冯·伯利辛根打得毫无还手之力。皮尔克海默手下的一支队伍还随马克西米利安一世参加过对瑞士的战争。1523年，纽伦堡作为斯瓦比亚联盟的一员参加战争，输送了1000名步兵、100名骑兵和22门大炮。在这场战争中，40座骑士的堡垒被毁，弗兰茨·冯·济金根在兰茨图尔城堡被围期间死去。胜利联盟的军队开进了纽伦堡。丢勒本人对军事非常感兴趣，尤其是有关炮兵和防御阵地方面的内容，1519年他还曾在霍黑拉斯白格被乔治·冯·福隆德斯伯格（Georg von Frundsberg）的军队围困期间亲自去进行过观察，后来根据记忆对当时被围困的堡垒画过素描。当时所有的艺术家对武器和武器制造都非常了解。

画家对士兵的兴趣最初源于把他们作为风俗人物或是出于描绘服装的目的。马丁·施恩告尔、德国南部雕刻家和画家"阿姆斯特丹印坊画师"、以及"P.P.W.大师"都画过服装极具特色的德国雇佣兵，尤其是骑兵。1499年的《斯瓦比亚战争》更是极大地提高了士兵形象的影响力。丢勒年轻时也对通过士兵描绘服装非常感兴趣。在他1498年画的一幅素描中，三个全副武装的人拿着长矛，正在研究战斗。在1497—1498年的一幅木刻画中，一名骑士从城堡疾驰而出，后面跟着一名士兵。

除了德国和瑞士的士兵之外，丢勒偶尔还画过突厥人，我们在1494年的版画

丢勒作品《军旗》,
作于1500—1505年

《突厥家族》中就能看到。不论是佛兰德斯的还是意大利北部的艺术家都无法抵挡描绘外国人物的吸引力。而在德国,在丢勒之前,豪斯布克梅斯特和施恩告尔都画过突厥人。除了《突厥家族》之外,丢勒还画过《两个显眼的突厥人》。另外,为马克西米利安一世的祈祷书画边缘插图时,丢勒画过一个牵着一头骆驼的东方人。

在15、16世纪交替之际,丢勒画的士兵形象发生了很大变化,因为这时他要表现的已经不仅仅是服装了,他已开始描绘士兵的庄重和肃穆。《军旗》(版画,1500—1505年)中挥舞军旗的士兵是如此庄重;《圣乔治》(版画,1505年)中骑在

第九章 ◎ 农民，市民和士兵

马上的圣乔治就像是一个真正的士兵，无视地上的死龙，双眼目不斜视地看着前方，好像正在等着另一只怪物送上门来。安静、严谨、刚强、冷静，以及自信等士兵所必备的特质都被淋漓尽致地刻画了出来，《骑士、死神与魔鬼》对不惧死神和魔鬼的基督教骑士的刻画更是达到了顶点。丢勒的《骑士、死神与魔鬼》是对北欧传奇英雄的最好写照。在马克西米利安一世的时代，骑士的地位已经开始迅速没落。对骑士的浪漫想象已经逐渐走到了尽头——就像逐渐熄灭的火焰的一点余光。

小卢卡斯·克拉纳赫作品《马丁·路德画像》,作于1522—1524年

第十章
丢勒与马丁·路德

这两位德国当时最伟大的人物从来没有见过面,但是他们却在理性思维领域聚首了。在1520年写给乔治·斯帕拉丁的信中,丢勒让他代自己向萨克森选帝侯致谢,感谢他把马丁·路德的作品送给自己,并且说:"如果上帝能让我亲自见到马丁·路德,我一定会把他铭刻在铜版上,作为对这位帮我战胜了巨大恐惧的基督徒的永恒纪念。"

丢勒的愿望没有得到实现,而我们也只能想象这位创作了梅兰希顿和马克西米利安一世肖像画的画家会给路德这位伟大的宗教改革家画一幅什么样的画像。虽然没有丢勒亲自创作的肖像画,不过小卢卡斯·克拉纳赫为马丁·路德画的著名肖像画,以及马丁·路德的学生和追随者、名气稍逊于小卢卡斯·克拉纳赫的威廉·赖芬斯坦为他画的肖像画能带给我们些许安慰。

现在我们已经很难清楚地知道马丁·路德对丢勒的看法。当然,他肯定知道

小卢卡斯·克拉纳赫作品《马丁·路德画像》,作于1525年

丢勒的画作,因为丢勒曾在1518年送给他一些自己创作的木刻画和版画。我们无从知道其中都有哪些作品,不过根据马丁·路德通过舍约尔(Scheurl)送给丢勒的感谢信,我想其中应该有《骑士、死神与魔鬼》,因为马丁·路德曾说:"看到我们既不惧怕人,也不惧怕魔鬼,上帝一定非常满意——因为我们唯一要敬畏的只有他。"无论如何,马丁·路德肯定知道丢勒在欧洲的声名,而且他对丢勒也极为敬重。马丁·路德在感谢约巴努斯·赫塞给他送来丢勒的挽辞时,曾这样写道:"丢勒这样一个虔诚的人的离世让我们深感悲痛,但他也是幸福的,因为上帝让他在风暴来临或者说变得更猛烈之前存在于这个世间,并成就了一番事业。值得他看的都应该是美好的东西,他不该被邪恶的东西玷污他的双眼。愿他在天国安息。阿门。"

显然,马丁·路德写这段话的时候,指的是丢勒的为人,而非他的艺术。马丁·路德对音乐非常着迷,但是对造型艺术则并不热衷。马丁·路德只会把自己的敏感和想象力用在发动人民上。他只有在艺术能够被他拿来用作对付罗马教廷的政治武器时才会对其感兴趣。马丁·路德是德国第一位看到艺术在影响民众方面的重大作用的伟大政治家。他非常了解木刻画对于宣传的重要作用,因为这种艺术形式所有人都能看明白。因此,不论其中的比喻有多粗俗或是嘲弄有多尖

第十章 ◎ 丢勒与马丁·路德

刻,他都会毫不犹豫地拿来对付罗马教廷。马丁·路德采用了所有可能的艺术形式来实现自己宣传的目的。

但是丢勒显然不会是马丁·路德的棋子,当然也不会是这位伟大的宗教改革家的首席艺术宣传顾问。丢勒永远不会允许自己的画笔成为宗教争斗的工具。这不是因为他缺乏信念或者热情,而是源自他天生的理想主义和超然于世外的情操,在这点上,不论他作为一个普通人还是一名画家都是如此。丢勒从来不会像格吕内瓦尔德那样把"耶稣受难"题材中的神圣人物描绘成"具体的人";相反,丢勒总会赋予这些人物一种特定的超然和庄重。因此,克拉纳赫的作品显然更加符合宗教改革的艺术主张,比如他在1521年就创作了最著名的马丁·路德宣传画之一。在丢勒的艺术圈子里,马丁·路德能找到更适合自己要求的画家,比如汉斯·西博尔德·贝哈姆(Hans Sebald Beham),还有小彼得·维斯切(Peter Vischer the Younger),后者在1524年创作的一幅作品中把马丁·路德描绘成了一位古时的英雄。

因此,我们显然不能认为丢勒的艺术是为马丁·路德的政治目的服务的。但是我们却可以说,丢勒和马丁·路德对生命的基本观点是一致的。他们的灵感和启示都源自对德国神秘主义的高贵遗产的复兴和改革。马丁·路德所宣传的基督教精神改革对丢勒深有触动。丢勒一直遭受责任感的折磨,一直在探索和寻找生

一幅讥讽马丁·路德敌人的漫画

命的最终目的这个问题的答案,就像他渴望解答艺术的终极难题一样。正是源于这种个人宗教情感,丢勒才会欣赏马丁·路德,并逐渐接受他的宗教改革思想。

丢勒和马丁·路德身上都有一种脱离俗世的超然,但同时却又保持着与生活的紧密联系,他们内心都洋溢着德国人特有的对灵魂和生命的向往的热忱,都毫不犹豫地接受了俗世生活的挑战。他们没有脱离俗世的生活,不管是欢乐还是悲伤,他们没有想过要逃避,相反都勇敢地去面对。他们对人和动物的观察都非常仔细,对真实和弱小的人物充满敬意;他们都了解生命旅程中的高度和深度,倾听他们同时代的人的呼声。

不管是在日常生活中还是在追求崇高理想的过程中,丢勒和马丁·路德都展现出一种人文主义的关怀和超乎常人的英雄情怀。1530年,马丁·路德从科堡写信给在维登堡的朋友说:"我窗外有一棵树,经常有很多寒鸦在上面开会。"另外一次,马丁·路德还专门为飞过自己房子的画眉、燕雀、金翅雀,以及红雀等鸟类写过一篇文章。而丢勒则画过很多动物的水彩画,比如兔子、小鸟、松鼠和猴子。丢勒的家里总是有很多小动物,他的每幅重要作品几乎都有动物的影子。

早在1520年以前,丢勒就是一个由拥有很高的学识和社会地位的人组成的小圈子的成员。马丁·路德的早期作品对这个小圈子的影响非常大。斯陶皮兹(Staupitz)、霍尔茨舒赫、埃布纳(Ebner)、纳特泽尔(Nützel)、舍约尔、斯彭格勒(Spengler),以及丢勒都支持恢复最古老的基督教义,支持每个人都可以参与到宗教问题中。拉扎勒斯·斯彭格勒是纽伦堡议会的职员,他和丢勒很早以前就是好朋友。他是一个非常正直和活跃的人,他的演讲和写作在议会中都是最好的。马丁·路德1518年途经纽伦堡去奥格斯堡时曾与他见面。马丁·路德把斯彭德勒称作纽伦堡真正的宗教改革家。我们知道丢勒与斯彭德勒经常交流诗文,那么他们肯定也谈过别的更严肃的话题。

按照荷兰画家扬·凡·斯科雷尔(Jan van Scorel,他在1519年之前曾在纽伦堡跟随丢勒学习画画)的说法,那时丢勒就支持马丁·路德教义。同纽伦堡的朋友一样,丢勒也相信可以在旧教会内部进行宗教改革,而且他从来没有脱离过旧教会。在去荷兰之前,丢勒和妻子曾去班贝格附近朝圣。在国外期间,阿格

第十章 ◎ 丢勒与马丁·路德

马丁·路德译为德文的《圣经》中,《启示录》一卷所附的"七头毒蛇"插图

妮丝经常去祷告,丢勒还记录过她给修道士的一些"小钱"。不论是在公开场合还是在私下里,丢勒都从来没有脱离过教会,但在心灵深处,他一直在深思自己对待宗教的态度。在安特卫普,丢勒可以继续自己在纽伦堡未完的宗教思考,因为马丁·路德的著作从1518年开始已经在安特卫普流传。奥古斯丁修道会(马丁·路德本人曾是奥古斯丁修道士)是当时宗教改革运动的中心之一。丢勒经常去安特卫普的圣安德烈修道院,他还曾给修道院的院长画过素描,以表示尊敬和感谢。在德国宗教改革运动最为关键的几年,丢勒是在国外度过的,而且是在宗教改革最大的对手查理五世统治下的安特卫普。

在本已非常紧张的情势下,一个消息犹如一枚重磅炸弹一般爆炸开来:马丁·路德在从沃尔姆斯议会返回的途中被绑架了。当这个消息传到安特卫普时,丢勒当时就在城里。一股愤怒的情绪席卷了整座城市。一向吝于言辞而且措辞非常严谨的丢勒突然滔滔不绝起来。他写道:"对于他是否还活着,或是已经被杀害了,我不知道,但是我知道他是在寻找基督真理的过程中蒙受苦难的……上天啊,可怜可怜我们吧;为我们祈祷吧,耶稣基督;挽救我们吧,让真正的基督精神永存于我们心中,用你的声音挽救我们这些迷途的羔羊吧……如果我们失去了这个人,这个过去140年来对宗教信仰最清醒的人,这个身上蕴涵着神圣情怀的人,乞求圣父,让这种神圣情怀传播到另一个人身上吧,让他再把神圣的基督教会联合起来,让我们生活在纯洁的基督生活之中……如果马丁·路德真的死了,谁还能为我们如此清晰明白地解答福音?再有二三十年他还能写出何种伟大的作品?让我们为这个受到上帝启示的人悲伤吧,祈祷他会给我们派来一个像他一样圣明的人吧!"

丢勒非常及时地离开了荷兰。1521年7月13日,就在丢勒离开后不久,马丁·路德的著作在安特卫普被公开销毁。之后的打击接踵而至。曾经把马丁·路德的著作送给丢勒的科尼利厄斯·格拉休斯被捕,一同被捕的还有奥古斯丁修道会的院长。同年10月,伊拉斯谟为了自保躲了起来。1523年,两名奥古斯丁修道士在布鲁塞尔被烧死。

在回到德国的第二年,丢勒创作了自己晚期最重要的作品——纽伦堡肖像画和《四使徒》(事实上是三个使徒和一个《福音书》的作者)。丢勒在这些几乎倾注了自己全部心血的伟大作品中传达了时代的英雄主义情怀。

丢勒从马丁·路德的宗教著作和话语中找到了自己一直在艺术中苦苦寻找的东西——安宁、净化和解放。就是为了这个,他远赴意大利,查阅典籍,求教于大家;也是为了这个,他冥思苦想,甚至已经到了忧郁的边缘。《骑士、死神与魔鬼》充分表明丢勒认同马丁·路德的宗教思想,而且也接受了他的宗教改革精神。而《四使徒》则是丢勒的正式告白和勇敢的支持。这些画作本身就是依据。《骑士、死神与魔鬼》象征着马丁·路德的战斗精神;而《四使徒》则是一首"政治赞歌"。这两幅作品不能单纯从纯美学的角度欣赏,每一幅都要在把握丢勒的整体人格和时代精神的基础上进行解读。

同《启示录》木刻组画一样,《四使徒》也是丢勒在没有任何人赞助的情况下自己决定创作的。1526年秋,丢勒送给纽伦堡议会一块精心制作的画板,以期这幅画能得到更好的保存。纽伦堡议会接受了他的礼物,也付给丢勒一些钱作为画费。托辛和朱克等学者在《四使徒》中看到了丢勒对宗教改革的纪念,甚至说

第十章 ◎ 丢勒与马丁·路德

马丁·路德被画成七头怪物

这是一幅反对罗马教廷的宗教宣传画。只有在对宗教改革运动的历史更为了解的纽伦堡，尤其是在默茨、海德里奇、梅伊曼、冯·舒伯特等人的仔细研究下，我们才能逐步弄清丢勒创作这幅伟大作品的个人、艺术、宗教以及政治因素和环境。

毫无疑问，透过画中四个人物的面容，我们可以看到被托辛称之为德国民族最伟大的成就——宗教改革。但他们传达的道德警示是针对宗教改革阵营内部的敌人的。画中引用的《圣经》资料被认为是向所有"世间的统治议会"提出的呼吁，是在提醒他们所有人类统治者都必须面对的一个难题——把道德败坏的，以及爱蛊惑人心的人从自己的阵营中清除出去。"统治议会"指的是纽伦堡地方政府的一种形式，按照克里斯托夫·舍约尔在1516年的说法，应该由"小议会"（42人组成）和"大议会"（超过200人组成）共同构成。小议会中包括13位年长的，以及13位年轻的行政官。从13位年长的行政官中选出7位更高一级的"治理官"，然后再选出3位"总务官"，其中2位是财务官，1位是手艺工匠的代表。

227

但是，当时纽伦堡的情势真的这么紧急，以至于丢勒认为自己必须通过画画的形式把这种警示表达出来，而且还非要把自己这样一份政治自白放到纽伦堡议会的手里吗？1524年的纽伦堡议会已分成相互对立的两派——一派主要由平民组成，他们对马丁·路德表示同情；另一派对自己的责任非常明确，但他们在政治上则毫无团结可言。"世间的统治议会"看到自己的地位受到很多强大对手——皇帝、德国南部天主教贵族，以及班贝格主教的威胁。当时，虽然罗马教廷仍然掌握着很多重要城市，但新的教义已经出现。而马丁·路德的支持者则缺乏决心和统一的领导。

当时的社会和宗教冲突不断，整座城市笼罩在不安全的阴影中。正是在这种情况下，丢勒在1524年写给英国亨利八世的宫廷占星师尼克拉斯·克拉策的信中说："按照新的传言，现在的确不是写信的时候，但现在到处都是邪恶。"社会地位的悬殊、巨大的贫富差距早在15世纪就已经导致了多次政治和社会运动，到宗教改革前期，这些矛盾变得更加尖锐。

1525年席卷德国中部和南部的社会运动一般被称作"农民战争"，但实际上

16世纪初德国农民战争时期，一幅反映装备低劣的农民突然袭击帝国军队的画作

第十章 ◎ 丢勒与马丁·路德

也可称其为"市民战争",因为不论是农村还是城镇都爆发了战争。1524年,在纽伦堡,一名旅店主人和一名裁缝被处死,因为他们鼓动农民和市民反抗压迫。1525年,东法兰哥尼亚的农民暴动席卷到了纽伦堡。市民觉得他们现在可以不用交税,可以反抗各种压迫了。不过,所有的"造反者"都把神圣的福音和上帝挂在了嘴边。《圣经》不但是信仰的源泉,也成了社会法的规范,根据这部社会法,德国必须进行改革。农民的口号也混合了经济和宗教要求。

登克与汉斯·西博尔德·贝哈姆、巴塞尔·贝哈姆和乔格·彭茨这三位"不信仰上帝的画家"1525年1月的受审成了促使丢勒离开画室、进入思想冲突这座舞台的外部原因。登克认为现在的《圣经》应该——按照马丁·路德的话——"被扔到椅子下面",取而代之以他自己根据上帝的指示创造的一套神秘信条。而丢勒的三位学生的步伐则更快,他们否定基督教的根本内容——《圣经》、圣礼和圣餐,甚至质疑上帝和耶稣基督的存在。法官对当时世界的情况比较了解,他们并没有把这几个年轻人的胡言乱语当回事。尽管他们当时的确都被流放了,但是当农民起义被镇压,纽伦堡当局觉得自己的地位已经再次牢固时,他们被允许回到纽伦堡。作为马丁·路德的朋友和支持者,作为艺界的领袖,丢勒觉得自己有义务维护上帝的神圣。当然,除了这些不信上帝的画家之外,纽伦堡还有一些极端的宗教主义观点让丢勒非常烦恼。为了维护马丁·路德的纯教义,揭露那些"虚假的主张",丢勒不得不代表当局展开争论,用画和文字维护自己的声名和尊严,以及艺术本身。

丢勒对当局的支持不仅表明他作为城市资产阶级的一员的政治主张,也说明他具有良好的现实思维。只要纽伦堡的争斗朝着支持马丁·路德的方向发展,就需要所有的力量结合起来,以保护改革运动中真正的主张不会受到内部分裂的影响,确保宗教改革能够从一场宗教政治运动转化为路德教会。

丢勒死后的一系列事件证明丢勒的态度是正确的。根据皮尔克海默在1530年写给数学家切尔特的信件,我们知道丢勒和皮尔克海默对于他们原来抱有的希望——"罗马教廷那些无赖及其下面的无赖僧侣和教徒能够改正错误"——深感失望,因为"事情看起来更糟了,和路德教会的无赖比起来,原来教会的无赖全都算得上是好人"。路德教派的某些支持者唯利是图,加之内部道德沦丧,宗教改革运动的理想已经丧失殆尽。马丁·路德对此尤为愤怒。他在1532年写道:"现在的农民、市民和贵族甚至比罗马教皇的黑暗统治时更加贪婪、傲慢和无礼……甚至比那时邪恶十倍都不止。"那么,现在我们来看看丢勒的《四使徒》。《四使徒》这幅画与丢勒其他的作品——晚期肖像画——有着某种联系。从为具有强硬性格的人(美因兹和萨克森选帝侯、皮尔克海默、梅兰希顿,以及瓦恩比乐)画肖像画到绘制表情丰富的使徒像,丢勒通过给他同时代的伟大人物画肖像,为创作这幅画做了充足的准备。

仔细研究《四使徒》后我们发现,其中有两个人物是主要人物,而另外两个则是次要的。圣约翰和圣保罗占据了画面的主要部分,而圣彼得和圣马可则只是出现在画面剩余的空间里。这是丢勒在威尼斯学会的创作方法,他在那里第一次看到了乔凡尼·贝利尼1488年画的《登上宝座的圣母和四圣徒》。贝利尼把重要的人物形象镶嵌到画面中的方式——两个放在前面,而另外两个则放在画面的空隙处——给年轻的丢勒留下了深刻印象。贝利尼的这幅画是三幅一联的构成方式,这很可能也是丢勒最初的设想,也就是说,在现在的《四使徒》这两条画的中间应该还夹着另一条画。那么丢勒为什么没有画这第三条画?是他在创作的过程中突然决定把这幅画挂在纽伦堡议会里而不是教堂里,所以才不画中间的第三条画吗?还是其他什么原因?这个问题显然已经不可能找到答案了。

从画中人物的动作来看,其关系是不同的。圣约翰和圣彼得正在全神贯注地阅读;而圣保罗和圣马可则手拿合着的《圣经》站在我们面前,手里还握着一柄出鞘之剑。"沉思生活"与"实践生活"这一对古老的对比在这两幅图中得到了体现—— 一图体现的是学习《圣经》字里行间的神圣真理;而另一图体现的则是随时要小心异教徒以及嘲弄或是诱惑我们走向歧途的人。阅读和通过阅读来强化信念与利剑的威慑一样重要。任何人都不能随便嘲弄他们,当他们手中的《圣经》不够用时,他们会毫不犹豫地举起手中的利剑。

将《四使徒》中的四个人物合为一体的首先是他们的使命——宣传、警示和威慑。同时,他们又都是基督英雄,有各自鲜明特性的基督英雄。英勇在他们身

第十章 ◎ 丢勒与马丁·路德

乔凡尼·贝利尼油画《圣母子与使徒》,作于1505年

丢勒和他的时代
Dürer und Seine Zeit

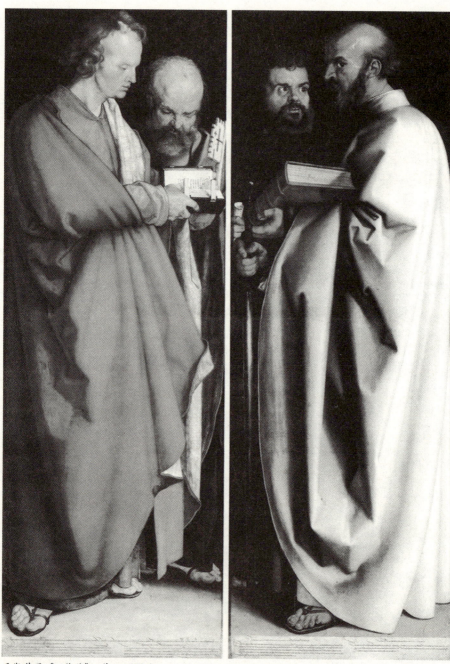

丢勒作品《四使徒》,作于 1526 年

上衍生出四个变体,同样,他们的精神和他们所传达的预言也可以分为四种(画中的题字包括了四使徒说的预言)。根据丢勒的个性,为了突出四个人物的不同

第十章 ◎ 丢勒与马丁·路德

之处,他可能不会随便从以前的收藏中找四个表情生动的画像拿来用,而是在深思熟虑之后为每个人物赋予一种独特的精神内涵。基于此,我们绝不能忽视书法家约翰·涅德尔费尔的主张,他在丢勒创作《四使徒》期间与丢勒的联系非常紧密,而且还帮丢勒写了题字。涅德尔费尔认为丢勒刻画的这四个人物其实代表了人的四种性格类型。这也许不无道理,因为丢勒也确实认为人根据精神气质可以分为"黏液质"、"多血质"、"胆汁质"和"忧郁质"这四种基本气质类型。沉思中的圣约翰显然属于"忧郁质"——他是丢勒的《忧郁》的兄弟。圣彼得代表"黏液质"。圣马可——在1526年的粉笔素描中更清晰——眼睛大睁,头发蓬乱,属于"胆汁质"。而一手紧握利剑的圣保罗则显然属于"多血质"。

还有更深一层的问题——关于圣约翰和圣彼得。在这里,英雄主义的因素覆盖了所有特征,英勇的力量变成了英雄主义的精神。丢勒怎么会把圣约翰的面容描绘得如此像梅兰希顿——一个热爱和平的人,一个学者和教育家。我们甚至可以说这四个人物其实都是马丁·路德——《圣经》的维护者、思想家、领袖和战士。画中的每个人物都像一座雕像一样矗立在我们面前。

卡尔·诺伊曼曾对《四使徒》的题字进行过非常彻底的调查和研究,他把注意力集中到了一处有些不和谐的地方——画中人物的姿态显然是纪念性的,但题字的措辞却非常华丽。这篇训诫性的题字没有像往常一样出现在画面里,而是出现在四个使者的脚底下,而且字体非常小。丢勒也没有选用比较具有纪念性的罗马字体,而是采用了"个头"很小的"哥特式字体"。根据约翰·涅德尔费尔1547年的说法,他是在丢勒的画室里写下这些话的。1522年的《马克西米利安皇帝的凯旋车》,使用的就是约翰·涅德尔费尔和安德雷斯设计的纽伦堡"哥特式字体"。《四使徒》里的题字的命运很奇特。1627年,巴伐利亚的马克西米利安选帝侯希望把丢勒的《四使徒》带到慕尼黑,而纽伦堡议会为了能继续将这幅画留在纽伦堡,声称这幅画中的题字的措辞可能会引起慕尼黑耶稣会士的不满。不过马克西米利安也有自己的办法,他把题字锯下来送回给了纽伦堡。

把图画和题字结合到一起之后,我们会产生这样一种奇怪的感觉:丢勒在达到如此高的艺术成就后,好像又做起了插图画家的工作。《四使徒》、两个系列的

丢勒钢笔画《马克西米利安皇帝的凯旋车》，作于1518年

《耶稣受难》、《圣母的一生》和《马克西米利安皇帝的凯旋车》都带有解说性的内容。为了让自己的作品在感觉和理解层面都能够传达信息，丢勒再次以图文并现的形式创作了这幅作品。

艺术并没有给马丁·路德和丢勒的时代留下新的烙印。相反，由于生活有了新的含义，艺术也就拥有了新的形式和主题。对世界末日来临的恐惧这一15世纪末期主要的社会思潮，现在要退位让贤了，因为人们开始意识到存在的意义。与把重点放在文化艺术上的意大利不同，新的德国是以政治和宗教运动为主的，这几乎吸引了整个欧洲的目光。这种巨变使沉睡已久的力量开始逐渐苏醒，使那些懦弱的胆小鬼胆战心惊，而领袖人物却要奋力争取掌握这种力量。因此，德国的"文艺复兴"与我们常说的意大利文艺复兴截然不同。

虽然这场所谓的伟大的文化运动在某些方面具有一定的广泛性，但就其起源以及十三四世纪末期以前的社会情况来看，文艺复兴在本质上只是一场意大利的文化运动。文艺复兴的思想最初源于被流放的但丁、彼特拉克和黎恩济，但他们的思想只是知识层面的，或者说只是艺术层面的。文艺复兴的文化思想主要源于意大利人内心对一切外国事物的本能排斥——在当时的意大利，"外国"主要是指法国、荷兰和德国。意大利文艺复兴能够让古老的罗马艺术再次兴盛，其原因在于意大利人认为自己与古老的艺术有着密切的联系。意大利人的文艺复兴是被他们自己的土地和热血支撑起来的。爱国情怀、国家自豪感和种族责任感是意大利文艺复兴的源泉，而其最终的目的是实现意大利自己的艺术和文化的兴盛。也正是基于这一原因，文艺复兴是无法真正传播到其他国家的。被艺术史学家称之为"德国文艺复兴"的不过是一种变体，是国外文化行为的一种"德国化"——可惜的是，它并没有让德国人重新拾起自己的创造力量。不过，在德国文艺复兴开始之后，我们似乎看到了德国艺术辉煌的传承（丢勒）。

然而，在宗教方面，德国的领导地位却是毫无争议的。文艺复兴时期德国人对信仰的虔诚程度得到了强化和深化，人们开始再次渴求一种道德典范。对德国来说，文艺复兴时期同时也是"发现那个人的时期"，但并不是要找到艺术或者科学上的那个人，而是要找到与上帝相连的那个人——马丁·路德的宗教改革运动应该发现和解放的那个人。

这种思维的革命、这种精神的复兴无法像意大利那样通过建筑、雕塑或者绘画得到反映，而是以书、小册子和插图画这样更明确的方式来表达。意大利文艺复兴的开始是用形式来表达的，德国文艺复兴的开始则是用《圣经》来表达的。马丁·路德宗教改革的两个关键——找到一种道德典范和相信《圣经》——都通过丢勒《四使徒》中的人物和他们脚下的文字得到了明确的体现。

丢勒于1509年创作的赫勒祭坛画中间部分《圣母升天》

第十一章
自由与服务

艺术是"自由"的,而且这种自由正是区分"杰出"艺术与"应用"艺术的标准,这种说法在学术界早已有之,已逐渐成为人们对艺术的普遍看法。人们认为,有了这种自由,艺术就能够摆脱偏见和物质利益的束缚,艺术家就能够摆脱自己赞助人的影响,摆脱固定的、不可违背的规则。艺术家只有获得了这种独立,才能自己创造艺术主题。但是这种艺术自由主义在歌颂艺术自由的同时,将要付出高昂的代价,因为它会造成艺术家逐步脱离普通生活,成为精神上的孤寂者和无根者,这样他们就仅能按照个人的想法进行创作。实际上,艺术家的"服务"并不意味着他们被剥夺了自由,而是一种对艺术家有益的约束和安全感,而且还能让他们省去很多细微的烦恼。对一个艺术家来说,如果他所生活的时代能够为他提供一个展现自己的天赋和才能的通道,那么他无疑是极其幸运的。那些抱怨没有自由的艺术家都是不入流的;伟大的艺术家都知道自己该如何在按照人家

丢勒钢笔画《小凯旋车》，作于1518年

确定的要求完成作品的同时确保自己的自由，而且在进行独立创作的时候，他们也会给自己施加一些必需的约束。

丢勒在作为画家最辉煌的那些年里，一直是马克西米利安一世的御用画家，如果我们因此而为丢勒感到可惜的话，那么我们实在是误读了那段历史，也误解了丢勒。也许我们更应该好好分析丢勒是如何在"服务"的同时保持自己的自由，如何把这二者结合起来的。丢勒从不把"服务"看做是一种负担，因为在他看来，艺术生来就该如此——"绘画的艺术是为教会服务的"。而且，艺术还应该为宫廷、为市民、为学者服务——换言之，就是为生活服务的。

如果我们换个角度来看，其实"自由与服务"本身也有着自己特定的含义。这不仅体现在丢勒与他的雇主之间的关系上，体现在他创作的作品中蕴涵的宗教和文学思想与他可以展现的程度的关系上，而且体现在丢勒与自己创作的每幅作品的主题之间的联系上。在与主题相关的方方面面，丢勒总会给自己限定一些严格的条件，而且无论是多么细小的地方，他都会进行仔细研究。正是因为丢勒从来不对任何细微之处马虎了事，因此他创作的主题从不会给自己和同时代的人带来不好的影响。丢勒会让这些主题更加生动逼真，充满生活的温暖，这些正是丢

第十一章 ◎ 自由与服务

丢勒作品《金丝雀的翅膀》，作于1512年

勒认为艺术所不可或缺的。丢勒的主题的意义不在于是否生动，而在于他从不画"静止的生活"，因为在他看来，即便死物也是有生命的。如果有人要求他画各种各样的奴隶，他不会把这看做是没有了自由，而只会把它看做是一个有限定条件的任务。丢勒的出生和教养，以及他的习惯和生活哲学都对他形成这种良好的思想状态大有帮助。

丢勒同时代的人非常喜欢徽章、饰章、插图和各种各样的纹章，这也许是因为他们对所有具有象征意义的东西都很喜欢的缘故。纹章学是一门流传非常广泛的学问，用纹章装饰的战袍画也流行极广。人们在每个物件上都能找到一种特定的含义，盾形纹章能够"开口说话"。在马克西米利安一世时期，象形符号在人文领域非常流行。象形符号的研究领域与占星学的并不一样，但也有一些共同之处。吉赫洛研究证明《马克西米利安皇帝的凯旋门》中的很多象征符号就是出自赫拉波伦的"古埃及象形文字"（皮尔克海默从希腊语翻译成拉丁语，丢勒曾多次用到）。虽然埃及的象形图画符号仍然没有破译，但至少证明了埃及人不可思议的智慧。除了象征意义之外，丢勒那个时代的纹章装饰仅从外形观赏的角度来说也具有重要的意义。这种艺术形式在很多窗饰、拱顶、尖顶饰、卷叶饰，以及梁饰中

239

丢勒铜版画《带有狮子和公鸡图案的盾形纹章》，作于约1503年

都能见到。丢勒的《圣母的一生》中就有很多这样的工艺，有的能让我们想起车工和木匠的手艺，有的能让我们想起首饰匠的技艺。

1510年，为准备神圣罗马帝国皇帝的加冕礼，丢勒受命为查理曼大帝和西吉斯蒙德皇帝画肖像画。丢勒详细研究了皇冠、宝球、宝剑，以及其他一些王位标志。为了尽可能地将法兰哥尼亚皇帝的肖像画画得更加逼真，丢勒甚至借用了宫廷历史学家约翰尼斯·斯塔比尤斯（Johannes Stabius）描绘的刚健面容。

1424年，西吉斯蒙德皇帝——在把胡斯·约翰放在火刑架上烧死之后——把帝国的勋章和圣物交给了布拉格的纽伦堡使团，并从一个城市运往另一个城市。据说，这些珍贵的物品就像普通的货物一样被堆在一起，而且驾车的人也不知道自己运的居然是帝国的神圣象征，直到看到纽伦堡城门前聚集的迎接队伍。勋章和圣物被保存在了圣灵医院教堂，直到1523年以前，每年在复活节后的第二个星期五，这些物品都会在集市向公众展出。其中包括康拉德二世的皇冠、节杖、宝球和宝剑，"最后的晚餐"用的桌布碎片，以及荆棘冠。不论是孩童时代还是长大之后，丢勒肯定都见过这些最神圣的艺术品。

从1512年开始，马克西米利安一世充分利用丢勒的艺术才华来完成自己的宏大计划。这位皇帝感到自己的宫廷是如此宏伟，觉得自己也应该学学罗马皇帝。恺撒、提图斯和康斯坦丁都有自己的凯旋队伍和凯旋门——马克西米利安一世自然也要有自己的。1501年，他在维也纳大学建了"数学与诗歌学院"，并且觉得自己这样做就像一个罗马皇帝了。他有着数不清的计划，但他实施这些计划的途径却非常有限。这位出自哈布斯堡皇室的皇帝想和自己的人民保持亲近。虽然带着与生俱来的傲慢，但他仍不失为一位温和的奥地利绅士。为了实现自己的宏大计划，他需要很多艺术和科学知识——他需要斯塔比尤斯、皮尔克海默、辛津、特雷兹索尔温等学者为他拟定计划，修订宫廷文献，寻找艺术家，并检查他们的设计。他雇佣了诗人、音乐家、哲学家和历史学家，还有善于画宫廷画和描绘功德的画匠。一些得到信任的顾问——比如波伊廷格——成了这位皇帝与各个部门和工作室之间沟通的桥梁。

在众多歌功颂德的计划中，只有少数得以实施，这位皇帝的很多想法永远都无法得以实现，或者说只能部分地得以实现。《勇者》、《冒险家》和《白色国王》这三本插图书讲述了这位皇帝的生平——无比丰富的政治和爱情经历，战场上数不胜数的胜利，热闹的大婚队伍和威猛的阅兵队伍，以及规模恢弘的节日和狩猎场景。艺术上则可以通过三件作品——他的坟墓、凯旋门和凯旋队伍——来弘扬这位皇帝永恒的声名。

《勇者》就像是《冒险家》的序幕，描述的是年轻时候的马克西米利安用各种勇猛的力量夺取胜利——奔跑、马上冲刺和徒步战斗。到1515年，已经专门为这本书准备了255幅缩图，其中5幅是木刻画。

《冒险家》就像是马克西米利安的传记。马克西米利安和其他一些历史人物以一些虚构的名字出现在其中，与一些寓言人物混杂在一起。在这本书的1517年版本中，S.夏弗莱恩准备了118幅木刻画。这本书歌颂了马克西米利安本人以及他的功绩，还描绘了他带回自己的新娘——勃艮第的玛丽——的冒险过程。在这本书中，马克西米利安的对手是弗特威格、昂弗洛和尼德哈特，他们最后都被击败并处死。

第三本书《白色国王》是一本浪漫的散文诗。这本书源于拉丁版本的马克西米利安自传，由马克斯·特雷兹索尔温进行了改写，中间穿插着汉斯·布格克迈尔创作的257幅木刻画，其中有很多描绘的是年轻的马克西米利安学习、玩耍或是练习武术时的场景。

这些书的内容表明这位皇帝总是停歇不下来。他是一位"忙碌"的皇帝，总是在广阔的领地上巡视，从来没有在哪儿真正停下来过，而且经常不请自来。他最喜欢的地方是奥格斯堡，但他仍旧没有让自己停留在这里。根据托辛的形容，古老的帝王都把马背当做自己的家。那么，如果马克西米利安没有把自己固定在任何一座城市，他的壁画应该在哪儿画？他的雕像又该立在哪儿？马克西米利安无处不在——因此艺术这个信使也必须无所不在地传播他的声名。而唯一能够做到这一点的艺术形式就是绘画。书籍和图画印刷成为新的伟大力量。因此马克西米利安选择了图书和木刻画的方式，另外一个原因是印刷一座凯旋门的花费可远比建造一座凯旋门低得多。1514年，马克西米利安委托萨尔茨堡雕塑家汉斯·瓦尔克尼尔（Hans Valkenauer）为埋葬在施派尔大教堂的8位皇帝和12位皇后创作雕像。但是由于马克西米利安1519年去世，他的这一宏伟计划永远无法完成了。位于因斯布鲁克的马克西米利安坟墓上的纪念雕塑算是彻底属于马克西米利安的。但是，即便是这座坟墓也不是马克西米利安这位停不下来的皇帝最终安息的地方。马克西米利安1519年在上奥地利的韦尔斯去世，他的棺木留在了纽斯塔特，埋在因斯布鲁克的只是他的石棺。

马克西米利安的凯旋门和凯旋队伍是现存最大的木刻画。凯旋门高9英尺10英寸，宽也有将近9英尺10英寸。马克西米利安对于意大利艺术风格的"凯旋"一定非常熟悉，比如对曼泰尼亚的作品。韦格蒂乌斯的《罗马军制》一书中的凯

第十一章 ◎ 自由与服务

旋队伍和建筑对马克西米利安来说肯定也不陌生。雅各布斯·阿尔真托拉藤斯的《恺撒的凯旋》木刻画提供了图画模型,而建筑家和画家约尔格·科尔德尔1496年在因斯布鲁克建造的徽章塔则为凯旋门的形式和装饰风格提供了灵感。斯塔比尤斯负责文化知识方面的设计,科尔德尔负责把这幅画分成若干幅缩图,丢勒则负责描绘最重要的部分。另外,沃尔夫·特劳特、汉斯·斯普林吉克里,甚至还有汉斯·丢勒都承担了设计工作。阿尔布莱希特·丢勒是在1512年接到这项工作的,用斯塔比尤斯的话说,这件木刻的标准是"马克西米利安一世的凯旋门必须按照罗马帝国皇帝的'凯旋'进行建造"。这项工作一直持续到1519年。

马克西米利安一世的凯旋门由92块木刻拼成。事实上,这就是一座声名的宫殿,我们甚至能够看到里面精美的房间。四个一人多高的柱子形成了三个狭窄的

《马克西米利安皇帝的凯旋门》,作于1515年

《马克西米利安皇帝的凯旋门》局部

通道——非常狭窄,简直就像裂缝一样。这座建筑更像是一座塔,而不是一座凯旋之门。拱门和台阶都如此狭窄——与以前的凯旋门形成鲜明对比——四轮马车根本不可能通过。设计者好像从未想过用什么材料来建造凯旋门这个问题。这个由鲜花、乐器、香炉和怪兽组成的世界是一幅画的世界。人们已经无法把它与真实的凯旋门联系到一起。人们关心的是上面的图画和文字。中间的拱门比另外两个要高,它是"荣誉和权力之门",左边的是"高贵之门",右边的是"赞美之门"。正前方顶楼的神龛里坐着身着皇袍的马克西米利安一世,他的周围是一些具有象征意义的动物——狮子、公牛、鹤、蛇、狗和公鸡。吉赫洛研究发现,在马克西米利安一世时代,这些动物都具有某些神秘的象征含义。马克西米利安一世的凯旋门、凯旋队伍和祈祷书中显然都充满了类似的、数不胜数的神秘元素。因此弄清这些纹章和象形图画中蕴藏的含义自然也就成了马克西米利安一世的随从平时的消遣。这样一来，虽然这幅巨大的木刻没有给予他们巨大的视觉冲击，但仅是这些谜团已足够他们琢磨的了。在主拱门上面的阁间里，我们又发现了身着皇袍的马克西米利安一世，下面是他的家谱，左右两边各有102枚盾形纹章，代表他的家族控制的国家。两侧的两个拱门上的24块雕刻象征着这位皇帝的功绩和成就。左右两端的箭形长条里画的是马克西米利安的家族成员，两侧的柱子分成12个隔间，其中有3个是空的，其余的则代表马克西米利安的众多美德、功绩、计划和兴趣。整个木刻中有很多人类、动物和植物形状的东西在爬行、逃窜和移动。角落里站着音乐师，猴子蹲伏在台阶上，龙吐出舌头，鹤在跳跃，有人躲在柱子后面偷看，帕恩形状（希腊神话中半羊半人的山林和畜牧之神——译者注）的人物在穹顶跳舞。整个木刻充满一种不含丝毫抑制的喜悦之情，其中的装饰不属于任何美学或艺术流派。南欧的和北欧的，后哥特式的和文艺复兴的，栩栩如生的和僵硬呆板的，建筑上的和非建筑上的——所有因素都融合其中，不同风格的事物的融合奏响了歌颂马克西米利安一世的鼓乐之声。

丢勒在哪儿呢？他在其中起了什么作用？他的贡献主要在中间的拱门、花环、鹤、皇冠和勋章，以及顶上雕有怪兽和动物的柱子。在歌颂马克西米利安一世的嘈杂的声音当中，我们似乎听到了鸟的歌唱；在模糊的象形图像当中，我们似乎看到了清新的百合，于是我们知道这是丢勒的作品。然后，柱顶的叶形装饰变成了橡树叶和常春藤；抓着卷轴（上面写着马克西米利安一世的格言）的怪兽也不再是简单的装饰物，而是变成了凶猛的掠食者。如果有人质疑这件凯旋门木刻的"不合理"结构，那就说明他应该好好了解一下德国人的性格。"我们必须永远记住德国人的性格"，丢勒曾经写道："就是要创造前所未有的东西，塑造前所未有的潮流。"

马克西米利安一世想要一支与1515年的凯旋门相配的凯旋队伍，最重要的自然是一辆皇家四轮大马车。构成凯旋门的木刻是从低到高一块一块叠加起来的，而构成凯旋队伍的木刻则是从前往后一块一块连接起来的，其中八块木刻描绘的是四轮大马车。丢勒负责设计了被称作"凯旋马车"的大马车和被称作"勃艮第婚礼"的小马车。他还参与设计了凯旋队伍的其他部分，比如宫廷服装、旗手以

丢勒和他的时代
Dürer und Seine Zeit

《马克西米利安皇帝的凯旋队伍》局部（勃艮第婚礼），作于约1515年

及他们座下的马的优美步伐。当然其主要部分主要还是由汉斯·布格克迈尔和汉斯·斯普林吉克里完成。

丢勒有两个阶段的凯旋马车设计图保存了下来。大概在1512—1513年间，丢勒画过一幅马车素描，画的是一辆仪式用的马车，造型非常优美。车上坐着马克西米利安一世，他的夫人"勃艮第的玛丽"坐在他前面，坐在玛丽前面的是菲利普王以及他的姐姐玛格丽特和妻子乔安娜，坐在他们三个前面的是未来的皇帝查理和费迪南德，坐在最前面的是他们的四个姐妹。丢勒在1518年又画了一幅马车画，画的还是这辆皇家马车，车上的乘客完全按照身份地位高低依次排序，是一幅巨大的彩色素描。等到画木刻画时，皇家成员不见了，车上的乘客变成了各种美德，挂在纽伦堡市议会厅的壁画就是这种形式的。

凯旋马车由12匹马拉动，车的驾驶者名为"平衡"。海因里希·布鲁克豪斯根据资料认为这其中存在很多寓言含义。东罗马帝国皇帝的《法令》的序言开篇就说必须用武器和法律武装自己，这样他才能公正地治理国家并不断取得胜利。凯旋马车显然是根据《民法大全》中的思想设计的。马克西米利安一世头戴皇冠，手拿节杖和棕榈枝，代表无上权威的宝球和宝剑就放在身边。围绕在他周围的是各种天使——公正、坚韧、谨慎和克制托举着真理、仁慈和善良的花环。安全和自信伴随着这位皇帝，理智握着缰绳，经验和细心驾驭着马匹，勇敢和大胆让马匹昂首向前。皮尔克海默的解释非常清楚："为了避免勇敢和大胆把马车引入歧途，前面还有经验和细心引导的两匹马引领着。因为，如果没有经验和细心，勇敢和大胆可能会带来伤害。"

当然，人们可能感叹丢勒这样伟大的艺术家怎么会接手这种缺乏内涵的任务，怎么会甘心用自己清晰的绘画语言来表达这些僵硬的所谓寓言内容。不过，丢勒恐怕并不这么看。这位创作了《耶稣受难》、《海怪》、《忧郁》等具有寓言意义的作品的伟大画家显然非常清楚该如何把思想拟人化，而且，皮尔克海默和斯塔比尤斯的这些计划显然并没有给丢勒带来任何不快。即使是关于形式的问题，比如凯旋门的结构和装饰，以及马车的构建和装饰，对丢勒也具有一定的吸引力。他的创造力在处理这些问题的过程中起到了至关重要的作用。凯旋马车是一个巨大的成功。马克西米利安一世头顶的华盖就像一只新发明的巨大的勺子，而支撑着各位天使的托座则像是水果盘。其中有些装饰因素具有明显的意大利风格，比如凯旋门中柱子顶部的狮子的头。不过整个构思形式，比如以凯旋马车为例，毫无疑问是德

丢勒1515年为马克西米利安皇帝"祈祷书"边缘所作的插图

丢勒1515年为马克西米利安皇帝"祈祷书"边缘所作的插图

国风格的。"明显的"意大利文艺复兴风格没有取代兴盛的后哥特风格。

按照马克西米利安一世的要求,丢勒创作了自由度最小的作品——凯旋马车;但同时,丢勒也创作了最自由的作品——为马克西米利安的祈祷书画的插图。这本祈祷书并不是普通的手稿,而是印在皮纸上的成品。已知的现存抄本有5份,由斯强斯伯(Schönsperger)于1513年在奥格斯堡印刷,内容包括圣歌、《福音书》的一些摘录、赞美诗和祈祷文。页边上有彩色插图的一份抄本分成两部分,分别保存在慕尼黑和贝桑松。里面的文字印刷可能比较匆忙,有些内容甚至没有完成,可能是因为马克西米利安在1519年1月12日去世的缘故。

对于这本祈祷书的目的,现在仍然没有令人满意的解释。吉赫洛认为是马克西米利安一世下令制作的,为的是分给圣乔治的骑士,其中的宗教内容是为了激励他们与突厥人进行战斗的热情。而且,吉赫洛还认为祈祷书中的插图是为制作木刻所做的准备,虽然木刻的计划从未进行过。还有一个似乎更加可信的说法是由乔格·莱丁格尔提出的,而且这个说法得到了普遍的认可。他认为只有为马克西米利安一世准备的抄本才画了插图。除了丢勒画的插图之外,保存在慕尼黑的半部分当中还有卢卡斯·克拉纳赫画的插图。而现保存在贝桑松的那半部分当中的插图的作者甚至可能包括汉斯·巴尔东·格里恩和汉斯·布格克迈尔等人。

祈祷书中的插图装饰显然是给马克西米利安一世看的,这位受土星影响的皇帝容易有忧郁倾向。这样做的目的是为了让他感到愉悦,吸引他的注意力,为他已经非常丰富的想象力提供更多的精神食粮。丢勒画的插图有些异想天开的味道,内容简直无所不包、无所不容,它们本身就是一系列伟大的作品。这些插图没有受到任何约束和扭曲,它们并不需要被转化成印刷的语言,只需要保持自己清新和欢乐的形式。当然,丢勒不可能对每幅插图都倾注同样的热情和心血。从整本祈祷书来看,有些页里的空白部分画满了插图,而有些页里则只有上面、下面或者左、右某一边的空白部分画了插图。插图的种类也各不相同,有的是钢笔素描,有的却是幻想式的图画。因此,我们可以说这些插图见证了丢勒的天才。

丢勒画过各式各样的人物:骑士、市民、乞丐、隐士、医生、乐师、雇佣兵、突厥人,还有印第安人;他们有的睡着,有的醒着;有的很清醒,有的却醉眼迷离;天使和圣徒从天国下凡,农牧神和森林之神从奥林匹斯山来到世间,魔鬼从地狱爬到人间。丢勒对动物的喜爱也得到了淋漓尽致的展现。在水彩画《圣母与动物》中,丢勒在圣母玛利亚的座位周围画了各种各样的动物,而且丢勒很早就已经开始在绘画中研究动物。丢勒在亚得里亚海的海岸边画过龙虾和螃蟹,还曾专门去北海画鲸鱼,可惜无功而返。他在意大利的港口见过狮子、猴子、骆驼、麋鹿和野牛,在家里养着波美拉尼亚狗、狮子狗和猎犬,在法兰哥尼亚森林见过松鼠、狐狸和鹿,在野外见过獾和野兔。丢勒在途经蒂罗尔时见到了野山羊和岩羚羊,并在1504年的铜版画《亚当与夏娃》中画了这些动物。1523年的素描《跳舞的猴子》在丢勒创作的动物素描中占有重要地位,因为这幅画表明丢勒创作的

丢勒钢笔素描《跳舞的猴子》，作于1523年

动物画已经从写实转向想象。丢勒还创作了第一幅描绘犀牛的画（1515年，钢笔素描和木刻画，伦敦）。

  动物在北欧艺术中一直占有重要地位。比如，德国一直就有很多古老的动物装饰和怪兽饰，而且除了龙、独角兽和狮身鹰首兽这些神话中的怪兽之外，还有一些动物也成为了传说和寓言中的主角，比如刺猬、狼和狐狸。1498年，在吕贝克出版的《莱涅克狐》（即《列那狐》）中汇集了很多种动物，书中还带有木刻插图。

  丢勒本人对动物的喜爱，以及德国艺术的动物传统当然不是祈祷书插图中含有很多动物的唯一原因——还有一个原因在于这本祈祷书的主人。马克西米利安一世经常对自己手下的人感到失望，因此他非常喜欢动物。他还非常喜欢狩猎，并因此特意颁布严厉的法律保护野山羊免于灭绝。他也非常喜欢养鸟，因为他觉

第十一章 ◎ 自由与服务

丢勒作品《小猫头鹰》，作于1508年

得鸟的歌声比大臣们的喋喋不休动听得多。丢勒和克拉纳赫画的插图中包括了马克西米利安在森林中能够看到的所有动物——飞舞的鸟、公鸡、母鸡、野鸡、天鹅、鸭、鹅、鹰、苍鹰、猎鹰、猫头鹰、鹳、翠鸟、琵鹭、鹤。除了这些鸟类之外，还有蜥蜴、蛇、海龟和青蛙。

丢勒为马克西米利安的祈祷书画的插图画就像是对以前的创作想法的一个总结。我们经常能从中发现熟悉的人物和主题。比如在祈祷书中圣约翰的《福音书》开始的地方（第14对折页的左页），我们就发现了1511年《启示录》木刻组画中的圣约翰。在精致度和生动性方面，插图画比木刻更胜一筹。《骑士、死神与魔鬼》的主题在祈祷书插图画中也出现过两次。而且很多时候，丢勒在插图画中对主题的处理比原来更为出色。

就祈祷书中的这些插图画而言，基调、风格和影响常常是相互交织在一起的。歌德曾经评价丢勒利用狭窄、细长的页边的方法与意大利画家利用壁柱表面的方法非常相似，也许他是受了曼泰尼亚的学生佐恩·安德烈（Zoan Andrea）的影响。在某些对折页中，丢勒是围绕一个中心轴来设计和安排自己的插图的，比如在第19和第56对折页的右页。整个插图的构建严格按照对称的标准进

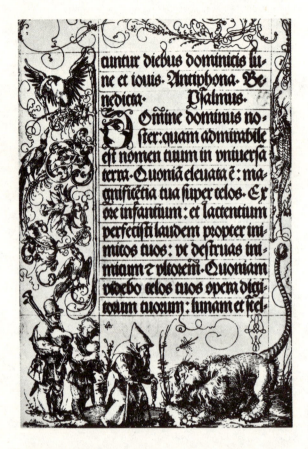

丢勒1515年为马克西米利安皇帝"祈祷书"边缘所作的插图

行——石柱的基石、天使、花冠以及花环。

在这本祈祷书的插图画中,丢勒的想象力跨越了众多领域,从天国到尘世,从现实到神话,但是他下笔的线条并未局限于完全的现实或是完全的想象。在某一刻,丢勒可能在着力描绘真实,而在下一刻,他却可能已经摆脱了所有束缚,转而寻求一种灿烂和虚缈。另外,丢勒还是一位书法大师。他有一双非常稳健的手,仅凭双手便能画出完美的圆,这得益于他在父亲的金银首饰作坊所受的训练。他甚至已经习惯在非常坚硬的物体表面上稳健、清晰地画出非常细的线条。丢勒对书法和铅字非常感兴趣,这点从他设计的哥特体活字和拉丁字体可以得到验证。丢勒的画笔就像他的手一样灵活,我们简直无法辨认出什么地方属于书法,什么地方又属于绘画。书法和绘画的艺术相互结合,形成了一种精致而有趣的绘画艺术。

第十一章 ◎ 自由与服务

德国艺术只在一个时期赢得过世界的认可——那就是丢勒的时代。他的天才在世界范围内比小汉斯·荷尔拜因得到了更多的认可。不过，丢勒在德国却没有能够与自己相比的追随者——这也是他人生的一大悲剧——他的艺术在生前就已经是欧洲所有文明国家的共同财产。丢勒的影响体现在艺术的各个方面——图形艺术、油画、雕塑、玻璃釉彩以及壁饰挂毯。无数的意大利和德国画家借用和仿照他的绘画技巧和画作主题，无数的荷兰画家学习他处理空间和风景的方法。这些正是丢勒的影响的开始，而对于丢勒的影响的历史研究显然还有很长的路要走。

丢勒在1513年设计的带宁芙女神的鹿角树枝形吊灯图案

第十二章

雕　刻

如果让研究学者一一列举丢勒的作品，其中有很多可能是我们所无法讨论的。如果说丢勒的艺术是一株参天大树，那么我们不过是摇晃了一下它的主要枝干，拾起了一些最为成熟的果子。如果我们搜索一下其他的枝干，我们会发现还有很多果子隐藏其中。

连接丢勒作品中的"自由"艺术和应用艺术的纽带是《三圣一体的朝拜》中的结构框架，里面的人物是丢勒自己设计的。丢勒的技艺比我们想象的要更加广泛。他博学多才，掌握了多种技术，接手过各种各样的创作任务。他曾为浮雕作品和圆形浮雕画、装饰性的绘画、书籍的插图，以及玻璃彩饰等等提供过设计。奥格斯堡圣安娜教堂富格尔礼拜堂的两件浮雕作品就是根据丢勒的设计创作的。很多此类作品都已不复存在，尤其是用玻璃等易碎材料制成的作品。也许有一些作品得以保存下来，但却已经无法与丢勒联系到一起。因此，想要找到丢勒作为

丢勒1500年所作的鹿角树枝形吊灯设计图案

一名熟练的工匠创作的作品的确需要一些运气。

由于丢勒小时候曾在金银首饰作坊里待过,因此他对一些细小的雕塑工作可谓训练有素。当然,自从"转行"之后,丢勒已经把注意力从金银首饰制作转移到了绘画上,但雕刻的意识仍流淌在他的血液中,他的手指还保持着那种切实的感觉。作为一个外出游历学画的年轻人,丢勒在科尔玛受到过卡斯珀(Caspar)和保罗(Paul)、在巴塞尔受到过乔治·施恩告尔(Georg Schongauer)的热诚招待。马丁·施恩告尔的两个兄弟都是金银首饰匠,他们的父亲也是。不论走到哪里,丢勒都会去拜访当地的金银首饰匠,给他们画像,并且一直受到热情招待。他在安特卫普给当地的金银首饰匠设计过嵌条,在布鲁塞尔为当地的金银首饰大师画过素描。丢勒的作品中有很多关于垂饰、扣形饰物、高脚杯和剑鞘的素描,而这些东西都出自金银首饰作坊。丢勒生活的城市非常热衷于喷泉。老海因里

第十二章 ◎ 雕刻

丢勒1527年设计的喷泉图案

希·贝海姆（Heinrich Behaim the Elder）画的《美丽的喷泉》就位于纽伦堡的一个集市上，拉本沃尔夫（Labenwolf）在1557年创作的喷泉树立在纽伦堡市议会厅的院子里。海因里希·布鲁克豪斯认为丢勒1527年设计的一个喷泉图案在结构上很像拉本沃尔夫创作的喷泉。

在丢勒的很多作品中，我们都能发现雕刻作品，尤其是威尼斯风格的装饰性雕刻。在《启示录》第一幅描述圣约翰的殉难的木刻画中，在远处，我们看到了《圣马可与狮子》中的柱子。在《大马》版画中，一根顶端站着一个人物形象的柱子贯穿整个画面。而在《圣母的一生》木刻组画中，雕刻作品先后三次成了虚拟建筑中的装饰物。

257

丢勒和他的时代
Dürer und Seine Zeit

丢勒同时代德国著名画家老卢卡斯·克拉纳赫的作品《帕里斯的裁判》，木板油彩，作于1528年

第十二章 ◎ 雕刻

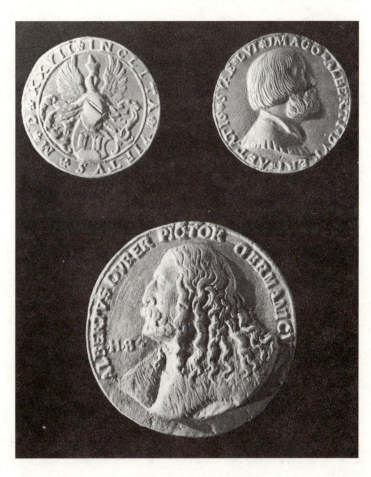

丢勒设计的圆形浮雕：上面两枚为马西斯·格贝尔 (Mathis Gebel)，创作于1527年；下面一枚为汉斯·施瓦茨，创作于1520年

那么丢勒本人有没有雕刻作品呢？我们只知道丢勒也和老卢卡斯·克拉纳赫、布格克迈尔等艺术家一样，为圆形浮雕做过设计。丢勒无疑对当时的小型雕塑作品具有非常大的影响力，因为丢勒本身就设计徽章和奖章，他的绘画作品中含有非常丰富的人物形象，人们只需要照着动手做就可以了——事实上，当时很多艺术家就是这么做的。哈贝奇认为下面这些是丢勒独立完成的作品，但温克勒和班戈则表示怀疑：一个裸体女子银雕（纽约，大都市博物馆）；皮尔克海默、沃格穆特、斯塔比尤斯和查理五世、阿格妮丝、老丢勒等人的圆形浮雕；还有一个女性肖像雕刻。大多数人倾向于认可沃尔夫林的看法，即这些浮雕是根据丢勒的素描制作的。比如，那个裸体女子的腿的姿势让我们想起丢勒1510年画的夏娃。不过，这些浮雕的真正作者恐怕是17世纪初期一些技艺较高的仿造者。比如"后

259

认为可能是丢勒设计的圆形浮雕：上面一枚为皮尔克海默，下面两枚分别是阿格妮丝和沃格穆特

丢勒"的一个雕塑显然源自德绍城的一幅素描。这个作品描绘的仍然是保存在纽约的裸体女子银雕，只是把维纳斯和一个"野性男子"加了进来。

当时的纽伦堡对贵金属的使用有严格的规定，这也让我们无法确定丢勒有没有使用这些金属做过雕刻。丢勒认为自己不是或者至少已经不再是金属雕刻、加工方面的好手。丢勒曾为智者弗雷德里克的一件金属雕刻做过设计，当后者问他该如何进行雕刻时，丢勒说自己在这方面并不在行，因此不能给他任何建议。鉴于丢勒画木刻画的时候也没有自己雕刻木头，因此我们想，丢勒不大可能根据自己的素描和模型雕刻这些贵金属。不过，根据丢勒的设计制作的很多金属雕刻非常值得关注，因为它们证明了丢勒的创作天才是何等广阔。

正是在描绘现实的过程中感受到的乐趣和与生俱来的天才让丢勒全身心地投

第十二章 ◎ 雕刻

入到艺术当中。他成为了一个制图家和画家，完成了自己的历史责任并奠定了自己在历史中的地位。作为一名画家，丢勒也继承了德国雕刻的伟大传统。丢勒的木刻画中不仅蕴涵了绘画学校所能教授的绘画知识，还有德国1480年到1500年间的木刻艺术遗产。如果我们一定要找出丢勒在创作《四使徒》中的人物时仿效过的几位伟大艺术家的话，那么我想答案只能落在雕刻纽伦堡大教堂创始人的几位不知名的艺术大师身上。德国中世纪的古典雕刻风格与德国宗教改革时期的绘画风格实现了完美的共鸣。

《两名乐师》(鼓手是丢勒?),作于约1500年

第十三章
赞美的限度

我们不能、也不愿意毫无区分地赞美丢勒的每一幅作品。我们生活的年代与他生活的年代相隔四百多年。对于丢勒的杰作,我们不需要吝啬任何溢美之词。当然,我们也不可能要求所有人都对丢勒的作品产生无与伦比的赞叹——毕竟,丢勒不可能在每幅作品中都把自己的天才淋漓尽致地展现出来。我们可以透过自己的直觉来感受丢勒艺术的伟大之处,就像我们在探矿的时候需要用探矿杖来确定哪里有金矿,哪里是不含任何矿物的岩层一样。真爱也不能盲目。

那么,我们不禁要问,丢勒的伟大作品所形成的一座座顶峰之间的低谷是如何形成的呢?在心理压力巨大、想象力和创造力低下的时候,丢勒创作了一些什么样的作品?在丢勒的广阔的创造海洋中,暗礁都分布在哪里?又有哪些艺术到现在已经失去了意义?丢勒的想象和创造的火焰是在创作哪幅作品时被僵硬形式和纯思维的冷风吹灭的?我们不能仅仅挑出一些我们不喜欢的丢勒作品了事，无论我们的态度是小心翼翼的批评还是狂妄自大的傲慢；相反，我们必须结合一些例子，搞明白到底是什么让我们失去了兴趣。比如，设想我们发现了一些文献能够证明所谓的巴塞尔派木刻画其实根本就是根据丢勒的早期素描制作的。于是，这些木刻画马上就会脱离饱受风格批评的境地，被拿到历史理论研究的聚光灯下。人们也不会再持续不断地争论这些木刻画的作者到底是谁，而是会把这些画作归结为丢勒的早期作品，并马上在艺术历史当中给它们找到合适的位置。但实际上，我们并没有发现这样的文献，而且即使真地发现了这样的文献，即使这些木刻画在丢勒的艺术历史当中确实占据了一隅之地，我们在对它们进行评价的时候也不能把它们放在和别的作品同等的位置。这些木刻画的地位依然与原来一样——存在问题的艺术作品，不论有多少证据能证明它们是丢勒的作品。它们不会从根本上影响我们内心深处对丢勒的评价。至于丢勒有没有参与达姆施塔特祭坛画组画（大约1493年）的创作，或者德累斯顿祭坛画中的耶稣受难场景有多少是仿照丢勒的设计创作的，这些问题都留给鉴定家们去解决吧。

即使是那些真实性从来没有遭人质疑过的丢勒作品，我们也可以不买它们的账，毕竟不是只有专业的艺术历史学家才有权对绘画作品进行评判。空洞无味的丢勒绘画作品也不是没有，有的甚至显得矛盾而滑稽。《启示录人物》（1511年）中那个貌似经常经受悲观情绪折磨的圣约翰，与后面画作中热切的圣约翰形象几乎没有任何相似之处，而且画中的哥特式装饰样式与人物的精神和身体受难状态也极不相符。开启《小受难》的版画《耶稣基督》（1509年）中的人物用两根手指夹着鞭子，他的动作更像是在颤抖而非痛苦。1498—1500年创作的《耶稣基督》中的人物胳膊伸展，整幅画的活力需要他的姿势来体现，他的姿势却什么也没体现出来。《救世者》（纽约，大都市博物馆）中体现的伤感毫无根据，1518年创作的长腿的卢克利希亚（慕尼黑）则显得非常单调。我们完全可以理解丢勒对奇思怪想的热衷，因为那正是他研究造物主的产物，但是，当我们看到他把老人的胡子挪到小孩的脸上时（巴黎，1527年），我们无法不感到有些不伦不类。

在丢勒的作品中，有很多内容只有丢勒自己或者他同时代的人才能理解，有

第十三章 ◎ 赞美的限度

丢勒作品《卢克利希亚的自杀》

丢勒1527年所作的六只高脚杯设计素描

些非常粗俗，根本无法应用到高贵的主旋律绘画作品中。第一类已经失去意义的艺术形式是那些"完美"的裸体女人。要完全了解丢勒在版画《亚当与夏娃》（1504年）中展现出来的理论知识和实际艺术功底，我们必须精通艺术历史。还有版画《赫拉克勒斯》（1500年），如果我们对于这幅画的主题思想和与之类似的以前画作的处理方式不太了解，这幅画能留给我们什么印象？普通的观众看到后肯定会大摇其头，不知所云。第二类就是后哥特式的织物。版画《圣母与梨树》（1511年）中托在圣母脚下的布在我们看来完全多余，但却能给丢勒同时代的人留下极深的印象。在《圣母的一生》木刻组画的《神殿中的耶稣》当中，神殿里林立着很多柱子。在画面的左方，一个旁观者正抱着一根柱子，好像也要学参孙一样把屋顶拆下来。你很难向观众解释丢勒为什么会画这样一个场景，他为什么会设计这样一个让建筑师都感到奇怪的建筑。

丢勒永远不会自我满足，这是他性格的基调所在，我们应该予以尊敬，同时不能忽视他温和的面容下隐藏着的那股执拗。他在处理方式上过于注重细节，经常给我们设置一个又一个的谜团。也许,他的这种注重细节和形式过于复杂的特点同他在金银首饰作坊的经历有关。丢勒画的烛台、高脚杯、头盔、胫甲、套笼、马车,甚至椅子,意味着丢勒在纯艺术形式的领域探索。当丢勒终于不再仿照哥特式和意大利式的装饰画风,转而继承了北欧艺术风格的遗产,以百分之百的自由开创自己的线条时,我们终于长吁了一口气。

对我们来说,除了已经过时的形式之外,还有已经过时的主题——古典的寓言,文艺复兴时期的纹章学,象形图画含义——这些对我们没有任何意义。即便丢勒对这类题材的某些描绘能够吸引我们,那也不过是因为他具有化腐朽为神奇的功力,能够把我们看来非常无聊的材料描绘得生动逼真。比如,《圣克里索斯托的忏悔》表现的是一个非常久远,甚至有些怪异的主题,不过作为一幅艺术作品,倒是所有人都能看得懂。因此,我们可以说主题已经过时,但精彩的形式给了它一点儿生命。

以上诸如此类的评价当然都是主观的,没有证据能够证明,但是它们也有自己的评判标准——观众的本能反应。如果画家的想象没有能够与艺术爱好者的本能反应形成一个知性共鸣,那么结果显然是可怕的。整个德国民族对待丢勒艺术的态度都应该考虑到这些不合理的方面。看待丢勒的时候,我们不需要采取那些小心翼翼却又经常搞错的所谓科学方法,我们只需要根据自己的需要寻找自己心中的丢勒就行了。

丢勒油画《耶稣的诞生》,作于1503年左右

第十四章
用圆规和直尺

在给艺术家写传记的时候,如何筛选他各个方面的作品的确是一个难题。传记作家肯定希望按照主人公的思想脉络去写,比如在给歌德写传记的时候,就应该把重点放在歌德的光学、骨学研究和《浮士德》上。如果要从丢勒的角度来给丢勒写传记,我们就需要把重点放在他的科学著作上。丢勒在理论研究方面耗费了大量心血,他曾耗费多年时间研究透视法、比例学和测量学,可惜未能把自己的思想以系统的、结论性的方式确定下来。死神夺走了他手中的笔,但是他已经写成的科学论著足以让他同时代的人赞叹不已。伟大的艺术家不应满足于自己得天独厚的天赋,而应该积极探索科学,这样的想法在当时的北欧很少见,值得我们给予最高的赞誉。丢勒著作的各种语言版本遍及整个欧洲。比如,《人体比例研究》的德语版本出现在1528年,拉丁文译本大概在1532—1534年间出版,而且重印了好几次,法语译本在1557年出现,意大利语译本在1591年出现,葡萄

牙语译本在1599年出现，荷兰语译本在1622年出现，英语译本在1660年出现。西班牙画家弗朗西斯科·帕切科（Francisco Pacheco）在自己于1649年出版的《绘画艺术》中把丢勒奉为权威。

但是，我们不能透过十六七世纪人的目光去看待丢勒的著作。每个时代都有权利，甚至有义务根据自己的着重点来关注伟大艺术家的某一个方面。就丢勒来说，他最重要的方面并不是对科学研究的追求。对现在的我们而言，丢勒的著作依然非常重要，但最重要的不是其中的观点或是结论，而是这些著作向我们揭示了丢勒的性格。终其一生，丢勒都是一个真理的探求者和知识的追求者。丢勒曾在1512年写道："我们生来就应该不断汲取知识，这样才能从事物中探求真理。"进行研究是丢勒与生俱来的追求。对丢勒来说，进行研究不是一种高贵的职业，也不是一种与众不同的乐趣，而是自己的道德责任。这才是最关键的，这样我们才能正确了解丢勒，他通过研究发现了什么远不如他进行了研究这个事实重要。他永远都不满足于自己的所得，这正是他最伟大的地方。

如果我们把丢勒看做是一位哲学家或者"美学家"而非艺术家，我们可能很

丢勒的水彩画及手稿，作于1525年

难理解或者说只能部分理解丢勒的著作。丢勒的理论和实践是相互影响的；他的实践会影响思想，而他的思想对他的各种各样的表达方式和风格也产生了影响。当然，更重要的因素在于丢勒的创造力，理论只能位居其后。除了有限的那么一两次用理论引导创作之外，丢勒从来不会让自己的艺术受到任何美学原则的制约——即便是他自己总结的美学原则也不行。丢勒不想建立任何美学或者艺术标准，他只想掌握自己的艺术。根据自己作为一名著名画家在探索绘画技巧的过程中积累的经验，丢勒做到了德国人从来没有做到的事情——他把自己积累的所有知识汇集到了最后的一部伟大著作《给青年画家的食粮》当中，这是丢勒留给那些"热爱艺术胜于热爱金银的年轻人"的最好遗产。雅各布·迪·巴伯利（Jacopo de' Barbari）从来没有把自己的绘画秘密传授给丢勒，虽然丢勒是那么热切地想知道和珍视它们。雅各布把理论留给了自己，而丢勒却认为自己有责任把自己的精神财富传递给以后的一代代艺术家。

但是，我们必须明白一点：如果你自己没有进行过任何研究，就直接来看丢勒的著作，那么你注定是要失望的。在你想要找到艺术的时候，出现在你面前的

丢勒银尖笔素描《卡斯帕·斯图姆》（Caspar Sturm），作于1520年

丢勒木刻画《制图人与鲁特琴》，作于1525年

是数学；在你想要看看丢勒的素描册的时候，你找到的只是一些线条。人物和头部的画法是一系列复杂的线条，里面甚至有圆规留下的点，还有长方形和圆。有时，有些图形就像是建筑师画出来的人体透视图和比例图；有时，又像是雕刻家用很多个立方体构建出来的一个"立方的"人物。张眼四顾，我们发现丢勒好像是在拿着"圆规和直尺"。

可能每个人都会问这些著作是怎么来的，是哪些内部和外部因素促使丢勒写了这些著作？那些乍看起来非常混乱的主题是丢勒自己想的，还是得自他处？这些著作与丢勒的艺术之间有何种联系？我们总是听到那些非艺术的人如此感叹：丢勒已经能够随心所欲地用艺术语言来塑造自己想要塑造的一切，但却仍不满足，反而继续不断通过实践去寻找艺术的原则——其实，他已经本能地开始追随这些原则。简言之，问题就是：这个伟大的艺术实践家为什么一定要变成一个同样伟大的理论家？如果我们向丢勒本人问起这个问题，他一定会觉得这个问题简直难以理解，就像你问他为什么会信仰宗教一样。作为一个人和一位艺术家，

第十四章　用圆规和直尺

丢勒作品《圣母子及风景》，作于1494—1497年

他的眼界和思想已经超越了自我，他一直在追寻"永恒的思想"，因为他要用自己的艺术形式把瞬间变成永恒。

对于丢勒的著作是如何成型的，丢勒并没有给我们留下详细的记载，但还是有一些零星的碎片可以让我们重塑丢勒的理论思想进程。在多次与皮尔克海默探讨艺术问题后，丢勒曾问道："现在还有没有能够指导我们如何画人体结构的著作？"皮尔克海默的回答是曾经有过，但早已经佚失了。丢勒因此开始自己寻求测量的秘密以及自然和艺术当中的数字。丢勒把自己的一些想法和结论拿给皮尔克海默看，后者认为他应该把这些理论出版。但是丢勒犹豫不决，因为他对自己的理论还没有足够的自信，他想找一些有学识的人，问问他们的意见。丢勒找到了雅各布·迪·巴伯利，一位出生在威尼斯的著名画家。但是雅各布并不愿意把自己的"理论"详细解释给丢勒这位德国画家听。由于在阿尔卑斯山以北"没有老师",丢勒只能选择研究维特鲁威和普林尼的著作,然后自己进行研究。因此,丢勒给我们指明了三个来源:书、老师和自己的经验。作为出版商柯贝尔格的教子,丢勒从小对书就不陌生,而且他还有很多朋友是作家、印刷商、书籍收藏者和读经师。带着永不满足的求知欲,丢勒开始不知疲倦地读书。丢勒经常用到欧几里得和维特鲁威这两位作家的著作。1505年,丢勒在威尼斯买了一本欧几里得几何著作,他停留在意大利期间肯定熟读了这本书,并与其他人进行过讨论。几何学在绘画中的应用让丢勒非常头疼,他非常热切地想知道那些意大利画家已经知晓的绘画秘密。1524年写作最初的几本著作时,丢勒曾不断从一本德语版的欧几里得几何中寻找答案。在通过书籍获取知识方面,丢勒的朋友皮尔克海默的藏书室一定起到了很大的作用。丢勒非常熟悉的彭波尼斯·果里卡斯(Pomponius Gauricus)的理论应该就出自皮尔克海默的藏书。1507年,皮尔克海默把自己翻译的西奥弗拉斯托斯(Theophrastus)的《性格与道德》送给了丢勒,丢勒正是从这本书中获得了"内外相配"的思想,即内在性格与外在表现之间的关系。

　　丢勒一直坚信解决自然和艺术的形式问题的谜团的钥匙就在于古代典籍,而意大利人已经或多或少地掌握了这一问题,但是他们不会让外国人知道这个秘密。因此,人们不仅要熟读古典作家的著作,还要抓住一切机会专门去意大利向意大利人学习。丢勒与阿尔卑斯山另一面的意大利艺术世界的联系是雅各布·迪·巴伯利。雅各布是一个绘画的多面手,但只是一个二流画家。雅各布最著名的绘画是他在1504年画的一幅静物画。丢勒1495年去威尼斯时,雅各布也在威尼斯,而且已经是在威尼斯比较出名的画家,经常出入德国南部商人协会的活动。"我当时还很年轻,从来没有听过这样的东西(指比例理论)",丢勒回忆起雅各布如何给自己一些神秘的暗示。他们再次相遇应该是在1500年左右,当时雅各布来到了纽伦堡。这位聪明、高雅的意大利画家在这里很受欢迎。智者弗雷德里克委托他为维滕堡、托尔高、瑙姆堡和魏玛创作一些绘画作品,勃兰登堡的约阿希姆还曾在1507年把他带到法兰克福。一年后,雅各布跟随勃艮第的菲利普公爵去了荷兰，并在荷兰成为宫廷画师。丢勒游历到佛兰德斯时，雅各布已经去世。

雅各布·迪·巴伯利不仅影响了丢勒的思想，可能还影响了他的绘画实践。《救世者》是丢勒最不成功的作品之一，看到这幅画很容易让我们想起雅各布的《耶稣降福》，这两幅画的创作时间也相差不远。这两位画家之间产生了相互影响是不争的事实，但究竟谁影响了谁我们已无从知晓。

一些书籍让丢勒对意大利15世纪的美学、艺术、占星学、医学和哲学领域的艺术形式有了模糊的了解。正是通过这些了解，丢勒自己归纳出了意大利的艺术原则——其中一个方面就是比例理论——以古典艺术形式为基础，并使用自然科学当中的一些精确方法。丢勒认识到"艺术"的概念比画家平时的实践要广泛得多，因为它以科学为基础，涵盖了现实世界的所有知识和想象。丢勒感受到了同样的崇高使命，他要使用同样的方法——古典著作，具体的精密科学（圆规和直尺），以及自己对艺术和生活的感悟——让北欧找到同样的艺术原则。

现代的读者可能会问丢勒为什么选择用数学来进行自己的研究。丢勒生活的时代正是数学和精密科学的黄金时期。亚里士多德的时代给欧洲留下了文化传统——人们相信所有的秘密都可以用数字来解释，所有的事物都有尺寸和重量。艺术和手工艺也可以测量。天文学家和宇宙学家需要依靠数字，只有"神圣艺术"——神学和它在世间对应的玄学——才可以不受测量的限制。不过当时的数学主要是指理论和应用几何学。应用数学的研究在纽伦堡非常繁荣，人们发明了很多测量时间和空间的工具。马丁·贝海姆（Martin Beheim）于1490年在纽伦堡发明了地球仪。丢勒与很多数学和发明创造方面的人物的联系非常广泛，比如塞尔迪斯、斯塔比尤斯和克拉策等人。1515年，丢勒为约翰·斯塔比尤斯画了南北天体。大概出现于1515年的《斯塔比尤斯的世界地图》是第一幅地球透视图，其中的图就是丢勒画的。将哲学思考和数学符号相结合的最好典范是尼古拉斯·库萨努斯，他提出了地球旋转的观点，并把地球旋转的现象很好地融入了深刻的哲学思考当中。1490年前出现的数学书《德国几何学》给了丢勒启发，他因此想到在一个长方形当中使用垂直和水平线条来构建人物肖像。

除了从意大利文艺复兴文化中吸收到的知识之外，德国石匠的传统做法也给

《斯塔比尤斯的世界地图》,创作于约1515年

第十四章 ◎ 用圆规和直尺

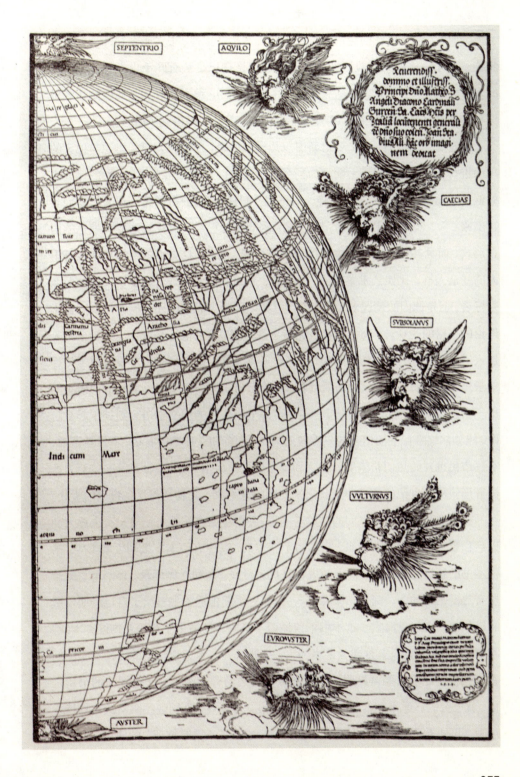

了丢勒启发。在纽伦堡的金银首饰作坊和砖石砌造工地，很多画图和计算方法都流传了下来，比如平行投影的方法。丢勒曾说自己是从石匠手里学到这个方法的。意大利和德国的思想都融入了丢勒的著作当中；德国石匠和金属匠的传统做法与文艺复兴时期的画家和建筑师的新方法在丢勒这里得到了融合。

面对复杂的资料，加之要对新旧思想做出取舍，还要将自己的思想与他人的思想进行比较，这些都是丢勒作为一个思想家要面对的艰苦考验。丢勒的伟大之处就在于他不但能够过滤和浇铸这些思想，而且能够用典型的德国语言把它们表达出来。意大利方面比较容易，因为意大利的思想已经具有比较通顺和发达的语言形式，而且其中的术语大多根植于古典传统。另外，这方面的美学思考也有很大的受众人群，比如艺术鉴赏家、艺术家、学者、艺术爱好者和学识广博的业余爱好者。但是德国的情况对丢勒却极为不利。因为当时德国还没有专门研究艺术理论的书籍的受众，丢勒需要自己创造出受众来，而且他还需要让后继的艺术家加入进来，因为他的著作就是为他们写的。事实上，德国当时根本没有用于传递美学思考的语言，因此丢勒需要费尽心思创造出这样一种语言。当时的德语主要用于布道说教、宗教宣传和制定法律，而用于世俗目的的文学语言则处于起步阶段。能够熟练掌握书面语言的只有政府职员、学者和大使馆的官员，不过渐渐地，有些市民也开始热切希望能够加入到国家的文化生活中来。丢勒是第一位努力把语言形式从中世纪的桎梏中解脱出来的德国艺术家。丢勒觉得这是自己的责任。

在去往荷兰和去世之间的这段时间里，丢勒想尽办法把自己第一次去意大利以后积累下来的想法写出来。丢勒写了三本书，其中有两本在丢勒生前出版。第一本书的题目是"论如何使用圆规和直尺进行线、面和立体测量，1525年，献给所有热爱艺术的人，阿尔布莱希特·丢勒"。丢勒把这本书献给了自己的朋友威利巴尔德·皮尔克海默，这本书不仅适用于画家，还适用于金银首饰匠、木匠、雕刻匠、石匠，以及其他热爱艺术的人，主要研究艺术透视法中的理论和实际问题。我们已经不需要再说明丢勒在去意大利之前，在阅读关于透视法的书籍之前，就已经能够运用平常的绘画规则描绘出立体深度。丢勒曾经跟随沃格穆特学过画，再加上不懈的刻苦努力，他已经完全掌握了"工匠技巧"的使用，不过他

第十四章 ◎ 用圆规和直尺

追求的是"艺术",也就是把人们用于描绘空间的惯用方法上升到理论的层次。

为了形成透视法和科学理论,丢勒还要感谢其他一些作家。首先要感谢的是欧几里得,其次要感谢彼埃罗·德拉·弗朗西斯卡(Piero della Francesca),后者在1470年至1490年间写成了《绘画透视法》。丢勒借用了欧几里得和彼埃罗·德拉·弗朗西斯卡的很多观点。他曾经提到自己要去博洛尼亚向人讨教"透视法的秘密",我们一直不知道他指的是谁。人们一般认为丢勒在这里指的是彼埃罗·德拉·弗朗西斯卡的学生卢卡·帕乔利(Luca Pacioli),虽然卢卡·帕乔利1506年并不在博洛尼亚,而是在佛罗伦萨。无论如何,丢勒通过这次讨教,终于能够用数学理论来解释自己在实践中使用的方法了。

对空间的描绘使得透视法显得愈加重要;而对裸体的描绘则属于"解剖问题",这个问题同样耗费了丢勒大量的心血。与透视法一样,解剖学也是意大利

1494年丢勒造访威尼斯的时候,他临摹了许多意大利艺术家的肌肉型裸体画,以钢笔画为主。这是他临摹安德烈·曼泰尼亚作品所创作的版画。

艺术理论的组成部分。通过应用解剖学和研究模型，达·芬奇等艺术家为系统处理解剖问题奠定了基础。但在德国，艺术家不可能通过解剖尸体来学习解剖学，通过使用模特来研究裸体画法也受到严格的限制。因此，丢勒只能通过研究意大利的艺术作品来训练自己。

我们完全可以理解，丢勒被雅各布·迪·巴伯利隐晦的暗示深深吸引，而且对雅各布的一些比例研究非常感兴趣。因为它们似乎向丢勒打开了一扇门，一扇如何描绘裸体人物的门，只需要一些测量和数字，完全不需要进行解剖或者使用模特。但是，丢勒很快就发现自己研究雅各布的暗示将一无所获，因此他很快就把注意力转移到了维特鲁威身上，因为维特鲁威已经创造了一套如何描绘男性人物的法则。根据维特鲁威的测量理论，丢勒创作了一些画作，比如那个斜躺着的女人（维也纳），很多作家把这幅画与《海怪》联系到一起。这些画是丢勒专门用来研究比例学的。经过长达27年的研究，丢勒才把自己的研究成果应用到了绘画创作当中。

从研究维特鲁威的测量理论开始，丢勒形成了自己的比例理论；他从几何数字出发，得出了算术测量方法。但是这些方法只能用来解决人体的主要点，而外形的画法仍然没有科学理论的指导。在结构素描的基础上，丢勒试着开始进行实际绘画。比如，丢勒在1504年画《亚当与夏娃》的时候就进行了研究。从1504年到1513年，丢勒进行了一系列的比例学研究，这些研究为丢勒以后面世的伟大作品做了很好的准备。丢勒对男性和女性人物的比例研究主要集中在"亚当与夏娃"这个主题上。他在1506—1507年间创作的两幅《亚当与夏娃》作品显然属于"理想的"人物结构，并且明显受到了威尼斯画风的影响。但是，丢勒在创作这两幅画时并没有使用结构素描的方法。同其他艺术家一样，丢勒画和谐的人物形象无疑要符合人物的结构特征，人物的比例必须协调，但不一定非要使用结构素描的方法。绘画规则可以起到一定作用，但并不是画普通人物时不可缺的。人们已经不必非用圆规和直尺才能画出对称的人物。丢勒虽然研究比例问题多年，而且有过很多思考、写作、计算和实践，但是除了1504年的版画《亚当与夏娃》外，并没有创作出别的什么作品，而就是这幅作品，我们也可以确信无疑地说是

第十四章 ◎ 用圆规和直尺

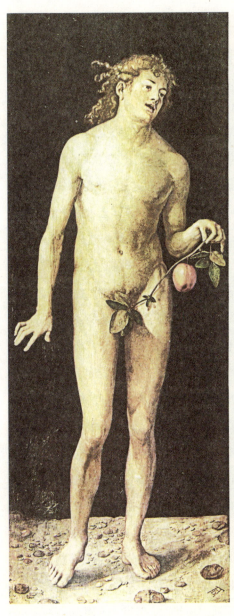

丢勒作品《亚当与夏娃》,作于1507年

"构建"出来的。

现在我们把目光转移到《人体比例研究》上。很多艺术批评家认为丢勒在该书中构建了"理想的"人体形象,而且该书中的原则就是为类似的构建服务的。

这样说并没有错，但是我们不能说丢勒在该书中只研究了"理想的"人体形象。丢勒的《人体比例研究》并没有把重点全部放在"理想的"人体形象上，相反，它也研究了普通的人体比例问题；该书并没有要求我们只相信某一个唯一的标准，相反它包含了很多比例原则。我们不能认为该书的中心思想就是美。美的问题不是该书的中心问题，而只是一个更深层次的特例，即造物主的形式规律——也就是一幅艺术作品的结构。丢勒不是美学家，他是造物主的学生。而且，我们也不能认为丢勒是想通过数学规律的帮助，单单展示造物主应该是怎样的。丢勒想要展示的是造物主是什么样的，以及她是如何创造的，这样艺术家才能创作出符合造物规律的作品。艺术家必须向造物主学习形式的规律，这样才能掌握艺术，他们的作品才能具有有机的结构。"因此我认为一幅画越是能够表现出人真实的样子，这幅画的质量就越高……但是很多人都持相反的看法，他们总是说人应该是什么样的。我不会跟他们争论这个。不过我想造物主就是我们最好的老师，我们总要去凭空想象人应该是什么样的，那不是太愚蠢了吗？造物主创造的人就是他们应该有的样子，我们从真实的人身上就能找到最合适的形式。不管你从前人的研究当中又研究出了什么测量规律，我还是更愿意跟随能够真实地画出真实的人的人。"有人认为丢勒受到了意大利文艺复兴理论家的影响，想把艺术合理化，他们一定会在丢勒的书中找到相反的答案。在该书中，不同的方法或相安无事或纠缠到一起，注重形式的和注重写实的思想相互交织，精确的计算与自由的发明之间没有明确的界线。但是，如果从丢勒对造物主的尊重和对生活的感悟的角度来看，我们会发现所有的矛盾都协调统一到了造物主广博的设计当中。

那么丢勒就要问自己了：造物主是如何创造的？他创造出各种各样的形式。每只鸡蛋不是完全相同的，但所有的鸡蛋是相似的，因为毕竟它们都是鸡蛋。一方面，我们有无穷无尽的不同的个体（"不同的事物"），但另一方面，这些不同的个体又存在着种群或类型的相似性。造物主的这些规律自然也适用于人类个体和类型。类型有很多种，比如根据年龄，有老有少；根据性别，有男有女；根据种族，有黑有白；根据阶级地位，有农民有贵族；根据性格，有忧郁的，也有乐观的。丢勒的出发点就是每一个单独的存在、每一个人都是一个个体，与其他人不

第十四章 ◎ 用圆规和直尺

丢勒作品《威尼斯妇女》,作于1495年

同,但是每一个个体又必然与其他人具有某些相同的地方——比如年龄、性别、种族、阶级地位,甚至性格。既然每一个个体都与其所属的类型具有一定的相似性,我们也就完全可以把它与它所属类型中的其他个体进行比较(不同个体之间的比较),但是让这个个体成为一个"不同的事物"的是它在相似中的"不同"。这种不同的程度可以多种多样，甚至可能达到极端的程度。因此，每一个个体都是其类型当中的一个"不同"，而这就是造物主留给它的位置。

这就是丢勒在解释造物主的形式规律的过程中形成的两个思想——不同个体之间的"相似性"和相似性中的"不同"。通过"相似性"，人可以组成群体，这个群体当中的个体虽然存在不同，但他们却有共同的相似性，并因此形成统一的整体。通过"不同"，某个类型中的个体可以享受各自的生活乐趣。当然，这种"相似性"和"不同"都有一定的限制。比如，如果画家过于注重"相似性"，那么他的人物形象就会过于接近，整个类型的特征会过于明显，而其中的个体的不同就会被抹掉。同样，如果画家过于注重"不同"，他画出来的群体特征就会减弱，甚至可能会画出一些不存在的个体——"畸形"或者"幻想"。"所有的个体都应该有同一个味儿。"立方体可以有很多种，或大或小，但它们必须都具有立方体的基本特征，必须有"同一个味儿"。世上的人有很多种——有胖有瘦，有老有少——但他们必须都具有一个人应该具有的身体结构特征。缺少这"同一个味儿"的人，比如一个瘸子，肯定是"不美的"。

"所有的个体都应该有同一个味儿"，当然也包括人体的比例。这就是丢勒创立并一直追随的唯一的比例原则。这是造物主的法则——体质必须与性格相统一，不能把软弱的头颅放在强壮的身体之上，反之亦然。因此，艺术家必须注意不能把人体画得"一部分胖，一部分瘦，比如腿胖胳膊瘦……或者前面胖后面瘦……或者脑袋是年轻人的，胸膛却是老人的，手脚又是中年人的"。

造物主的结构法则显然也应该成为艺术家遵循的法则。通过"不同"，艺术家可以描绘生活的多种多样；通过"相似性"，艺术家可以在众多不同的形式当中找到相似的规律。目的就是"所有的个体都应该有同一个味儿"，这也是丢勒的目的。对丢勒来说，他生活的时代为他提供的办法是数学——开始是几何学，之后是算术。

现在我们明白了丢勒在自己的书中为什么不断地改变方法。他没有给我们一种固定的"完美"人体绘画标准，相反，他给了我们在胖瘦两个极端之间的多种选择，留给艺术家去根据维特鲁威和阿尔伯蒂的测量方法进行选择。重要的是，在众多选项当中,它们必须"有同一个味儿",换言之,它们必须是和谐的。丢勒给出的各种选择都是可行的,但却不是必需的。测量的重要性在于:没有对人体的合理测量,一个画家就很难画出人体合理的人物。一个画家只有把造物主的形式规律牢记于心,才能从已有的人物形式中发展出符合造物法则的新形式。

丢勒的《筑城原理》与《量度艺术教程》和《人体比例研究》有很多相通之处。首先,该书根据德国和意大利的军事工程实践以及士兵使用的实际方法,提出了一套筑城艺术的科学理论,主要涉及军事技巧和城镇的防御,当然他也把这种"应用"提高到了"艺术"的层次。其次,该书汇集了丢勒自己和其他人的一些思想。同其他著作一样,该书融合了德国中世纪的传统思想和意大利文艺复兴运动的思想。换言之,该书囊括了所有可用的知识,并以丢勒自己的天才作为补充。再次,丢勒是要通过该书为自己的国家作出贡献,就像意大利人为意大利作出贡献一样。在处理比例问题时,丢勒模仿了阿尔伯蒂(Alberti)的思想,在筑城思想方面,丢勒则受到了菲拉雷特(Filarete)的启发。最后,丢勒的筑城原理同样是其想象力的产物,只是这个产物应用了数学的规律,并且其主体是可以用圆规和直尺进行测量的。在其他作品中,丢勒思考的是如何构建"理想的"人体和动物,而在该书中,丢勒考虑的是"理想的"筑城防御设计。

丢勒的《筑城原理》包括四个方面的内容。第一,建造堡垒的三种不同技术方法。第二,建造碉堡。第三,一座"理想的"首都城市的规划。第四,如何对已有的筑城防御进行加固。具体到一座城镇或者城堡的防御方面,丢勒设计了理想城镇的设计方案,并且有外围建设的准确指导。在处理以上四个方面时,丢勒同样把现实与想象结合了起来,让梦想与对现实的观察思考融为一体。丢勒设计的堡垒规模非常宏大,完全没有考虑城市本身的财力水平和当地领主的思想,因为丢勒认为"对一个领主来讲,多花些钱财总比很快被敌人赶出自己的地盘要好"。该书中的木刻画详细描绘了堡垒应该如何建造,内部该如何设计,比如,可以让堡垒通向城垛,设置通风道以便通风和排烟,并设置了楼梯和炮台。丢勒还设计了碉堡来防御山口和山脉与大海之间的重要据点。米兰的一幅画中就描绘了这样一座碉堡。丢勒设计的这些"完美"堡垒与他第一次去意大利途中见到的堡

丢勒和他的时代
Dürer und Seine Zeit

丢勒作品《无名男子肖像》，作于 1499 年

垒不同，它们比后者更注重内部设计，而且在防御方面也更加实用。

丢勒的著作中最有意思的要数他的城镇建设规划。在丢勒的规划图中，东角（图中标记为字母 A 的位置）为宗教功能区，主要建设教堂、圣器室、带有院子和小花园的牧师住所——他甚至连梨树都没有忘记。南角（图中标记为字母 C 的位置）属于铸造厂——"它们在这个位置是由风向决定的，因为一年中西风、东风和北风比较大，而这些风向的风能把有毒的烟雾（铸造厂排放出来的）吹离城堡，只有南风才会把烟雾吹向城堡，而南风正好是最小的"。铜匠、铸工、车床工和其他工匠的住所都位于这个位置。城堡的东门前面是城镇的社区中心，这里还有市场以及带有院子和喷泉的市政厅，不过市政厅大楼一层没有商店。丢勒的父亲曾在纽伦堡市政厅大楼一层的商店里卖过金银首饰。与市政厅相邻的房屋是带有院子的住宅区。城镇的西南角是兵工厂、酒窖、谷仓、木材仓库和工匠的住处。工匠阶层居住区里还面对面地有一个男澡堂和一个女澡堂。各个行业在各个街区和街道的分布都经过了仔细的安排。北角（图中标记为字母D的位置）是食品仓库——"这里可以储藏肥肉、盐、肉干和其他食品，还可以储存玉米、燕麦、大麦、小麦、粟、豌豆、亚麻籽等粮食"。在丢勒完美的城镇设计中，食品工业区位于东北角——卖肉的、卖面包的和卖酒的都在这里，与城墙很近，他们还可以在这里建造店铺和酒窖。而艺术工作者们——比如金匠、画家、雕塑家、刺绣工和建筑师则没有专门属于自己的居住区，他们是与其他工匠混居在一起的。按照丢勒设计的尺寸，这样一座"理想的"城镇比古老的纽伦堡稍小一点，但它在外形上与丢勒的家乡是完全不同的。

同艺术理论一样，丢勒的筑城理论，尤其是城镇规划，也体现了德国哥特传统与意大利新古典思想的结合。整齐的规划可能出自古罗马兵营的布局，卫生方面的考虑也与古代传统有关。意大利文艺复兴艺术家曾提出过类似的主张。中世纪风格强调的是把各行各业安排到固定的区域，并为工匠预留出固定的街道。纽伦堡有很多绕来绕去、错综复杂的小巷，但丢勒的理想城市却强调马路的宽阔、笔直，并且每条马路交叉的角度也非常讲究。丢勒有自己的理想规划，但是他不会把自己的方式当做解决问题的唯一方式。他有自己如何解决军事、卫生和经济问题的想法，但他同时认为其他的城镇规划方案也应该得到平等的考虑。

我们在前面专门讲述风景画的章节里已经讲过丢勒1518年创作的蚀版画《大炮》，这幅画其实可以被归入丢勒的军事题材作品中。一个突厥人——这里代表的可能是战争中的战俘——站在一门纽伦堡重炮前面。在突厥人后面，一名轻骑兵左胯上吊着一个骑兵挂套。纽伦堡的大炮制造非常有名，比如塞巴德·贝海姆（Sebald Beheim）和安德烈亚斯·佩格尼茨（Andreas Pegnitzer）都是有名的大炮制造专家。从孩童时代开始，丢勒就对各种各样的金属制品非常熟悉。在外出游历期间，丢勒不但经常拜访金银首饰匠，还拜访过制造枪支和大炮的工匠。在拜访汉斯·波彭若特（Hans Poppenreuter，查理五世的枪炮制造工匠）时，丢勒见到了很多"奇妙的东西"。丢勒的《筑城原理》中有一幅大炮和炮架的素描。当时德国和意大利有很多画家给大炮画"肖像画"。比如，纽伦堡画家阿尔布莱希特·格洛肯登就曾遵照马克西米利安一世的命令收集了几幅关于枪炮的画。在马克西米利安一世的凯旋门中，这位皇帝就是坐在自己最喜欢的大炮中间。

我们很难说丢勒的《筑城原理》对现实有多大的直接影响。事实和传言交织在一起。纽伦堡城堡附近的防御工事加固，芬弗尔塔和施皮特勒塔的重修，以及维也纳战壕的拓宽显然都受到了丢勒的影响。1539年，莱恩哈特（Reinhardt）在英格尔斯塔特新建的防御工事和堡垒显然也受了丢勒的理论的影响。1564年到1582年间在沙夫豪森建造的"堡垒"是一种双层的圆形建筑，地基为六边形，很像丢勒设计的"圆形碉堡"。丢勒梦想的一切终于在16世纪末由斯特拉斯堡的伟大建筑师丹尼尔·斯佩克（Daniel Speckle）代为实现了。在1589年出版的《防御工事的建造》一书中，丹尼尔·斯佩克完全摆脱了意大利理论家的影响。"我让他们知道我不会受到任何规则的束缚，只要我找到了一种更好的理论。"他也的确找到了更好的理论。

丢勒完成《筑城原理》3个世纪之后，军事技术题材的现代作家终于意识到了该书的重要意义。在拿破仑一世进行了历次重大战争之后，"新普鲁士"学派开始建造大规模的防御工事，并且应用了丢勒的理论。1867年，科尔玛·冯·德·戈尔茨（Colmar von der Goltz）以一名专家的身份说："直到我们这个时代，他的价值才得到了证明；他领先他的时代太远了。"

丢勒的书籍和相关手稿的实际内容到现在早已过时，只有专门进行此类研究的专家才会对它们感兴趣。但是丢勒作品中的个人因素仍然生动。丢勒留给自己的国家巨大的遗产，艺术摆脱了"应用"的桎梏，在国家的文化和政治生活中担当责任，并上升到一个更高的地位。丢勒带领德国艺术家走出舒适的创作室，到外面感受时代的气息，迎接时代的浪潮。

丢勒的著作从形式上看是教材，但它们实际上是个人的一种展示。透过这些著作中蕴涵的恢弘的思想和严谨的文字，我们看到了一个认真的、孜孜不倦地寻求真理的人。丢勒是一个谦虚的人，一个富有自豪感的画家，一个平常的市民，但却绝对拥有作为一个德国人的责任感。他的心一直留在自己的故土，他的精神却踏遍了万水千山。如果要了解丢勒的著作所包含的丰富内容,我们必须多读书;但要理解其中的含义,我们只需要了解丢勒的性格。要了解丢勒的作品,我们可以听听歌德是怎么说的:"这位可敬的人只能从他自身来解读。"

说到丢勒的理论著作,丢勒曾经表达过一个大胆的希望,他希望"自己点燃的微光能够逐渐照亮全世界"。这绝对不是丢勒的自大,而是出自他深藏内心的爱国情怀,也正是出于这种爱国情怀,他才在《玫瑰花环节的源起》题字的结尾写下"德国人阿尔布莱希特·丢勒"。

丢勒作品《哀悼基督》，大约作于1500年

第十五章
丢勒留给我们的遗产

阿尔布莱希特·丢勒逝去了，但是德国艺术并没有跟着他一起逝去。德国艺术继续存在着，并继承了他的遗产。丢勒为德国艺术留下了宝贵的财富——绘画主题、技艺理论和艺术理论思想。当然，丢勒留给德国的财富远不止如此，他的遗产主要是在道德方面。正是由于丢勒，德国的绘画和形象艺术再一次充满了勃勃的生机和活力。这位纽伦堡大师在世界面前把德国艺术提升到了一个更高的层次。丢勒在世时，德国艺术家的社会地位就已经得到了提高，他们在国家生活方面的努力也取得了更大的成就。艺术家不需要再寻求教会的保护。他们在精神上更为自由，并享有了更高的社会地位，形成了自己的艺术团体，不再接受教会的摆布。尤其是绘画被丢勒提高到了一个崭新的层次，丢勒一向以自己是一名画家而感到自豪。

从丢勒创作《启示录》到去世这30年中，欧洲的生活和艺术都发生了重大变

位于纽伦堡圣约翰尼斯墓地的丢勒墓

革。16世纪初,意大利文艺复兴开始产生深远的影响。它带给建筑师"古老"风格的装饰形式;带给雕塑家人体的完美比例、和谐的线条和安静的姿态;带给画家数不清的新主题、颜色的合理搭配,以及众多的绘画布局理论。

丢勒曾两次前往意大利。在这片文艺复兴的故土——甚至可能在德国——丢勒听到并见到了更多的外国方法。达·芬奇的科学和艺术实验给丢勒留下了非常深刻的印象,而且丢勒非常熟悉乔凡尼·贝利尼——丢勒的《玫瑰花环节的源起》、《圣母和金翅雀》和《圣母与圣子》都证明了这一点。丢勒向乔尔乔内学习了肖

第十五章 ◎ 丢勒留给我们的遗产

丢勒作品
《圣母玛利亚和
圣子》，作于
1500—1503 年

像画的画法，而《三圣一体的朝拜》也证明丢勒对拉斐尔非常熟悉。不过随着文艺复兴不断在德国站稳脚跟，丢勒也在不断获得艺术自由。他的艺术依然充满德国的复杂、哥特式的棱角，以及北欧的想象。《四使徒》是丢勒最后一幅德国式作品，同时也是最具德国气息的。丢勒发现困扰自己的根本问题不是形式，而是特性。而且丢勒通过自己的作品找到了这些问题的答案，而非通过文艺复兴画家的作品。

当丢勒合上眼睛时，绘画和图形艺术已经取代了雕刻在德国的主导地位。尤其是当画家不再需要木刻家的帮助而独自创作宗教画的时候，绘画的优势地位更加明显。丢勒创作的祭坛画中只有一幅用到了木刻支架，那就是《三圣一体的朝拜》，但那是丢勒自己设计的。在《四使徒》中，题字取代了支架的位置。不过

丢勒和他的时代
Dürer und Seine Zeit

丢勒还是看到了一些保留了纽伦堡风格的雕塑作品,这些作品就像里程碑一样见证了文艺复兴的潮流在德国的蔓延。亚当·克拉夫特(Adam Krafft)于1508年去世。他的圣洛伦茨教堂雕刻于1493年开工,1496年完成。其更像是一部建筑作品,而非雕刻作品,造型复杂,而且带有典型的德国15世纪风格。

在丢勒生活的时代,很多雕刻家都借用了丢勒的创作主题。比如,汉斯·布吕格曼(Hans Brüggemann)在为什勒斯威格大教堂创作圣坛雕刻时就借用了丢勒的《小受难》中的主题。罗伊·赫林(Loy Hering)在艾希施泰特雕刻碑铭时借用了丢勒的《圣母的一生》中的主题。石雕《爱的花园》(柏林德意志博物馆)让我们想起丢勒1504年创作的版画中的夏娃和《海怪》中的那个女子。在小彼得·维斯切(Peter Visch the Younger)的浮雕(柏林德意志博物馆)中,我们也能找到丢勒塑造的亚当和夏娃的痕迹。

丢勒从来没有像沃格穆特和克拉纳赫那样开办规模巨大的画室。沃格穆特去世于1519年,丢勒在他去世3年前为他画过像。虽然丢勒的确教过一些学生,也知道自己是一代画家的领袖,但他没有、也不想教出一大批"小丢勒"来。不过,他终究还是有一批追随者。对于汉斯·丢勒我们所知不多,但有一点我们完全可以确定——他肯定跟随自己的哥哥学习过。丢勒同时代的人汉斯·冯·库尔姆巴赫(Hans von Kulmbach)被涅德尔费尔称为丢勒的"学徒",当我们看到汉斯·冯·库尔姆巴赫的画作时,我们完全可以相信这一点。沃尔夫·特劳特(Wolf Traut)与丢勒的关系可能也差不多。

丢勒艺术的继承人远没有局限在丢勒的画室当中,而是分布在奥格斯堡、乌尔姆、雷根斯堡、诺德林根、斯特拉斯堡等地。丢勒的影响早已超越了德国南部,甚至远达瑞士。

汉斯·利奥哈德·夏弗莱恩(Hans Leonhard Schäuffelein)肯定在丢勒的画室工作过,这是毫无疑问的。他在1505—1508年间创作的一幅祭坛画可能就是根据丢勒的设计,而且可能还是在丢勒本人的指导下创作的。不过汉斯·利奥哈德·夏弗莱恩成熟时期的作品,似乎更多地是受到纽伦堡雕塑风格的影响。汉斯·布格克迈尔也在意大利文艺复兴进入德国的通道奥格斯堡工作过。不过,

第十五章 ◎ 丢勒留给我们的遗产

丢勒同时代的德国著名画家汉斯·布格克迈尔的作品《圣约翰祭坛画》，作于1518年

这一代德国艺术家尊崇的意大利已经不再是丢勒心中的意大利。不论是布格克迈尔、约尔格·布鲁依（Jörg Breu）还是克里斯托夫·安贝格（Christoph Amberger），都不会赞同丢勒把乔凡尼·贝利尼称作"最好的画家"。在他们看来，威尼斯是属于提香、帕尔马（Palma）和委罗内塞（Veronese）的。作为一名插图画家、油画家和图形艺术家，布格克迈尔是德国最伟大的装饰绘画大师之一。丢勒、布格克迈尔、夏弗莱恩和克拉纳赫曾一起为马克西米利安一世工作过。

1531年，梅兰希顿把丢勒、克拉纳赫和马蒂亚斯称作德国最重要的画家。老卢卡斯·克拉纳赫比丢勒小一岁，来自法兰哥尼亚和萨克森接壤的地区。他同时代的人高估了他，而后人则低估了他，因为真正的卢卡斯·克拉纳赫已经被淹没在数不清的克拉纳赫作品当中，再也难以分辨。现代学者通过研究找出了那些属于他的早期作品。在这些作品中，卢卡斯·克拉纳赫凭借自己的诚挚和深刻以及独立和新颖，完全可以同创作了《启示录》、《大受难》和《圣母的一生》等画的丢勒相提并论。克拉纳赫的有些作品在精神内涵上与丢勒的作品非常协调，比如1504年的《逃往埃及路上的小憩》和1503年的《被钉十字架》。但是，随着卢卡斯·克拉纳赫获得成功，进入维滕堡宫廷，画了数不清的画作之后，他原来作品中蕴涵的自然和新奇很快就消失了。早期的卢卡斯·克拉纳赫是非常吸引人的，可后期的卢卡斯·克拉纳赫却是让人失望的——也许他的肖像画和一些小型寓言画可以除外。当丢勒的天才随着作品的增加不断达到更高更深的层次时，克拉纳赫的才气却由于早期的成功逐渐消失了。克拉纳赫受到过丢勒的启发，尤其是在绘画艺术方面，可惜他没能继承到丢勒的任何遗产。

仿效丢勒也许很容易，但恐怕没有人能够成为丢勒的继承者。汉斯·巴尔东·格里恩（Hans Baldung Grien）倒是曾经想过要紧跟光芒四射却又庄重朴素的丢勒。汉斯·巴尔东·格里恩出生于阿尔萨斯，熟悉埃森海姆祭坛画，甚至可能在丢勒的画室工作过。丢勒去世后，格里恩还继承了丢勒的一缕头发。格里恩如果不是与丢勒家非常熟悉，而且了解丢勒的内心思想，阿格妮丝肯定不会把这种具有价值的纪念物留给他。如果我们把格里恩的画与丢勒的画做一个对比，我们会发现格里恩虽然距离丢勒可能的确很近，但同时却又相距很远。比如，格里恩

第十五章 ◎ 丢勒留给我们的遗产

丢勒铜版画《女巫》，
作于1500—1505年

画的一个老人的面容（柏林德意志博物馆）的确是一个"有性格的面容"，但丢勒在1516年画的圣雅各的面容（佛罗伦萨）却是一个无处不充满性格的面容。丢勒画过死神和女巫，格里恩也画过类似题材的形象。相比格里恩，丢勒画的死神更具有幽灵的恐惧感。丢勒画的女巫好像真的可以飞到布罗肯峰，而格里恩画的女巫却只是看起来像女巫而已。当然两个人的画作都体现了时代的精神，但还是有些不同。格里恩紧随时代的精神，而丢勒却已经超越了时代的精神。

在着色方面，丢勒是略有缺陷的。丢勒的着色——受到意大利人的推崇，却受到德国人的批判——属于后哥特时期的风格，并通过学习威尼斯画风得到了丰富。在丢勒看来，颜色就是真实事物的服装，他主要通过着色来突出人体的某些部分。丢勒只在少数水彩画中突破了颜色的这种客观用途，转而使用颜色来体现人物的精神。歌德谈到过颜色的"感观和精神效果"，他认为颜色的轻重可以体现情感的变化。这样，颜色就能够传达线条根本无法传达的东西。德国最伟大的

汉斯·巴尔东·格里恩作品《女人的三个阶段和死神》,作于1510年

色彩绘画大师之一马蒂亚斯·格吕内瓦尔德把色彩当做自己的法宝,来体现和把握人物的精神,甚至用彩色来描绘虚幻的主题。

我们无从知晓丢勒对马蒂亚斯·格吕内瓦尔德会作何评价。当时那个时代的内在矛盾——中世纪与新时代的矛盾,罗马天主教廷与德国宗教改革的矛盾,旧秩序逐渐瓦解与新秩序逐渐形成的矛盾——在丢勒和格吕内瓦尔德这两个德国绘画艺术的极端身上得到了体现。但有时候他们的道路却又有交集。雅各布·赫勒(Jakob Heller)曾委托丢勒画圣母升天祭坛画,在1510年该画完成之后,他在画的两侧加上了两块画板,也就是格吕内瓦尔德画的圣西里亚库斯和圣劳伦斯这

第十五章 ◎ 丢勒留给我们的遗产

马蒂亚斯·格吕内瓦尔德作品《基督复活》，木板油画，作于1515年

小汉斯·荷尔拜因作品《法国大使》,木板油画,作于1533年

两个人物。后来丢勒的画板毁于大火,好像命运之神就是不允许德国最伟大的两位绘画天才合作。

格吕内瓦尔德不能成为一个伙伴或者追随者,他不是任何人的学生,不是前辈也不是继承者。他独自一人,与过去和将来都没有明显的联系。我们可以说"丢勒和他的时代",但如果说"格吕内瓦尔德和他的时代"则显得矛盾。命运之神没有吝啬给这位天才一个显赫的地位,但却没有在他的国人中给他留出一个位置。

丢勒与小汉斯·荷尔拜因相隔一代人。但就是在这么短的时间里,德国已经发生了很大的变化。宗教改革运动的生命线——对上帝的虔诚——已经变成了生硬的神学。小汉斯·荷尔拜因从一开始就掌握了新世界的艺术语言，但是他在说文艺复兴语言的时候还是不可避免地带着德国的口音。他的冷静与意大利无关，他对线条的敏感也不是来自欧洲南部。相反，带给他无数声名的客观性却正是遗传自德国。荷尔拜因出生在斯瓦比亚，却曾远游到意大利；他在德国出生，却死在英国。丢勒直到自己生命结束都一直是纽伦堡人，而荷尔拜因却跑遍了全世界。

荷尔拜因死后，德国还有很多的艺术天才。丢勒的学生汉斯·西博尔德·贝哈姆和乔格·彭茨一直活到1550年。我们也不能忘记H.罗特哈默(H.Rottenhammer)、施瓦茨和老约瑟芬·海因茨（Joseph Heintz the Elder）等人。他们都是继续作画的德国人，但是他们都不再是德国画家。丢勒的愿望——"愿上帝保佑，让我能够看到未来绘画巨匠的画作"——没有实现。其实，不论丢勒能够活多久，他的愿望都无法实现，因为德国已经没有任何艺术大师了。

对丢勒作品的模仿在16世纪末、17世纪初迎来了第一次复兴，代表人物是画家汉斯·霍夫曼（Hans Hoffmann）和金匠汉斯·佩佐尔特（Hans Petzolt）。但是丢勒的精神却没有重现。从1653年到1663年的短短10年时间里，有五个受俸牧师埋葬在了圣灵医院，这里正是埋葬丢勒尸骨的土地。在整个国家的文化和经济基础遭受长达30年的毁坏之后，德国的良心终于苏醒，画家约阿希姆·冯·桑德拉特（Joachim von Sandrart）——同时也是第一位用德语书写艺术历史的人——买下这块土地，并建成纽伦堡学院留给了后人。德国终于重新找回了自己的"伟大英雄和高贵精神"。